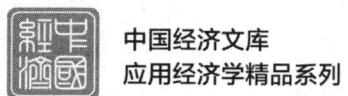 中国经济文库
应用经济学精品系列

# 中国银行业空间演化
# 及其地方效应

姚晓明◎著

中国经济出版社
CHINA ECONOMIC PUBLISHING HOUSE

·北京·

图书在版编目（CIP）数据

中国银行业空间演化及其地方效应／姚晓明著. --北京：中国经济出版社，2023.12
ISBN 978-7-5136-7592-5

Ⅰ. ①中… Ⅱ. ①姚… Ⅲ. ①银行业-经济发展-研究-中国 Ⅳ. ①F832

中国国家版本馆 CIP 数据核字（2023）第 235531 号

| | |
|---|---|
| 责任编辑 | 冀 意 |
| 责任印制 | 马小宾 |
| 封面设计 | 任燕飞 |

| | |
|---|---|
| 出版发行 | 中国经济出版社 |
| 印 刷 者 | 河北宝昌佳彩印刷有限公司 |
| 经 销 者 | 各地新华书店 |
| 开   本 | 710mm×1000mm  1/16 |
| 印   张 | 15.5 |
| 字   数 | 227 千字 |
| 版   次 | 2023 年 12 月第 1 版 |
| 印   次 | 2023 年 12 月第 1 次 |
| 定   价 | 88.00 元 |

广告经营许可证 京西工商广字第 8179 号

中国经济出版社 网址 www.economyph.com 社址 北京市东城区安定门外大街 58 号 邮编 100011
本版图书如存在印装质量问题，请与本社销售中心联系调换（联系电话：010-57512564）

版权所有 盗版必究（举报电话：010-57512600）
国家版权局反盗版举报中心（举报电话：12390）    服务热线：010-57512564

# 前言

改革开放以来,在中国银行业领域内实施了一系列体制机制改革措施,银行业先后经历了专业化、企业化、商业化、市场化的变革历程,由大一统式的银行业组织结构转变为多种所有制共存的多元化的银行体系。中国银行业现已形成了由中央银行(中国人民银行)领导的包括大型国有商业银行、股份制商业银行、城市商业银行、农村商业银行、政策性银行、中国邮政储蓄银行、外资银行等多层次多元化的银行组织。然而,与西方国家银行业的演变历程相比,中国银行业领域并未出现大规模银行破产[①]、银行兼并重组等进入退出过程,尽管银行间规模和盈利水平仍差异较大,但中国银行机构的数量和规模始终持续增多、增大。这也意味着西方经济地理学有关银行分支结构空间分布过程和对地方发展方面影响的理论研究及实证分析难以充分解释中国银行业的空间过程及地方效应。况且在中国的金融体系中,银行始终居于主体地位,是中国金融资源最重要的流通渠道和获取来源。相关研究认为金融业是严重信息不对称的行业之一,业务开展受地理邻近或者关系邻近影响显著。另外,经济金融化进程已经展露出金融对当前世界经济的重要影响。由此可以认为,银行网点的空间演化过程会深刻地影响金融资源在空间上的配置情况,进而制约地方经济发展以及区域发展的差异性问题。

本书采用了定性分析和定量分析相结合的研究方法,力图全面系统

---

① 1998年6月21日,中国人民银行发表公告,关闭海南发展银行。

地概括出中国银行业在市场化改革过程中的空间演化过程及其作用机制，在此基础上进一步揭示银行机构与区域发展之间的内在联系和外在约束。在理论方面，演化经济地理学的相关理论提供了内生的产业空间动态演化的解释思路，但目前研究对象仅限于制造业，本书开拓性地将其引入服务业的空间演化机制分析框架，提出地方产业的金融关联度和区域间投资的金融关联度两个重要变量。这样既扩展了演化经济地理的研究范畴又丰富了金融地理学的理论基础。本书认为近年来中国银行业空间演化过程的主要推动力分别是地方性银行的兴起和银行跨区域经营两个方面，并且在地方层面上进一步将银行业空间演化过程刻画为四个变量，分别为银行操作距离、银行功能距离、地方银行市场竞争环境、银行本地化程度，借此实证分析银行业空间演化背景下的信贷配置以及可能产生的地方效应。在经济效应方面，本书从产业和企业两个层面分别分析了银行空间演化过程对地方产业演化和新企业进入的影响机制；而在社会效应方面，本书从区域内企业发展情况和城乡间居民生活两个视角分析了本地银行建立和非本地银行进入的作用机制。

研究表明，基于演化观点的解释变量显著地影响银行分支机构的空间布局机制，而且大型国有商业银行、股份制商业银行、城市商业银行的网点空间布局机制不尽相同，各有特点，同时银行基层网点和分行之间也呈现出差异性的空间演化影响机制。除银行所有制差异外，银行的规模和成长阶段也是造成空间演化路径差异化的原因。接下来，银行空间演化过程显著地影响地方层面金融资源的配置情况，在中国经济转型的制度背景下，市场化力量有效地缓解了企业与银行之间的信息不对称问题；而分权化促进了地方力量的加强，地方政府一方面保护本地企业获得贷款，另一方面培植本地银行有效地改善企业信贷环境。

在经济效应方面，银行业空间演化过程在地方产业转型和新企业进入上的确起到了重要的作用。同时，银行空间演化过程削弱了产业关联密度在产业演化和新企业进入方面的正向促进作用，地方银行环境的演进能够帮助地方产业向在产业空间中更远距离演化，帮助新进入企业克服对产业关联密度的路径依赖。在社会效应方面，本书发现本地银行的成立虽会使城市居民的收入增加，却并不显著地改善农村居民的收入水平；另外，尽管非本地银行会显著提升城乡居民的可支配收入，但对农村居民收入增长的促进作用却更为强劲。长期来看，成立本地城市商业银行会显著地强化企业间的发展差异，而且非本地银行进入也只是在少量外来银行的良性市场竞争阶段改善了区域内企业发展的均衡问题，非本地银行数量的增多同样会拉大企业间的差距。另外，地方银行的撤并重组、地方制度环境、地方银行市场的成长过程都会影响到区域发展的不均衡性问题。

最后，本书在回顾全书结论的基础上，进一步深入思考银行空间演化与地方发展的问题，并提出政策建议和愿景。同时认真分析总结本书研究中的不足之处，希望借此对未来的研究方向提出憧憬与展望。

# 目录

前 言 // I

## 第一章 绪 论 // 001

1.1 研究背景与意义 // 003
 1.1.1 中国银行业市场化改革及空间分布调整 // 003
 1.1.2 银行业空间演化背景下金融资本对地方发展的重塑 // 005
 1.1.3 缺少有关中国银行业空间演化的理论及实践研究 // 006

1.2 研究问题 // 007

1.3 研究内容与技术路线 // 007

## 第二章 相关研究综述 // 011

2.1 银行机构的空间分布研究 // 013
 2.1.1 银行机构区位研究 // 013
 2.1.2 银行业空间演化研究 // 016

2.2 银行业空间演化效应研究 // 018
 2.2.1 银行业空间演化下的地方金融环境 // 018
 2.2.2 银行业空间演化的经济效应 // 020
 2.2.3 银行业空间演化的社会效应 // 023

2.3 小结 // 026

## 第三章　中国银行业空间演化机制的理论框架 // 029

### 3.1　演化视角下的银行业空间演化路径机制分析 // 031
3.1.1　金融关联度 // 031
3.1.2　集聚经济 // 032
3.1.3　区位优势 // 033

### 3.2　银行组织空间变化与金融资源空间配置 // 033
3.2.1　银行组织空间变化 // 033
3.2.2　企业信贷的地理约束 // 034

### 3.3　银行空间演化的地方效应 // 035
3.3.1　演化经济地理学视角下的地方产业演化 // 035
3.3.2　金融化与地方产业发展 // 037
3.3.3　银行业空间演化与地方产业发展 // 038
3.3.4　银行业空间演化与区域内不均衡发展 // 040

## 第四章　中国银行业改革历程及空间演化特征 // 043

### 4.1　引言 // 045

### 4.2　中国银行业概况和发展历程 // 046
4.2.1　中国银行业概况 // 046
4.2.2　中国银行业发展历程 // 048

### 4.3　商业银行业务概述及其地理属性 // 065
4.3.1　商业银行业务概述 // 065
4.3.2　银行贷款业务的地理属性 // 067

### 4.4　中国银行业组织结构的时空演化 // 068
4.4.1　大型国有商业银行的时空演化 // 068
4.4.2　股份制商业银行的时空演化 // 069
4.4.3　城市商业银行的时空演化 // 070
4.4.4　银行上市与银行网点空间演化路径 // 071

4.5 银行空间演化动力分析 // 071

4.6 地方层面银行空间演化特征 // 074

4.7 本章小结 // 076

## 第五章 银行网点的空间演化机制 // 077

5.1 引言 // 079

5.2 研究方法与变量 // 081

 5.2.1 研究对象与数据 // 081

 5.2.2 解释变量 // 082

 5.2.3 变量描述 // 085

 5.2.4 模型 // 087

5.3 实证结果分析 // 088

 5.3.1 基准回归结果 // 088

 5.3.2 以所有制分类的回归结果 // 090

 5.3.3 以规模分类的回归结果 // 097

 5.3.4 上市对银行网点空间演化的影响 // 107

 5.3.5 稳健性检验 // 112

5.4 本章小结 // 114

## 第六章 银行空间演化视角下的金融资源配置 // 117

6.1 引言 // 119

6.2 研究方法与变量 // 120

 6.2.1 数据来源 // 120

 6.2.2 银行操作距离与银行功能距离计算 // 120

 6.2.3 银行业演化过程 // 121

 6.2.4 模型构建 // 124

6.3 实证结果分析 // 126

 6.3.1 基准回归结果 // 126

6.3.2 分区域与分所有制回归结果 // 128

6.3.3 地方制度环境的影响 // 131

6.4 本章小结 // 133

## 第七章 银行空间演化视角下的地方产业动态演化 // 135

7.1 引言 // 137

7.2 研究方法与变量 // 138

7.2.1 变量 // 138

7.2.2 研究模型 // 140

7.2.3 数据来源 // 142

7.2.4 现象描述 // 142

7.3 产业演化方面的实证结果分析 // 145

7.3.1 基准回归结果 // 145

7.3.2 分区域回归结果 // 149

7.3.3 稳健性检验 // 152

7.4 新企业进入方面的实证结果分析 // 152

7.4.1 基准回归结果 // 152

7.4.2 分区域回归结果 // 154

7.4.3 稳健性检验 // 156

7.5 本章小结 // 157

## 第八章 银行空间演化视角下的区域发展差异 // 161

8.1 引言 // 163

8.2 研究方法与变量 // 164

8.2.1 变量 // 164

8.2.2 研究方法 // 168

8.2.3 数量来源和现象描述 // 169

8.2.4 银行信贷与区域发展差异 // 173

8.3 实证结果分析 // 174
    8.3.1 回归前检验 // 174
    8.3.2 基准回归结果 // 178
    8.3.3 影响机制的微观分析 // 183
    8.3.4 银行业动态变化与地方异质性的影响 // 189

8.4 本章小结 // 198

## 第九章 结论与讨论 // 201

9.1 主要研究发现 // 203

9.2 银行空间演化与地方发展的一些思考 // 206

9.3 研究不足与研究展望 // 207

**参考文献** // 210

**附录A 大型国有商业银行及股份制商业银行名录** // 227

**附录B 城市商业银行名录** // 228

第一章

绪 论

第一章

## 1.1 研究背景与意义

### 1.1.1 中国银行业市场化改革及空间分布调整

自 1978 年中国实行改革开放政策以来,中国社会、经济、文化等方面发生了翻天覆地的变化,从计划经济体制转变为社会主义市场经济体制,从单一的公有制转变为以公有制为主体的多种所有制共同发展,国民经济各部门发生巨大变化(易纲,2009)。随着中国金融体制机制改革,金融系统发生一系列变化,具体表现在组织体系演变和空间组织演变两个方面(徐传谌等,2002;武巍,2005,2007)。其中,银行业作为最基础、最普遍的金融服务业,其组织体系和网点空间布局与市场化改革前相比发生明显变化,表现出鲜明的时代特征(贺灿飞、刘浩,2013)。经过 40 余年的制度变革,中国银行业现已形成由中央银行、政策性银行、大型国有商业银行、全国性股份制商业银行、城市商业银行、农村商业银行、村镇银行、外资银行等组成的多层次的银行体系。

新中国成立之初就建立起了全国性的大一统式的银行体系。中国人民银行是唯一的银行,具有多重身份属性,它既是国家机关担负宏观调控任务,又是一般性商业银行可办理存款、贷款、结算等业务。计划经济时代中国实行"统存统贷"的资金供给体制,全国的信贷资金都由中国人民银行统一管理。在这样的制度背景下,银行机构俨然成为政府部门之一,在空间分布上呈现出按照行政区划均衡分布的特征。

改革开放后,中国开始重建银行体系。首先是中国人民银行职能分离,这一过程持续到 20 世纪 80 年代中期,相继恢复和建立了中、农、工、建四大国有专业银行。中国人民银行大一统式的银行体系就此被打破，进入专业化银行体系阶段。在此期间，各国有银行服务范围互不侵犯，避免了体制内竞争（巴曙松等，2005）。在"统一计划，分级管理，存贷挂钩，差额包干"的方针指引下，银行机构的积极性被调动起来。然而，银行机构的空间分布依然延续计划经济时代的底子。

实际上，20世纪80年代中期之前的银行业改革始终没有扭转投资需求主要依赖财政调控的事实。1985年，在"拨改贷"政策的推动下中国银行业进入多元化发展的阶段，非国有银行建立并迅速成长。为服务经济特区建设，相继成立了十余家股份制商业银行，由于机制灵活、市场化程度高，银行资产规模迅速增长，快速成为中国银行领域内一支不可小觑的主力军。同时地方政府为解决当地金融服务需求，积极筹建本地区的银行类金融机构，如城市信用社、农村合作基金会、信托投资公司等，即现如今多数城市商业银行、农村商业银行的前身。与此同时，外资银行相继进入中国，由沿海开放城市向内陆地区扩展。多种所有制银行的大量涌现，提升了金融市场的竞争力和效率，丰富了地方银行网点数量。

事实上，国有银行的商业化、市场化改革也在同步进行。改革开放后，国有四大行相继剥离出政策性贷款业务，先后组建了国家开发银行、中国进出口银行和中国农业发展银行三家政策性银行，实现了政策金融和商业金融的分离。面对银行领域越来越激烈的竞争环境，国有银行走上了市场化道路，明确了商业银行的属性。自1998年起，四大国有银行开始对规模不经济、资产质量差、包袱沉重、长期亏损的地方分支机构大规模地进行撤销与合并，改变了长期以来依照行政区划的均匀分布状态，调整网点分布重点向经济发达地区集聚并且减少欠发达地区的营业性机构。与此同时，非国有银行也被允许突破原来本地经营的局限，许多银行开始跨区域设立分支机构，进一步拓展金融服务网络。

可见，金融制度变迁重构了中国银行业的空间格局，银行机构的空间演化路径以及由此引发的资本区际流动、信用配给等区域发展问题有待进一步深入研究。银行业的商业化和市场化改革在地理空间上呈现出如下特点。

（1）银行机构分布日趋不均衡，国有银行有向经济发达地区集聚的趋势，而在经济欠发达地区则大量撤并，营业性网点大幅减少，同时这类地区也是本地商业银行、信用社等其他金融机构发展相对落后的地区，银行业改革加剧了上述地区的资本获得缺失和信用配给困难问题，有可能进一步拉大区域间的经济发展差距。

（2）非国有银行的跨区域经营，以及民营资本和外资的进入，加剧了银行机构的地区分布差异，与国有银行相比，非国有银行空间布局调整历史包袱更小，市场化程度更高，而不同类型非国有银行的空间扩张策略差异极大，其背后的影响因素和作用机制有待研究。

（3）地方分割的银行服务范围被打破，地方政府对当地银行的影响力减弱，银行自身的经营策略是银行机构空间布局调整的主要作用力。

（4）地方金融环境由均衡走向分异，造成欠发达地区严苛的金融服务供给，并且资金有从农村流向城市，由欠发达地区流向发达地区的趋势，银行网点空间分布的马太效应明显。

### 1.1.2　银行业空间演化背景下金融资本对地方发展的重塑

金融是现代经济高效运转的润滑剂。研究和分析当前经济地理问题时，金融也扮演了重要的角色（Pike and Pollard，2010）。大卫·哈维认为，资本具有"嫌贫爱富"的本性，往往向资本再创造速度快、数额多的地区汇聚，长此以往可能拉大区域间发展差异。金融资本对地方发展格局具有塑造作用，应当引起足够重视。特别是在中国，银行是金融服务业的核心，其空间布局调整深刻地影响着资金的空间流动，改变着区域经济发展格局。

银行业空间演化改变了资本空间配置。随着金融地理研究深入，货币的非中性认识逐渐成为共识（Klagge and Martin，2005），由于空间邻近性、信息不对称性、信息外在性等特点，"距离"对金融资本配置的影响更加显著。有研究发现，银行业的空间结构集中度升高这一现象不利于欠发达地区的资本获得，并且有将落后地区资金吸取出来流向发达地区的趋势（Leyshon et al.，2008）。在中国，银行信贷仍是企业主要融资渠道，特别是解决中小企业的融资问题。在信息不对称的地方金融市场，国有银行往往优先贷款给大企业大项目，而中小企业的贷款通常需要向本地银行机构寻求帮助。在银行业改革过程中，地方政府影响银行机构决策的能力逐渐变弱。因此，为吸引多种类型银行机构进驻，调配地方银行市场是地方政府争夺金融资源的重要手段。

金融系统的结构与经济发展之间的关系是经济学理论研究的热点问题（潘峰华等，2014）。银行机构的空间演化过程也会引发一系列经济效应和社会效应。贺灿飞和刘浩（2013）发现国有银行市场化改革之后大量撤并中西部欠发达地区的营业性网点。如何满足银行机构大量撤并地区的人们可以享受到公平的金融服务俨然成为亟须解决的问题。由银行业空间布局调整引起的中国各地区的区域发展不均衡问题尚缺乏系统研究，并且有待补充金融业空间调整视角下的中国案例研究。

### 1.1.3 缺少有关中国银行业空间演化的理论及实践研究

金融活动的地理属性、空间结构逐渐引起学术界重视。货币的非中性和信息不对称性使得以地理学的分析视角研究金融系统的空间过程的意义突显出来。截至目前，金融机构的地理分布及其对地方发展产生的影响尚未纳入统一的分析框架。已有研究限于金融不同方面的地理结构及其对地方发展的影响。国内学者对银行分支机构区位和空间布局方面的研究多局限在特定银行类型和具体情景之中，还没有从银行业系统整体的角度对银行业空间布局演化机制进行研究。此外，中国银行业空间结构的演化路径如何，银行网点布局调整的背后机制是什么，又是如何影响不同地方发展的，等等，现有研究尚未系统地解答上述问题。

与西方国家银行业大规模兼并重组不同，中国银行业领域并未出现大规模银行破产、银行兼并重组等进入退出过程，尽管银行间规模和盈利水平仍差异较大，但中国银行机构的数量始终持续增多、规模始终持续增大。这也意味着西方经济地理学有关银行分支结构空间分布过程和对地方发展影响的理论研究和实证分析，难以充分解释中国银行业的空间过程及其地方效应。况且在中国的金融体系中，银行始终居于主体地位，是中国金融资源最主要的来源和流通渠道。因此，研究中国案例具有重要的理论和现实意义。

## 1.2 研究问题

1980年以来，中国银行业发生了前所未有的变革，出现了许多新的发展趋势，在地理空间上形成了全新的金融景观。银行业的空间演化特征、影响因素、作用机制以及地方效应，需要从系统的、整体的角度加以分析研究。为回答上述问题，有必要从经济地理学视角切入，引入有关理论和研究方法，丰富现有研究。研究问题如下。

（1）从经济地理学的视角探究中国银行业的空间分布特征和空间演化规律，并且揭示其背后的作用机制和影响因素。

（2）从地方银行结构演变的角度出发，分析其与信贷配置之间的关系，并且揭示其背后的影响机制和原因。

（3）分析中国银行体系空间演化过程与地方产业动态演化和区域内不均衡发展问题的关系并揭示其作用机制，就此对银行业空间优化布局调整提供政策建议。

## 1.3 研究内容与技术路线

在继承已有研究的基础上，本书尝试从经济地理学的思维方式和研究方法入手，借鉴经济统计指标分析方法和计量经济学分析方法，对中国银行业的空间演化过程、影响机制及其地方效应展开深入分析，具体研究内容如图1.1、图1.2所示。

（1）中国银行业机构空间分布特征和时空演化规律研究。

分析地级市尺度银行机构的空间分布规律和时空演化规律。描述大型国有商业银行、股份制商业银行、城市商业银行等的金融市场结构和时空演变特征，以及地方银行市场环境的演变特征。技术上应用ArcGIS空间分

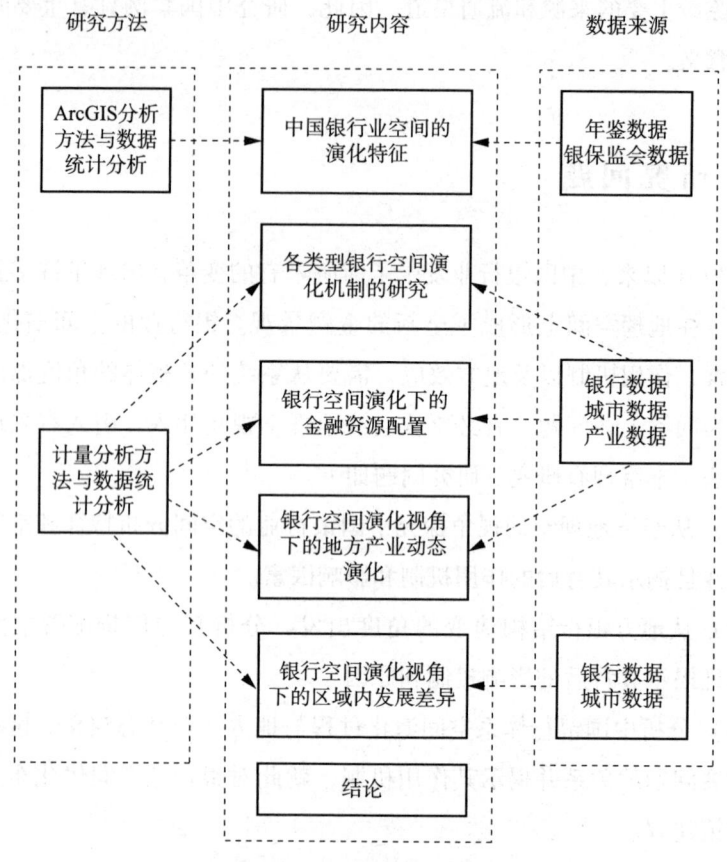

图 1.1 研究内容路线图

析技术和统计软件,数据来自《中国金融年鉴》和银保监会①网站公布的金融机构许可证登记信息整理。

(2)银行分支机构的空间演化路径、影响因素及作用机制研究。

从演化经济地理理论、集聚效应、区位优势三个维度构建解释银行业空间演化的理论框架,运用计量经济学方法,揭示出银行机构空间演化过程的作用机制并以银行所有制类型、银行规模、银行成长阶段加以检验。其中,地方经济相关数据来自《中国统计年鉴》《中国城市统计年鉴》和

---

① 2018 年 3 月,第十三届全国人民代表大会第一次会议批准了《国务院机构改革方案》将中国银行业监督管理委员会和中国保险监督管理委员会的职责整合,组建中国银行保险监督管理委员会。

《中国区域经济统计年鉴》。地方产业相关数据来自中国工业企业数据库、投入产出表。

（3）地方银行市场空间演化与信贷资金空间配置之间的关系、影响因素和作用机制研究。

鉴于信息不对称性，借助于区域银行操作距离和功能距离等变量，构建解释地方银行结构变化的理论框架，用计量经济学的方法做实证研究。从地方角度，揭示银行机构集聚、分散过程，地方银行市场环境与本地化银行建立过程影响信贷配置的作用机制。其中，地方经济相关数据来自《中国统计年鉴》《中国城市统计年鉴》和《中国区域经济统计年鉴》。企业信贷获得的相关数据来自中国工业企业数据库。

（4）银行业空间演化背景下的地方产业动态演化研究。

在经济效应方面，以地方产业演化和新企业进入为切入点，借鉴演化经济地理有关地方产业演化的研究方法，分析得出以银行业为主体的地方金融环境演变的经济效应。其中，地方经济相关数据来自《中国统计年鉴》《中国城市统计年鉴》和《中国区域经济统计年鉴》。地方产业相关数据来自中国工业企业数据库、投入产出表。

（5）银行业空间演化背景下的区域内不均衡发展问题研究。

在社会效应方面，通过实证研究，揭示银行机构空间演化过程对区域内企业发展的不均衡问题和城乡间居民生活水平差异问题的作用机制。区域内城乡生活水平相关数据整理自《中国城市统计年鉴》及国家统计局。区域内企业不均衡发展方面的数据来自中国工业企业数据库。其他地方经济相关数据来自《中国城市统计年鉴》《中国区域经济统计年鉴》。

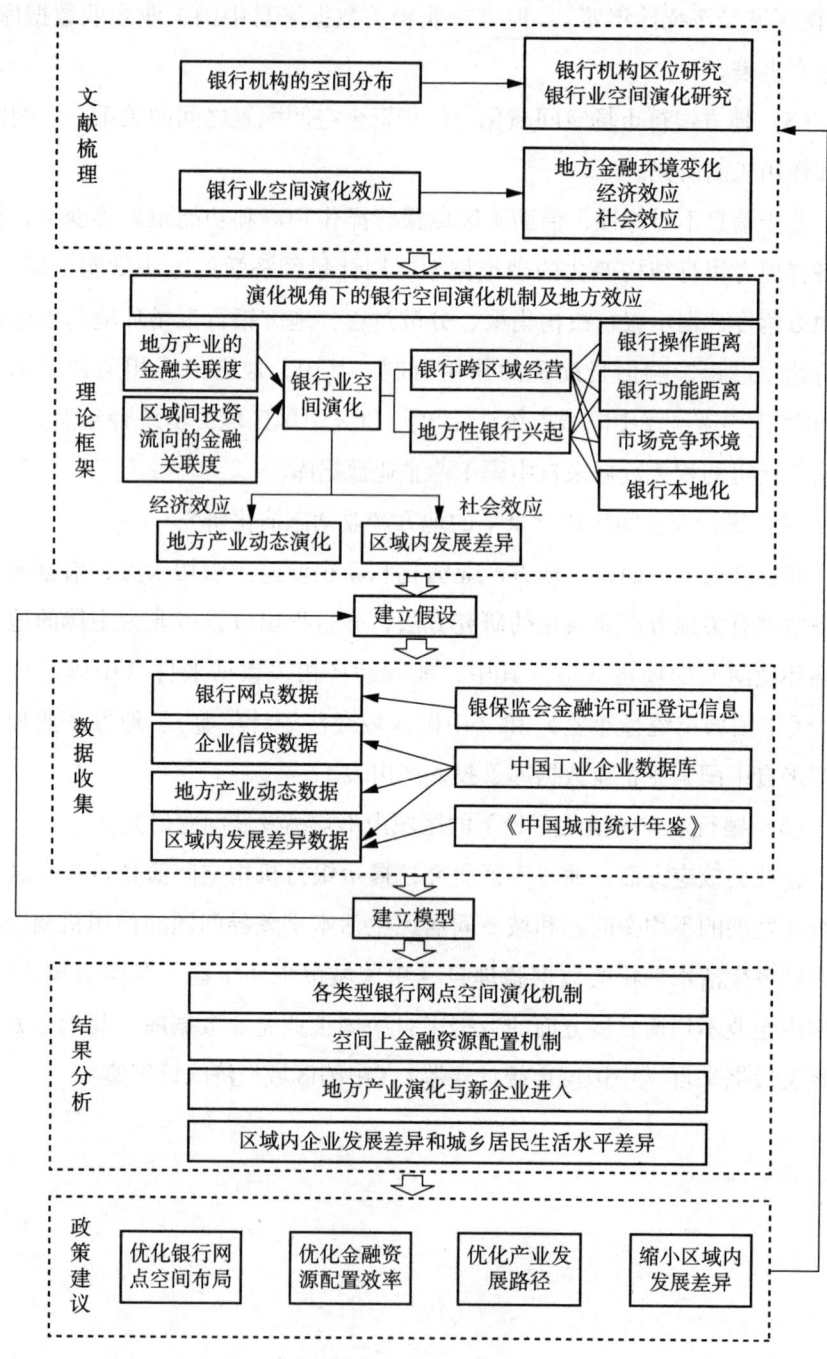

图 1.2 技术路线

第二章

# 相关研究综述

## 2.1 银行机构的空间分布研究

### 2.1.1 银行机构区位研究

早期的金融机构区位选择研究是传统区位理论的再扩展。最早的关于金融区位方面的研究可以追溯到 20 世纪 50 年代，廖什在其出版的著作《区位经济学》一书中，就有涉及金融元素的地理空间分布变化。随后陆续有学者分别从经济学和地理学两种视角出发，研究金融景观的区位特征，研究发现即使通信技术已经十分发达，金融活动仍主要集聚在特定空间区位。20 世纪 90 年代末，金融地理研究兴起，将地理学的概念，诸如地方、空间、距离等要素，引入金融研究，使金融研究从单一的时间维度扩展到空间维度，并逐渐成为经济地理学新兴研究领域之一。金融地理研究重点关注金融机构的空间分布规律及其区位选择机制，从理论层面构建了金融机构区位选择模型，深入探讨了金融机构的空间演化模式，等等。金融业作为现代经济社会发展的重要产业，研究金融区位及其分布特征，进一步丰富了经济地理学有关区位理论的研究。

银行业是最古老、最常见的金融服务行业。经济地理学对于银行业的研究由来已久。在银行区位理论方面，Porteous（1995）建立了银行区位选择模型，强调地理距离对于银行监控借款者成本的影响。通过模型验证了当银行机构与借款者之间距离超过临界值时，银行将无法获得有效信息，因此银行机构选址直接关系到能否获取有效信息。可见，地理邻近是银行机构区位选择的重要影响因素。地理邻近有利于银行识别借贷者的信用情况，同时方便监控贷款，特别是中小企业客户。由于信息具有非对称性，距离在信贷配置中起到关键作用。Klagge 和 Martin（2005）基于信息的不对称性、资本的非中性以及金融市场的不完全性，强调地方金融环境和空间邻近的重要性。信息获取难度随距离增加而增大，银行也会根据距离的远近程度来配置信贷，说明银行借贷在空间上是不均匀的。Agarwal 和 Hauswald（2010）发现距离对于收集企业所有者的"软"信息具有衰减作用。在这里，距离不仅指地理空间距离，还包括文化邻近、组织邻近等因素（Grote，2002），如相似的语言、文化、种族等，这些因素都有助于建立地方关系网络，确保信息流动畅通。

基于上述理论，国内外学者重点研究了跨国银行的区位选择问题。Dunning（1977）提出的国际生产折衷理论被广泛用来解释外资银行进入东道国的区位选择问题。国际生产折衷理论强调三方面因素的综合作用：全球化、所有权优势、区位优势。银行能够在东道国设立分支机构主要是基于比较优势，具体体现在追随原来客户、信息优势、区位银行市场条件是决定美国跨国银行海外扩张的关键因素，实证结果表明美国银行海外分支机构区位选择倾向于银行监管放松、对外贸易水平高、人口密集、人均收入较高、国内储蓄偏低的地点（Goldberg and Johnson，1990）。Grosse 和 Goldberg（1991）研究了在美国的跨国银行的扩张和美国本土的外资银行分布规律。Yamori（1998）研究日本跨国银行的海外区位选择问题，发现东道国的日资制造业的金融服务需求是日本跨国银行区位选择的关键影响因素，另外东道国的本地银行机会也是日本跨国银行考虑的因素之一。

中国进入世界贸易组织（WTO）之后，外资银行追随客户和本国投资纷纷进入中国（Leung，1997）。Leung 和 Young（2002）的研究认为母行资产规模越大、市场渗透度越高、越是参与过亚洲市场的外资银行就越有较强的比较优势，这些成为决定能否进入中国的关键因素。Leung 和 Young（2005）采用同样的视角分析影响外资银行进入上海的因素。从上述研究可以总结出，外资银行进入中国的决定条件分为两个方面：一个方面是区位优势，包括中国的政治制度环境和市场环境；另一个方面则是外资银行的所有权优势，包括母行资产规模、与东道国的文化联系和经验（Leung et al.，2003）。国内学者郑伯红等（2001）、苗启虎等

(2004)、贺灿飞等（2009）对外资银行在中国的发展进行了分析和实证研究，总结了外资银行在中国的区位选择、进入影响因素等问题的规律。另外，中国政府逐步放松对外资银行的空间管控也是外资银行进入路径的影响因素之一。

银行机构区位选择问题同样引起国内外学者的关注，并将研究目光转向大型国有商业银行经营网点区位的选择问题上来。李小建（2004）、武巍等（2007）、李智山等（2014）、季菲菲（2014）等学者研究认为中国大型商业银行空间布局呈集聚特征，尤以东部沿海发达地区甚为显著。贺灿飞（2013）、李玮（2013）等学者对比不同类型商业银行的空间分布特征，验证了银行基础网点不均匀的空间分布特征。He 和 Yeung（2011）研究了不同规模的外资银行在华区位选择，认为集聚经济效应与客户关系是其区位选择的主要影响因素。王洋等（2016）以广州都市区所有类型银行网点为例，发现核心商圈是银行业的高度集聚区，中心城区银行密度呈递减趋势。可见，邻近市场、市场规模较大的地区是吸引银行网点进入的影响因素之一。

综上，可以将银行网点区位选择的影响因素归结为三方面：宏观经济因素、内部因素、空间因素。

（1）宏观经济因素是银行网点布局的关键因素，金融市场需求是银行网点布局的重要依据，应与当地经济体量相适应，充分发挥银行网点的竞争优势。另外，经济规模、对外贸易、社会、文化等因素都会对银行网点布局产生影响。

（2）内部因素既是银行发展策略、业务导向、产品范围等银行发展因素，也是影响其空间布局的重要因素。

（3）空间因素可以概括为由于距离引起的信息不对称性使得银行业务与空间距离存在负相关性，因此，银行网点布局考虑到需要靠近信息源、临近客户等因素，空间因素不可避免地对银行网点布局有较强的约束作用。从上述研究中也发现，银行区位选择往往是多种因素合力作用的结果。

## 2.1.2 银行业空间演化研究

(1) 国外研究

推动银行业等金融机构空间演化的因素是多方面的。首先，资本总是向回报率高的空间流动（Pollard，2003；Pike and Pollard，2010），金融机构空间演化过程也可以看作"空间修复"过程（Aalbers，2008；Sokol，2013）。Goldberg 和 Saunders（1980）认为经济利润的诱导是美国银行大批进入英国金融市场的主要原因。在追求最大化利润的影响下，银行机构主动调整组织结构和空间结构。Pollard（1996）分析了加利福尼亚州南部地区的银行机构的演化过程，认为在最大化利润诉求的指引下银行撤销低收入社区的基础网点是合乎逻辑的，毕竟收益和公平不能兼得，社区发展银行能够起补充金融服务的作用。美国的少数族裔亚文化圈也可能是主流金融机构空间演化调整忽视的区域，少数族裔的银行则弥补了信贷市场空缺。在国内，随着国有银行市场化改革深入，Yeung 等（2012）研究发现国有商业银行有进一步向高利润地区集聚的趋势。

其次，制度、文化等因素也是银行业空间演化的驱动因素。经济环境、贸易需求和监管规则等因素的影响，推动了美国银行的海外扩张，特别是向英国扩张（Goldberg and Saunders，1980）。Martin（1999）认为，放松金融管制、信息技术进步、全球化是影响金融活动空间组织变化的主要影响因素。另外，Li 等（2002）研究关注洛杉矶地区华裔银行的时空演变特征，发现华裔银行的空间演化特征与华裔族群的时空特征高度相关，并认为华裔银行在促进华人社区商业活动中起到了重要作用。金融活动空间组织演化研究涉及的方面广泛，不只局限于某种具体的金融机构或者金融活动。Klagge 和 Martin（2005）分别以英国和德国为例说明不同国家的金融系统既可以是集中于某个金融中心，如英国，又可以是分散在若干个金融中心，如德国，这提醒我们金融系统的空间组织形式与国家实际金融地理结构有关。金融活动空间组织变化是向不同城市等级集中的过程。彭宝玉和李小建（2009）认为在全球化、网络化、信息化背景下的金融空间系统呈现出金融空间一体化，黏性金融地方竞争激烈，空间等级化特征显著等特点。金融机构的地理结构越来越不稳定,尤其是低等级的集聚中心,随着频繁的重组、兼并、收购等活动的继续进行,金融活动空间组织在地理空间上不断地整合,空间结构层面更加分明。北京市的金融服务业空间结构形成了以金融街、中央商务区(CBD)为核心的中心—外围结构(刘辉等,2013)。

再次,随着新一代信息技术发展,银行机构空间分布发生了改变。由于新技术的出现,制度变革和全球金融危机的影响,英国银行系统的地理格局发生了明显的变化:一是银行机构与顾客之间的距离增大,二是银行总行与分支机构之间的决策距离增大(Berger and Udell, 2002; Alessandrini et al., 2010)。Leyshon 和 Thrift(1997)分析了信息技术进步对于银行组织结构的影响,研究发现,只有银行空间结构向专业化方向发展,银行将利润中心向区域总行集中,清算功能才逐渐分离出去。

最后,银行业的空间演化还受自身发展阶段的影响。英国学者 Dow(1999)总结出伴随着其组织变化的银行业空间演化过程,共分为六个阶段:①服务本地社区的金融中介;②经营者信誉带来市场拓展但仍限于本地;③银行系统向全国发展;④依次向国内、海外拓展;⑤在全国市场上与非银行金融机构竞争;⑥放松管制引起的国际竞争并最终导致相关活动在金融中心集聚。该过程说明了与银行的不同发展阶段相应的地理区位也会发生变化,这表明金融活动的空间组织是一个演化的过程。

(2)国内研究

中国银行业改革经历了政策性职能分离和商业性职能回归的过程,逐步建立了如今全国性的多层次的银行体系。中国银行体制变迁促其使空间组织发生变化,经济发达地区经历了银行分支机构空间扩张、集聚的过程,而欠发达地区则经历了空间萎缩的过程。中国银行空间组织区位演变表现出明显的政府干预色彩,中央政府、地方政府和银行机构间的相互博弈形成了银行空间组织演化的动力。Yeung(2009)认为在经济转型过程中的中国,国家力量仍然是银行业空间演化的重要影响因素。中央政府制定地区发展框架,地方政府基于自身利益考虑不断参与这一空间框架的建设,银行机构在这一过程中通过空间组织变化间接地实现对资金流动的控制。地方政府基于自身利益和对金融资源的争夺,大力推动城市商业银行的建立。这种自下而上的银行体制变化过程表明——资本——银行机构逐利本性是银行空间组织变化的原动力。这说明中国银行业区位演变的内外力量已经形成。

从中国银行业制度变革的发展过程看,银行体制同经济体制变迁一样经历了从集权到分权的过程。随着银行机构政策性任务的分离和经营性业务的回归,中国银行业经历了组织体系变化和空间组织变化,国有银行、非国有银行、外资银行随着中国银行业市场化改革进程的深入,影响银行机构布局的行政力量逐渐让位于市场力量,追求经营规模和利润是所有商业银行共同的目标。林毅夫和姜烨(2006)的研究发现,随着国有企业的产出份额的降低,四大国有银行在整个银行体系的存贷款份额也越来越低,而由于重工业往往是资本密集型的产业,信息、监督等成本也具有规模经济,因此大银行或者较高的银行集中度能够更加有效地为大企业提供大规模的融资服务。可见,重工业和大型企业在经济中的份额越高,银行的集中度应该越高。国有企业比重高的地区,其银行业的集聚程度也相应较高。

随着放松金融管制和金融自由化改革,银行业的组织结构发生了较大的变化。林毅夫和姜烨(2006)提出的经济发展中的最优金融结构理论,认为经济结构和金融结构都是经济发展的内生变量,在不同的经济发展阶段,要素禀赋结构的不同决定了经济结构的不同,而在不同的经济结构之中,由于经济主体对资金需求规模不同,生产活动的风险特性也不同。与此同时,金融体系的各种制度安排在提供不同规模资金的交易费用和克服不同风险时各具优劣,因此在不同经济发展阶段,由于经济结构所决定的各种金融制度安排在经济中的相对规模,即最优金融空间结构是不同的。

## 2.2 银行业空间演化效应研究

### 2.2.1 银行业空间演化下的地方金融环境

地方金融环境包括金融机构的完整性和与企业的联系紧密程度。随着全球化、技术创新、国际竞争的程度加剧，金融机构向着更集聚的方向发展，地方金融环境发生变化。地方金融环境对于促进当地经济发展具有两方面的含义：其一是地方金融环境对资金流动的影响，特别是用于创新投入的资金；其二是地方金融环境嵌入立体化的金融网络之中，生产信息、技术信息可以沿着全球金融网络传播到本地，金融化对于地方经济发展的影响不言而喻。

银行的有效市场范围通常在本地，距离与商业贷款的成功率之间是负相关关系。Brevoort 和 Hannan（2004）研究了距离与商业信贷之间的关系以及这种关系随时间的演化。结果证实了借贷者与银行机构之间的距离对于能否获得信贷的可能性是负相关关系，并且这种关系随距离的衰减效应而明显，特别是对小企业的贷款。金融机构空间结构的调整直接影响到企业的资金供应，特别是中小企业的资金流入，可能加剧区域间的发展差距（Klagge and Martin, 2005）。不过也有研究经过实证检验发现银行的信贷配置与贷款企业和银行之间没有明确的相关关系，不支持信贷配置的地理属性（Carling and Lundberg, 2005）。实证结果没有发现信息不对称性随距离增加而增大，也不支持银行信贷配置与距离有关。Petersen 和 Rajan（2002）对此的解释是，信息技术的进步增强了银行监控贷款企业的能力，相比之下对地理邻近的需要程度降低。技术进步很可能会消减地理距离的限制（Moore et al. 1998）。由此可以推断，当前由于银行机构撤并而引起的贷款者与银行之间距离的增加并不完全是阻碍信贷配置的成因，但不可否认的是中国银行业的空间演化塑造了地方层面新的发展趋势。

值得注意的是，新世纪以来金融业在经济总量中的份额不断提升，随着资本渗透到经济、社会的各环节，金融化成为社会学科讨论的热点话题之一。金融化被认为是一种宏观经济现象，是以金融为驱动力的资本主义经济转型过程（Boyer, 2000），象征着资本经济发展的阶段性成熟。从微观视角来看，金融化重点强调了资本市场对企业和普通家庭的影响力不断提升，强调金融机构的重要作用（Erturk et al., 2007）。从宏观视角来看，金融化重新塑造了当今经济地理景观（Pike and Pollard, 2010）。Pike 和 Pollard（2010）回顾已有研究发现，金融机构数量激增而且渗透到经济社会空间的各个领域,增大了资本主义经济的风险和不确定性,强化了空间经济发展的差异性。经济地理学者认为金融可能嵌入在更大范围内的不均衡发展之中(Hall, 2013)。应该认识到经济金融化过程实质上是将金融置于区域经济格局演变中的核心地位,需要着重强调金融在解释经济地理现象时的综合角色(Pike and Pollard, 2010)。金融化是塑造区域金融环境的重要力量,金融化改变了区域内的生产结构和所有权结构。相比于对金融系统的传统认识,金融化过程丰富了多元化的地方经济发展路径。

金融化会带来以下变化:首先,金融市场的介入打破了区域内原来资本要素的限制,也打破了全球价值链下本地的嵌入方式。其次,金融化重新定义了企业管理者的经营目标,经营金融化的企业需要努力迎合资方(包括股东、基金投资者等)的利益诉求(Williams, 2000)。在这样的背景下,资本投资者,无论是金融机构还是私人投资者成为主导企业经营的幕后推手,都有可能使企业突破本地创新模式和产业升级路径,甚至脱离本地区的社会联系和文化联系,由市场关系取代信任关系。最后,金融化的影响力也已经渗透到日常生活(Langley, 2006, 2007),如养老金入市、私人商业保险、个人投资等逐渐取代国家提供的社会福利。在先进的信息技术的帮助下,金融化消除了组织边界和地域边界,连接起实体经济和虚拟经济两端,方便分散在世界各个角落的资本汇聚起来,投资到资本回报率更高的行业和地区中去。

## 2.2.2 银行业空间演化的经济效应

新古典经济学认为,资金会自觉流向生产效率最高的部门,实现收益最大化。然而,金融地理的相关研究人员对此表示怀疑,由于金融本身具有独立性和自参照性,资本动态变化并不是完全受外部因素支配。研究发现,资金空间配置主要受三方面因素影响:一是地方金融环境具有空间异质性特征。区域内的金融机构类别、规模、所有权等因素都影响着金融产品,同样,金融机构数量多寡也塑造了各地区差异化的金融环境。二是制度差异显然区分出不同的金融环境。各国金融制度上的差异表现在金融机构影响力的差异上,如美国金融市场被视为经济活力的源泉之一,美国式的资本主义制度有意保护金融的地位。三是地方性的金融主体介入全球金融网络的紧密程度存在差异。通过网络联系,金融资源和信息进入该地方,有助于加强本地金融机构的能力。

在资金配置上,由于信息的不对称性和信息的外在性往往形成区域金融市场分割,阻碍了市场有效运行,资金分配在地理空间上分布不均匀。何建明等(2007)发现中国信贷市场区域分化严重,银行会"主动"忽视部分弱势地区,而把资金集中在发达地区。近年来,中国信贷资金的区域集中现象越来越明显,地区之间表现出了巨大的信贷差异。金融系统复杂的地理结构,对不同地方经济发展的影响程度也是不同的。银行通过影响资本的重新配置进而起到调整经济发展路径的作用。金融资源流动对区域经济的影响首先表现在资金获取方面,大量资本流出地区意味着资金抽离,这不利于地方经济的发展,与之相反,资本流入地区则因为可供投入的资金增加,改变了本地要素禀赋结构,有利于促进区域经济增长。

由于银行的信息收集监控贷款能力的边际成本随距离增加而增长,当超过投资回报的边际效益时银行的市场将难以覆盖。金融与经济增长关系的地方化视角是十分必要的。Rajan 和 Zingales(2001)认为,地方产业结构演化受到金融结构(包括银行业结构)的制约,不同行业由于技术的不同决定了企业对外源融资的依赖程度不同,而银行信贷和股票市场发行股票是企业外源融资的最主要渠道,由于不同行业的企业在两种融资方式之间存在一定的信息成本差异,企业对外融资的依赖程度以及信息成本等决定了企业的融资结构。Demirguc-Kunt 和 Maksimovic(1998)从微观的企业层面入手分析了金融的作用,发现能够从股票市场融资的企业比不具备这一条件的企业增长得更快。袁其刚等(2014)研究发现融资约束缓解虽然不能直接作用于企业自身能力提升,但通过出口和创新路径间接地促进了企业自身能力的提升,融资约束的缓解对于出口和创新也存在自我强化效应。可以说,企业要想开展创新活动就必须有来自外部资金的支持,企业 R&D 投入和贷款融资存在正向依赖关系(Fryges et al., 2015)。

新兴金融机构的介入改变了企业的原有关系网络,有利于创新生产方式和创新产品类型。企业的创新活动往往存在信息不对称、高风险性以及创新成果在转化为市场认同产品的过程中存在着许多不确定性等特点,因此,创新活动具有一定的风险。当企业面对资金缺口时,创新投入受到制约,创新项目外部融资往往是非常困难的,成本也非常高,因此,企业融资约束对产品创新活动的影响是显著负相关的(Canepa and Stoneman,2004;Hall,2012)。一般来说,金融中介机构为企业提供资金支持,风险投资公司青睐于处于起步阶段缺乏资金的小微创新型公司,商业银行和私募基金同样能为有资金需求的企业筹集资金。Schumpeter(1939)最早提出了金融在创新方面的作用,此后有大量研究关注金融系统能否支持创新企业的发展(Freel,2007;Mina et al.,2013;Lee et al.,2015)。

  创新企业更需要金融支持的结论已经得到许多学者的证实。首先,创新本身是一种投机行为,是不断试错的过程并且失败的概率非常高,大部分创新很难获得高额的回报(Freel,2007;Mazzucato,2013;Coad and Rao,2008);其次,创新企业可供银行贷款抵押的资产不足,创新企业的融资渠道有限;最后,创新型中小企业的信用等级往往较低,由于缺少与企业的接触,创新活动的价值难以得到金融机构的认可。这样的结果是创新企业难以获得金融支持的主要原因(Lee and Brown,2016)。企业融资难易程度间接地制约着企业创新活动的展开和深入(Martin et al.,2002)。Alessandrini 等(2010)发现银行的规模和决策距离限制了企业的创新投入。因此认为改善金融市场,可以提高区域金融发展水平,可以改善融资环境缓解企业融资约束,拓宽企业外部融资渠道,从而促进企业的创新投入。Lee 和 Brown(2016)研究发现偏远地区的创新型企业对银行金融的需求程度比其他地区高,而且这类企业申请银行贷款的意愿常因企业自身硬性条件的限制而主动放弃;而且偏远地区的创新企业申请银行贷款被拒的可能性较之发达地区大。这说明,偏远地区由于与银行的距离较远,加剧了区域间发展水平的不均衡。

  从银行业的角度来说,根据银行机构的服务范围可以将区域内的银行分为地方性银行和全国性银行。地方性银行是指地方成立的银行机构,主要服务范围为本地区,而全国性银行是指非本地的、服务全国的银行。与全国性银行相比，地方银行与本地联系更加紧密，对于本地的投资机会具有信息优势，而且对借贷方监督成本较低。然而在缺乏本地银行的欠发达地区，由于本地银行发育不完善，全国性银行与本地联系较为疏远，制约了信贷获得（Sheila C. Dow et al., 1997）。为了保持地方经济增长动能，建立地方性金融机构成为各地政府主要做法。Alsessandrini 和 Zazzaro（1997）证明了地方金融机构比中央机构更有可能支持本地企业的发展和促进创新的推广，主要原因在于中央机构对地方的商业环境了解甚少。

中小企业的认知优势和信息优势有利于加强其与本地区内的金融机构之间的联系（Mckillop and Barton, 1995）。正如 Klagge 和 Martin（2005）基于金融市场的非中心和资本配置的不完全性，提出了诸如"本地金融市场""空间上的资金供给"等概念。也就是说，资本市场在地理上分布的不均衡直接决定了地方商业活动的资金配置依赖本地区的金融条件。相比于大型银行，区域性小银行更了解本地市场情况，基于这些"软"信息它们投资给本地企业的可能性更大（Petersen and Rajan, 1995）。Carbó 等（2007）从区域的视角研究了在国家内部地方金融机构与本地发展的关系，在法律、制度等社会因素一致的情形下，突出了差异性的地方金融市场的本地化影响力，用 1986—2001 年西班牙区域的动态面板数据进行了实证分析，结果表明地方金融服务和产品的创新对于本地区的经济增长、投资增长、储蓄增长起着正向的促进作用。该结果证明了地方银行机构的成熟度与地方发展之间的正相关关系，这与跨国间金融与发展的关系相一致。地方银行业结构关系到本地区中小企业信贷获得的可能性，也说明金融中介机构的成长，如服务和产品的创新，有助于促进本地GDP 的增长。

### 2.2.3 银行业空间演化的社会效应

金融网络是资金流通的渠道，缺少金融机构的地方可能会被排斥在金融网络之外。在新自由主义浪潮的影响下，各国放松了对金融的管制，培育了具有竞争力的金融市场。金融机构出于自身经济利益最大化，主动撤并了边缘地区或者贫困地区的分支机构，妨碍了落后地区金融资源获得。

全球化和信息技术的快速发展加剧了金融机构的空间集聚过程，使得金融化的空间结构更加不均衡。

早在20世纪90年代，经济地理学家就已经关注区域内金融机构撤销产生的一系列问题了。Leyshon（1995）将金融服务业从贫困的、落后的社区撤出，贫穷的社区群体被排除在金融系统之外的现象被称为金融排斥或金融排除（financial exclusion）。金融业空间重构后，与客户距离拉大是金融排斥的主要成因（Dymski，2005）。Leyshon等（2008）以英国银行机构系统空间调整为背景，揭示了1995—2003年英国银行撤并在地理空间上的不均衡性，其中，欠发达区域有大量银行机构撤出，相比之下较发达地区银行机构的撤出率较低。20世纪80年代，欠发达国家债务危机之后国际银行业大量关闭发展中国家分支机构，封锁对发展中国家的信贷。

金融机构的撤出导致某些社会群体和个人接近金融机构受阻（Leyshon and Thrift，1997）。中国银行市场化改革以后，银行经营主要追求经济利润，也关闭了大量贫困地区的银行网点，造成欠发达地区群众难以获得金融服务（贺灿飞、刘浩，2013）。深入研究发现，贫困地区的居民是普通居民受到金融排斥概率的两倍（Klempson E and Whyley C，1999）。Sharma和Reddy（2002）发现制度力量是乡村地区金融排斥的首要决定因素，在那里三分之二的家庭无法接近金融服务。Yeung等（2015）认为即使减少了金融机构对贫困农民的地域排斥，贫困农民的贷款请求依旧会被拒绝。金融排斥过程往往造成被排斥区域陷入恶性循环，得不到正规金融机构提供的金融服务，长此以往将造成不正当的、非正式的、违法的地下钱庄取代正规金融机构，区域内资金需求者要为此支付更高的利息才能获得金融支持，地方经济难以持续发展。

金融排斥不单指接触排斥，还应该包括条件排斥、价格排斥、市场排斥、自我排斥等非接触性排斥（Klempson E and Whyley C，1999）。接触性排斥是从地理的角度定义的，由于金融机构地理分布不均匀，金融机构撤并转移而导致区域内金融机构欠缺，客户在本地范围内难以接触金融服务，这种金融排斥现象被称为接触性排斥。非接触性排斥则是一种基于客户身份属性导向的分类方式，是指金融服务或产品需要客户达到一定条件才能获得，被"门槛"限制在外的客户尽管在本地区域内不缺少金融机构却仍无法获得金融服务。

不仅如此，金融排除也不完全是个人或者家庭面临的问题，同时还是社区性的空间整体衰落现象，关系到本区域的经济发展，类似的问题如城市更新、城市再造等都涉及金融资源空间配置的问题。有研究发现在英国金融服务的利用情况与使用者的居住地有关（Marshall，2004）。金融机构往往对破败区域了解甚少，存在严重的信息不对称问题，投资者难以正确预判投资收益，限制了资金的正常流入。Harvey（1973）关于资本塑造空间的理解进一步让地理学者认识到信息不对称将限制资本流入资金匮乏地区，加剧了地区间金融环境的差异。这两种金融排斥都表现出了资本"嫌贫爱富"的本性，在没有政府干预的情况下，撤销市场收益不高的地区金融机构的行为难以避免。金融系统固有偏好是区别对待贫穷和富裕的群体，换句话说，越贫穷越可能被金融系统排斥在外（Leyshon and Thrift，1995），长时间的结果则是富人越富、穷人越穷。金融机构撤离和金融排斥对经济的不均衡发展具有深远的影响（Leyshon and Thrift，1995）。

解决金融排斥问题需要政府和金融机构共同担负起社会责任。Leyshon和Thrift（1995）认为培育非正规的金融基础设施能够解决低收入群体的信贷问题，如社区银行、社区基金、信贷联盟等。英国采取"合作"的方式，与邮政部门合作利用邮政机构设施分布均匀的性质，解决了破败地区金融机构撤离的问题。同时，英国政府又制定了可以推动金融产品创新以适应地方性居民需求的金融政策。通过倡导区域性金融互助的方式，引导私营部门的投资区位。美国则采取了自上而下的政策，针对区域性信息不对称问题通过中央银行设立法规，颁布社区再投资条例，准确披露金融排斥地区的投资信息，并且对银行等金融机构进行权威性评级，从供给和需求两方面推动，解决地方金融排斥问题。对比英国和美国采取的措施，取得了截然不同的结果，英国从下至上的政策在开放的金融业面前，是很难解决金融排除现象的（Marshall，2004）。为弥补正规金融机构撤离留下的市场空白，地方自发的金融组织以非正规的方式重建了本地金融系统。地方金融系统受到本地消费、交易、生产等循环推动，形成了与主流金融机构相平行的资金流动网络（Lee et al.，2004）。

解决地方金融排斥较好的做法是培育本地正规金融机构。从金融机构经营的地域范围出发，可以将金融机构划分为全国性金融机构和地方性金融机构。相比于全国性金融机构，一般认为地方性金融机构与本地经济联系更加紧密，如果来自本地区的资金大部分保留在本地，会更有利于本地区的经济发展（Martin，1999）。很多学者已经证明地方性金融机构意味着地方工业企业能够比较容易地获得贷款（Hutchinson and Mckillop，1990）。另外，近年来针对一些特殊文化、社会属性的服务对象提供了专门的金融服务机构，如少数民族银行、妇女银行、华人银行等非主流金融机构。Li 等（2002）对洛杉矶地区华人银行的研究表明，华人银行的分支机构与华裔人口的时空分布特征有紧密联系，这些银行通过改变洛杉矶地区华人的商业基础设施和居住景观，推进了华人社区的发展。

## 2.3 小结

金融地理相关研究强调货币的非中性、信息的外在性和不对称性，进而造成"嫌贫爱富"的资本也无法实现完全配置，而集聚效应和规模效应能够吸引资本进入。全球化和信息技术的进步没有改变地方化和本地根植性的重要性，地理邻近依然是金融机构布局的主要参考依据。可以说，金融活动的地理属性是观察其经济效应的重要视角。除此之外，从内生性因素的角度，银行机构自身的发展阶段和服务对象定位是调整其空间布局的重要影响因素之一，差别化的服务定位，整合了各地区的银行金融市场，实现了银行利益的最大化。制度因素限制或者刺激了银行机构的空间演化，在中国颁布了针对不同类型银行和各地不同的发展政策，特别是对非国有银行和外资银行的政策调整，直接推动了银行机构的跨区域发展。然而，同样的制度却造成了差异化的银行区位选择路径和地方银行结构。

随着中国银行业改革进程的深入，商业化、市场化的转向重新塑造了银行业的空间格局，形成了异质性的地方金融环境，这在一定程度上决定着一个地区的兴衰。金融环境落后的地区，资本流入匮乏，甚至资本净流出，这种现象严重阻碍了地方经济的发展。以银行业为主的地方金融环境间接地影响着本地区的经济发展水平、产业动态演化、产品和生产技术的创新，同时也决定着本地区的人们能否享受到适宜的金融服务。

第三章

## 中国银行业空间演化机制的理论框架

## 3.1 演化视角下的银行业空间演化路径机制分析

### 3.1.1 金融关联度

早在1958年，Hirschman就提出处在生产链上下游的产业大概率在同一地点集聚。这同样适用于解释服务业的集聚现象，Muller和Zenker（2001）研究发现生产性服务业与服务对象在供需关系上建立了紧密的联系，空间上邻近"顾客"分布。这表明生产性服务业的空间分布与地方产业结构紧密相关。近年来，经济地理学者吸收了演化经济学的经典理论与分析框架，将时间和空间两个维度联系起来，形成了演化经济地理学的思想（刘志高等，2006；Frenken et al.，2007），提出"认知邻近"的概念（Boschma and Frenken，2006），并用产业技术关联的思想解释新产业（Guo and He，2017；Zhu et al.，2017）和新企业的空间动态过程（Zhu and He，2014）。相关研究证明，通常与本地产业关联度高的产业成功进入的可能性更高（Klepper，2007）。演化经济地理学家将产业演化视为区域内生过程，强调区域产业发展的路径依赖（贺灿飞，2018），以及区域产业演化的历史维度（Henning，2018）。

演化视角提供了适用于动态分析的工具和方法，提出基于历史和时间层面考察区域产业演化过程。事实上，Guerrieri和Meliciani（2005）就发现知识密集型制造业与金融服务业的供需关联性远远超过劳动密集型制造业。这说明产业关联的紧密程度取决于产业自身属性，进一步来说区域内产业结构的差异可能直接影响金融机构的空间布局。有理由相信，产业关联思想可以纳入银行网点空间演化过程的解释框架，进一步拓展经济地理学"演化"转向的理论解释边界。在此基础上，本书提出地方产业的金融关联度概念，并认为新增银行网点倾向于选择进入地方产业金融关联度高的地方。

银行既是一般性的金融服务机构，又是推动资本空间流动的地方节点。金融机构与资本流动二者之间相互促进，在空间上，金融机构的进入与退出直接关系到资本的集聚与扩散，相应资本的流入和流出也同样会对银行等金融机构的空间布局产生影响。金融服务地理与金融资产地理是密不可分的。Coe 和 Lai（2014）的研究表明全球金融网络通过高端生产性服务业嵌入全球生产网络，证明了金融资产配置的空间异质性源于金融机构的空间嵌入程度。由此可以认为，银行作为最具代表性的金融机构与资金的空间配置密切相关，银行也会根据区域间资金的流动趋势，适时调整网点布局。事实上，外资银行会跟随母国客户进行跨国投资扩张（贺灿飞、傅蓉，2009）。在此基础上，本书进一步提出区域间投资流向的金融关联度的概念，认为银行机构也会跟随"客户"进入他地。

### 3.1.2 集聚经济

集聚经济效应可以追溯到19世纪末马歇尔的理论，常被用来解释区域发展能力（Meliciani and Savona，2015）。本地化经济与城市化经济诠释了集聚外部性对区域发展的溢出效应（Moomaw，1988）。事实上，集聚效应也是一些行业生存的必要条件，成为吸引其进入的决定因素（Raspe and Van，2006）。银行业方面，实证研究也表明集聚效应能够吸引银行进入（Budd，1995），促进银行业集群的形成（武巍等，2005），同时也帮助新进入的银行克服可能面临的信贷违约风险（Bofondi and Gobbi，2006）。一般来说，集聚效应能够实现信息的有效溢出，便于银行等金融机构获取准确的市场信息（He and Yeung，2011），而且地方经济发展水平越高集聚效应就越明显。Chen 和 Fan（2011）基于1995年中国银监会发布的银行业分布数据，研究发现市场因素驱动银行业遵循利益最大化原则在经济发达地区集聚。在中国，地方金融机构设立情况与当地经济发展水平有紧密联系。商业银行网点的主要功能是吸纳存款和发放贷款，地方经济发展水平直接决定银行的市场规模。从银行业的改革历程来看,银行网点空间扩张路径的市场化原则也符合实际情况。

### 3.1.3 区位优势

在银行网点空间布局方面的研究中,区位优势是多数学者比较认可的一种因素。银行服务空间具有较强的地理属性,业务量与银行服务半径呈显著的负相关关系,地方环境对银行网点进入产生较强的约束作用。程惠芳等(2013)发现江浙沪地区的城市商业银行定位于本地市场,指出发挥地域资源和本土优势服务本地企业和居民可以确保城市商业银行的市场竞争力。中国银行业改革伴随着多元化银行体系的形成,业务范畴趋于统一,在地方层面,银行间的同业竞争是银行网点进入的先决条件,可能会影响到银行的进入步伐。另外,由于从事银行业务需要一定的门槛,对从业人员的专业技能要求较高,地方的金融专业人才储备情况也可能成为影响银行网点进入的因素之一。

## 3.2 银行组织空间变化与金融资源空间配置

### 3.2.1 银行组织空间变化

在世界范围内,银行业都发生了较大的变化:职能分离(Leyshon and Thrift,1997)、空间重构(Pollard,1996;Li et al.,2002)、层次分明(彭宝玉、李小建,2009;Yeung et al.,2012;刘辉等,2013)。Martin(1999)认为放松金融管制、信息技术进步、全球化是主要影响因素。Dow(1999)认为银行业的空间演化还受到自身发展阶段的影响。林毅夫和姜烨(2006)则提出最优金融结构理论,认为金融业空间结构演化是经济发展的内生变量。无论何种原因,银行业空间演化已成为不争的事实,并且重新塑造了地方银行信贷市场。鉴于此,Alessandrini等(2009)尝试量化银行业空间演化过程,他们以意大利银行业演变为例,发现新增银行分支机构持续向基层渗透，同时银行兼并重组导致银行决策中心向空间集聚方向发展。针对意大利银行业的空间扩散—集聚现象，他们提出银行操作距离和银行功能距离的概念，用来量化银行业的空间演化过程。

其中，银行操作距离是指借贷者与银行基层分支机构之间的距离。在信息不对称和道德风险的假设前提下，通常来说，地理邻近更便于银行分支通过本地关系网络获取企业隐性信息，帮助银行准确判断企业违约风险。银行功能距离指的是银行分支机构与银行决策中心之间的距离，常用它来指代银行组织规模不经济的程度。由于银行基层网点与决策中心营利目标不一致，银行决策中心还需要防范基层网点潜在的代理人问题，不可避免地会抵消银行组织内部信息传递的效率。

一般来说，银行操作距离邻近有助于减小银行与企业之间信息交流成本（Brevoort and Wolken，2009），便于银行借助于本地社会关系网络获取企业的"隐性"信息，便于判断企业违约风险。银行功能距离则主要强调银行组织结构对信贷的影响（Berger and Udell，2002），实际上，银行基层网点直接接触申请借贷者，但多数信贷审批权仍掌握在上级手中，银行组织结构的空间分离妨碍了借贷人的信息在银行系统内部的传递效率。另外，基层网点作为信贷业务的代理者，在业绩提成制度的激励下与银行决策中心降低信贷风险的诉求相矛盾。由于银行决策中心处于信息劣势，需要甄别基层网点上传的信贷申请信息，这被称为代理人问题（Alessandrini et al.，2009）。这样反而增加了银行决策中心贷款审核成本，谨慎放贷。由此可见，信息不对称问题和代理人问题制约着企业信贷获得。

### 3.2.2 企业信贷的地理约束

借助于银行操作距离和银行功能距离两个概念，现有研究已经证实企业能否获得银行贷款确实受制于企业所在地的银行业空间结构（Zhao and Dylan，2017）。一般情况下，银行操作距离邻近有助于缩减企业与银行之间信息交流的沟通成本（Brevoort and Wolken，2009）。银行网点与企业地理邻近便于借助于社会网络、关系网络等本地化媒介传递"隐"性信息，这对企业信贷获得大有裨益。然而，一些实证研究结果显示银行操作距离对企业信贷获得的影响存在争议：银行操作距离邻近也可能制约企业信贷获得或者不显著影响企业信贷（Alessandrini et al.，2009；Herrera and Minetti，2007；Benfratello et al.，2008）。Zhao 和 Dylan（2017）就发现将英国银行操作距离减小并不会显著提高中小企业获得贷款的可能性。事实上，由于地理邻近，银行反而掌握更多的申请借贷企业信息，便于索要高额贷款利息（Petersen and Rajan，2002；Degryse and Ongena，2005），这被称为"赢者诅咒"现象（Winner's curse Phenomenon）（Hoff and Stiglitz，1997）。

除此之外，本地银行市场竞争者增多也会加剧中小企业信贷受限的风险。面对激烈的市场竞争环境，银行在审批企业信贷时可能越发保守。银行空间扩张加剧了本地银行市场的竞争环境，迫使在位银行利用本地信息优势重新聚焦于优质客户（Hauswald and Marquez，2003），主动放弃"高风险"客户（Inderst and Mueller，2007）。

银行内部组织层级越多、基层网点在空间上越分散，就越会导致银行内部信息传递成本的增加以及效率的降低。信息不对称问题和代理人问题显然也会妨碍信息在银行组织内部的传递效率。目前，对于银行功能距离的研究结论较为一致，普遍认为银行功能距离与企业信贷获得之间是显著的负相关关系（Alessandrini et al.，2009；Zhao and Dylan，2017）。另外，地方的银行信贷市场结构也常被用来解释企业信贷获得的地理约束。Petersen 和 Rajan（1995）的研究结果表明，越占有本地信贷市场垄断地位的银行越有能力借助于地方关系网络深入了解区域内企业，这样有利于企业获得贷款，尤其是能够帮助小企业获得信贷支持。

## 3.3 银行空间演化的地方效应

### 3.3.1 演化经济地理学视角下的地方产业演化

依照 Martin（2010）的区域产业演化趋势，前期的区域产业基础和技术结构的知识和能力储备为新产业路径的出现创造了条件，为地方特质的环境筛选出市场竞争胜出的新产业路径，收益递增的外部性帮助产业路径持续成长，接下来区域产业路径可能因技术专业化而僵化，限制了本地新技术和产业出现的可能性，区域产业发展走向衰退；另外，知识和技术在本地不断碰撞，演化出新的产业路径，动态的区域产业发展环境为培育新技术和新产业的出现创造了有利条件。

区域内产业演化一直是经济地理学研究的热门话题，新企业进入也是区域内产业演化的主要驱动力（Fritsch and Mueller, 2004; Dejardin, 2011）。以 Krugman（1991）为首的经济学家将历史偶然性解释为新产业基因的起源，这样的观点似乎过于"被动"和"消极"（Cooke, 2010），而且无法解释某些产业只出现在特定地区的现象。经济地理学者认为地方环境可以解释上述问题。近年来，经济地理学的"演化转向"为此提供了新的研究思路，强调学习、选择、创新，将经济景观的地理多样性看作地方和历史演化的结果（Martin and Sunley, 2006）。"演化转向"的研究视角更好地揭示了区域产业动态演化过程对于产业地理的塑造（Boschma et al., 2011）。演化经济地理强调认知邻近、技术关联、路径依赖是产业路径创新的基础（Hassink, 2005; Frenken et al., 2007; Neffke et al., 2011; Balland et al., 2015）。如果某区域已经具备发展某种新产业所需的大部分能力，如基础设施、技术、人力资本、制度或法律法规等要素，那么该区域就很容易发展这种新产业（Boschma et al., 2013）。与区域已有产业具有较高关联度的新产业进入该区域的概率会更高（Klepper, 2007）。区域产业演化实际上是由区域内已有产业衍生出关联产业的"分叉"过程（regional branching）（Neffke et al., 2011），是一个受产业关联影响的路径依赖过程（Dosi, 1997; Martin and Sunley, 2006; 贺灿飞, 2018）。

新产业的路径创造是基于现有区域内的产业生产能力和技术关联，用区域内相关多样化的知识溢出和衍生解释新产业在特定空间出现的演化过程（Boschma and Frenken, 2006）。然而，演化经济地理研究过分强调促进产业演化的内生动力，过度强调路径依赖作用（Alshamsi et al., 2018），而忽视了区域内其他经济主体、制度、文化等要素（Boschma and Capone, 2015）、国家政策（贺灿飞等, 2016; Guo and He, 2017）、外部关系（Hassink et al., 2014）、技术革新（Bathelt et al.，2003）等，研究焦点从"路径依赖"转向"路径突破"。实际上，有些学者已经对演化经济地理的相关解释提出挑战，他们认为演化经济地理学的研究忽视了区域内其他机构、制度、公共政策的作用，特别是区域内创新研发机构的作用，以及低估了本地与外部联系对于路径创造的影响力（Binz et al.，2016；Zhu et al.，2017）。新产业的出现是个体特质与周围环境互动的结果。尽管如此，现有研究仍较少关注金融资源以及金融业空间过程可能对区域内产业演化的影响，事实上金融资本是产业形成和演化不可或缺的元素。

### 3.3.2 金融化与地方产业发展

金融资源是创新活动必备投入要素之一，由于新产品的市场潜力是未知的，具有企业家精神的创业者往往借助于金融机构和金融平台的力量，降低创新路径中的不确定性风险，而且研发本身也需要大量资金的长期投入（Hekkert et al.，2007；Bergek et al.，2008）。既然获得资金支持路径创造的必要条件之一，那么利润最大化和风险最小化则是金融机构追求的目标。在经济金融化的背景下，对于创新项目的利润和风险的认识已经发生了变化。传统的投资会关注项目市场前景和风险，而在金融化的经济环境下投资则会关注相应的市场指数变化情况，而且通过投资多个项目或者与其他投资者合作分散投资风险（Corpataux et al.，2009）。可见，经济的金融化过程实质上鼓励了创新。

金融资本限制是企业家不能实现商业机会的重要因素（Evans and Jovanoic，1989；Holtz-Eakin et al.，1994），金融投资的流通效率得益于包括天使投资者、风险投资者、商业银行等在内的金融机构的研判（Pollard，2003；Hekkert et al.，2007；Binz et al.，2016）。尽管金融机构总是寻求高效的资金配置效率，追求利润最大化或是风险最小化，然而现实并非如此。根据信息非中性理论，任何资金配置都是基于有限理性的决策，因而地理因素在资金配置方面的重要性不言而喻。地方的金融环境有可能严重制约着以新企业成立为代表的创新创业活动。良好的银行信贷市场可以满足新企业诞生所需要的设备、研发、市场拓展等前期投入，帮助新企业克服创新所必需的沉没成本。一般来说，新企业进入总是向着与本地产业技术关联密度高的方向演化，但地方银行市场环境可能起到促进或阻碍的作用。在中国银行业改革的大背景下，银行空间演化过程重新塑造了地方银行市场环境。路径依赖过程本身是高度包容的、开放的，在区域内形成了动态的创新系统（Martin and Simmie, 2008）。

### 3.3.3 银行业空间演化与地方产业发展

中国银行业空间演化过程重新塑造了地级市层面的地方银行市场环境，具体可以概括为四个方面：银行操作距离变化、银行功能距离变化、城市内银行市场环境变化以及银行本地化程度变化。Alessandrini 等（2009）最先采用银行操作距离和银行功能距离来量化地方银行信贷市场的演变过程。其中，银行操作距离是指借贷者与银行网点之间的距离，而银行功能距离则是指银行分支与上级决策机构之间的距离。

城市内银行操作距离邻近便于形成较为稳定的银企关系，特别是对于新企业而言，近距离接触银行会增加获得贷款的可能。然而，也有研究发现银行操作距离邻近反而会制约企业信贷获得或者不显著影响企业信贷（Alessandrini et al., 2009; Herrera and Minetti, 2007; Benfratello et al., 2008）。这将增大新企业获得银行贷款的难度，不利于新企业进入。

另外，基层网点作为信贷业务的代理者，在业绩提成制度的激励下与上级决策机构防控信贷风险的诉求相违背，二者目的并不完全一致。由于银行决策机构处于信息劣势，无法不加甄别地信任基层网点反馈的贷款申请信息，有可能产生代理人问题（Alessandrini et al., 2009），这会增加新企业获得银行支持的难度。尽管如此，银行功能距离还反映了银行异地扩张程度，尤其是在中国银行业市场化改革阶段，非本地银行的大量进入也可能造成城市内银行功能距离增大，同时加剧城市内银行市场的竞争程度。银行功能距离变化对新企业进入的作用机制尚有待进一步验证。

此外，城市内银行市场结构也是影响资金配置的重要因素之一。外来银行进入与本地银行兴起，使得城市内银行市场竞争者增多。一般来说，银行间市场竞争越激烈，银行信贷决策可能越偏向于保守，重点把控信贷风险，通过客观的评价标准甄别申请贷款者的违约风险。尽管这样能使信贷资金配置更高效，但是新兴企业或小企业仍存在信贷受限的可能性。相反，银行面对激烈的市场竞争，也可能主动寻求潜在优质客户（Hauswald and Marquez, 2003），主动避开"高风险"客户（Inderst and Mueller, 2007），开辟新的市场空间，新企业反而可能成为银行市场拓展目标。与之相对应，垄断型的城市银行市场也有可能提高信贷评价较低的企业获得银行贷款的可能性。若银行在城市中具有垄断地位，信贷决策可能不完全以防控信贷风险为唯一参考依据，本地社会关系、合作经历等都有可能左右银行信贷决策。Petersen 和 Rajan（1995）就发现垄断的地方信贷市场的银行有能力借助于社会关系网络建立稳固的银企合作关系，便于企业获得贷款，尤其是能够帮助新兴企业和小企业取得信贷支持。最后，以城市商业银行为代表的地方性银行的兴起，留给地方政府调配资金更大的自由度。银行本地化进程提升了当地闲散资金在区域内的配置效率。

接下来，有必要从银行业空间演变的实际出发，结合演化经济地理的最新研究成果，从微观的企业层面重新审视城市产业的演化过程。演化经济地理提供了一个动态的视角去理解城市产业演化过程，路径创造和产业成长都是基于现有产业基础和地方特质遗传、演变而来的，此过程被称为路径依赖。路径创造实质上是路径依赖过程潜在的一环（Dawley, 2014），取决于本地的产业技术遗存和本地黏性因素等，可以解释产业路径创造的空间不均衡问题。"内生"的路径依赖过程同样会受外部环境的影响，金融环境就是其一。进一步来说，银行等金融机构对城市内产业发展的路径依赖过程可能存在两个方面的影响，一方面，金融机构追求短期利益和规避资金回收风险，减少了对创新型企业的资金配置，增加了对扩大生产规模类企业的资金支持，结果抑制了新企业成立及新的产业路径创造，强化了路径依赖的作用。另一方面，金融机构空间演化过程与经济金融化进程相一致，金融化分散了投资风险，降低了金融机构对个别企业安全还款的依赖，进而刺激了城市内产业的转型、升级，弱化了路径依赖的作用，促进了路径突破。近年来，随着经济金融化的不断加深，对于创新项目的利润和风险的认识也已发生变化。传统的资金配置会关注项目的市场前景和风险,而在金融化的经济环境下资金配置则重点关注相关的市场指数变化情况,同时配置多个项目或者与其他投资者合作分散投资风险(Corpataux et al., 2009)。可以说,随着经济金融化进程的加快,完善的金融环境实质上是鼓励创新。

### 3.3.4 银行业空间演化与区域内不均衡发展

银行业空间演化过程通过调整银行网点分布,进一步影响资金在区域间的流向和配置。另外,伴随着中国银行业空间演化过程的是银行体制机制改革,概括来说主要有两方面的推动力促成了银行业空间演化,分别是地方性银行的兴起以及银行跨区域经营,也就是银行本地化过程和非本地银行进入过程。一般来说,银行本地化过程减弱了区域内信息不对称性的影响,有助于改善本地资金配置效率。成立本地银行能够增加企业和个人获得银行贷款的可能性,尤其是帮助中小企业及低收入群体获得银行信贷支持,由此拉近大企业与小企业之间的差距。此外,在分税制改革之后,地方政府的财政能力减弱,成立本地商业银行有助于地方政府掌控金融资源,成为地方政府有效的"调控"手段(黄建军,2010)。

区域经济发展的社会公平性也是地方政府行政绩效的评价标准之一,直接影响政府的公信力。通过调整资金配置,地方政府有意识地扶持弱势群体,有助于缩小当地经济发展差距。相比外来银行,本地银行通常较好地嵌入地方社会关系网,通过本地关系网可以轻易获悉当地企业或个人的信贷风险,这样反而降低了信用评价不高、抵押贷款能力较弱的企业或个人获取银行贷款的可能性。本地银行的建立进一步提升了信用评价较好的企业或提升个人获得贷款的可能性。这样也在无形中加剧了区域发展的不均衡性问题。

非本地银行进入主要产生了两方面影响:一方面增大了进入地银行网点的密度,另一方面则拉大了当地银行与总行之间的"距离"。增大银行网点密度可促使企业或个人接触银行的频次增多,有利于获得银行贷款,实现区域内协调发展。然而,银行网点数量的增多也意味着银行之间的竞争越发激烈,银行可能优先追求资金配置的安全性和效率,更愿意贷款给信贷评价水平较高的企业或个人，反而不利于区域协调发展。扩张进入的银行网点由于"远离"银行总行，有可能无形中增加银行内部信息传递成本，使效率降低，信贷决策部门反而会偏向于保守，信贷向信用评价较好的企业和个人倾斜，造成区域经济发展差异性增大。

第四章

## 中国银行业改革历程及空间演化特征

## 4.1　引言

银行是大多数金融交易的中介和参与者。大众熟知的银行是一个吸收存款和发放贷款的金融中介机构。银行的种类繁多，从功能上可以分为专业银行和综合银行，以及伊斯兰银行和私人银行。专业银行是指专门服务某一特定行业的银行，如早期的中国工商银行、中国建设银行、中国农业银行，也可指从事特定领域的银行，如早期的中国银行专门从事外汇业务。随着时代的变迁，专业银行的市场竞争力让位于综合银行，专业银行也逐渐向综合银行转型。

综合银行是指可以从事除了法律禁止的所有银行业务的银行。不过这个概念只在欧洲大陆适用，而英国、美国以及日本将综合银行细分为商业银行和投资银行，中国也是如此。商业银行主要承担储蓄、支付、借贷等业务，而投资银行则从事证券承销、企业 IPO、顾问咨询等商业银行规定不可以参与的业务类型。一个比较通俗的理解是投资银行本质上比商业银行更具风险性。20 世纪二三十年代的大萧条使美国意识到大量发行证券将引起金融风险，于是在 1933 年颁布了《格拉斯-斯蒂格尔法》。该法案规定银行必须将商业银行和投资银行业务区分开，并得到其他国家效仿。投资银行的称呼源于美国，在英国则将其称为商人银行（merchant bank），日本和中国称其为证券公司（securities house）。近年来，商业银行和投资银行也有相互渗透的趋势。

伊斯兰银行是在遵照古兰经教义的基础上建立的金融机构。在伊斯兰世界，银行收取利息是被严格禁止的，但存款者可以分享银行利润。银行与借贷人之间是合约关系，并且禁止借款人将银行提供的资金投入伊斯教所禁止的行业，如酿酒行业。另外，伊斯兰银行还严禁任何形式的金融衍生产品的出现。因此，在2008年国际金融危机中伊斯兰银行并未受到大的冲击，这也使得世界各国重新审视伊斯兰银行的经营模式。在空间上，伊斯兰银行已在主要的全球金融中心设立分支机构，同时多家银行也纷纷设立下辖的伊斯兰银行业务分支部分和服务机构。

私人银行主要为富人提供资产保值增值的服务。瑞士是私人银行集中的国家之一，那里提供安全和保密的私人服务。瑞士的私人银行为了接近客源，也开始在各国和区域金融中心渗透。

在中国，银行是依法成立的经营货币信贷业务的金融机构，狭义的银行即指商业银行。根据《中华人民共和国商业银行法》的定义，商业银行是指依照《中华人民共和国公司法》设立的吸收公众存款、发放贷款、办理结算业务的企业法人。本书以此定义为前提，从吸收存款、发放贷款的角度研究中国银行业的空间演化规律及其机制。

## 4.2 中国银行业概况和发展历程

### 4.2.1 中国银行业概况

中国银行业改革与经济市场改革相伴而行，经过40多年的制度变革，中国现已形成由中央银行、政策性银行、国有商业银行、全国性股份制商业银行、城市商业银行、农村商业银行、中国邮政储蓄银行、外资银行等组成的多层次、多元化的银行体系。按照中国产业分类《国民经济行业分类（GB/T 4754—2002）》的规定（见表4.1），银行业还可以细分为三个子行业：中央银行、商业银行以及其他银行。其中，商业银行包括大型国有商业银行、股份制商业银行、城市商业银行、农村商业银行、外资银行等。中央银行，即中国人民银行，作为政府机关专门负责制定货币政策，不参与日常银行业务，是特殊的金融机构。政策性银行建立的初衷则是扶持地方或特定行业，经营范围同样也不包括普通商业银行业务，政策性银行包括国家开发银行、中国进出口银行和中国农业发展银行三家。除此之外，农村商业银行在本书研究时限内跨区域布局尚未大范围展开，服务对象主要是本地乡镇居民，服务范围通常不超过所在区域边界。中国邮政储蓄银行是在邮政网点的基础上发展而来的，因其分布广泛，与行政区划高度一致，有效地弥补了偏远地区银行业务的缺失，不但满足了当地居民的金融需求，还避免了欠发达地区发生金融排斥现象的可能。中国邮政储蓄银行至今仍发挥着金融机构向偏远地区延伸的任务，这与中国邮政网点广泛普及密切相关。相比之下，只有商业银行才是中国银行体系中从事经营性银行职能主要的执行者和参与者，同时也是门类齐全、经营性网点数量最多的银行类型。

表 4.1 中国银行业的行业分类

| 行业分类 | | 机构 | 定义 |
|---|---|---|---|
| 银行业 | 中央银行 | 中国人民银行总行 | 指代表政府管理金融活动，并制定和执行货币政策的特殊金融机构的活动 |
| | | 中国人民银行各级分支机构 | |
| | 商业银行 | 国有独资商业银行 | 指国有独资商业银行、股份制银行、城市商业银行、城市信用社、农村信用社等的活动 |
| | | 国有独资商业银行分支机构 | |
| | | 股份制商业银行及其分支机构 | |
| | | 城市商业银行及其分支机构 | |
| | | 农业商业银行及其分支机构 | |
| | | 农村信用社及其分支机构 | |
| | | 国外银行在我国境内开办的金融机构 | |
| | 其他银行 | 国家政策性银行 | 指政策性银行的活动 |
| | | 国家政策性银行驻各地金融机构 | |

资料来源：《国民经济行业分类》（GB/T 4754—2002）。

从中国商业银行发展的时间上看，国有商业银行、全国性股份制商业银行、城市商业银行依次诞生。由于历史原因，国有商业银行在各个城市的布局最早也最为完善，全国性股份制商业银行因市场化改革需要而诞生，基础网点在经济较发达地区分布较多，相比之下城市商业银行出现的时间较晚。随着银行市场化改革的不断深入，商业银行的服务功能逐渐趋同，竞争日益激烈。另外，在进入 WTO 之后中国银行业对外开放，国有商业银行面临着来自股份制银行与外资银行全方位的竞争压力,这进一步催生了国家对商业银行经营策略变革的呼声。2006年,银监会颁布了《城市商业银行异地分支机构管理办法》,该规定放开对城市商业银行经营范围的管制,取消本地限制开放跨区域经营权限。该政策打破了长期以来地方性金融机构经营范围的地域限制,刺激了资本规模大、经营能力强的城市商业银行向省份之外扩张,异地设置分支机构。截至2023年7月底,中国商业银行体系现已有4家大型国有商业银行、13家股份制商业银行、125家城市商业银行等[①]。

随着中国银行业改革的持续深入,影响大型国有商业银行、全国性股份制商业银行、城市商业银行的营业性银行网点布局的行政力量逐渐让位于市场力量,追求经营规模和利润是所有商业银行共同的目标。中国商业银行体系组织结构分为总行—分行—支行—储蓄所,四个层级。然而,大型商业银行的总行通常位于北京、上海等少数几个金融中心城市,如华夏银行总行位于北京,交通银行总行在上海;分行也往往设立在省会城市和计划单列市等发达城市。由此可见,中国商业银行总行和分行的区位选择主要考虑城市行政等级,城市行政等级越高在金融领域的话语权也相应越大,也说明分行的扩张路径市场战略意图更重要。此外,支行和储蓄所区位选址受市场力量支配性更强,行政力量让位于市场力量。银行空间演化路径会根据市场需求和经营状况适时调整网点布局。

### 4.2.2 中国银行业发展历程

新中国成立以来,银行业发展按照时间先后顺序大致可以划分为以下五个阶段。

#### 4.2.2.1 "大一统"式的银行体系阶段(1949—1978年)

在中国改革开放之前,银行业建立在服务计划经济体制的基础上,"大一统"式的银行体系与计划经济制度伴随形成。1948年12月1日,中国人民银行在石家庄成立,标志着新中国银行业就此开端。新成立的中国

---

① 整理自国家金融监督管理总局网站(https://xkz.cbirc.gov.cn/jr/)金融许可证信息。

人民银行开始接收解放区内遗留下来的官僚资本银行，整顿和改造私人银行和钱庄，取消外资银行在华特权，等等。新中国成立以后，经过社会主义改造，旧中国遗留下的银行机构几乎全部并入中国人民银行，稳定了新中国成立初期的金融秩序。

随着计划经济制度的确立，财力、物力、人力分配服从统一计划安排，国家财政实行统支统收政策。在这样的体制下，中国人民银行也相应地被改造成符合计划经济管理体系的"大一统"式的金融机构，中国银行体系走向一家独大的格局。虽然为支援农业生产，围绕工业化建设，又建立了中国农业银行和中国人民建设银行，但考虑到与人民银行的业务重叠，几经反复还是被分别并入中国人民银行和财政部。随着"文化大革命"的到来，中国金融体系遭到严重破坏。1967年7月，中国人民银行总行与财政部合署办公，各级分支机构并入同级政府财政部门。1969年，中国人民银行总行并入财政部，对外只保留中国人民银行的牌子。实际上，中国人民银行已成为国家财政机关的下属部门，形成"大财政、小银行"的金融体系格局。

改革开放前，中国人民银行是唯一经营性的银行机构，既是具有中央银行性质的国家机关，又是办理存储、信贷、汇兑、结算等业务的商业银行，是这一时期中国金融业的主体。中国人民银行根据国家下达计划调拨资金，按照财政预算制订信贷收支计划，是全国资金的供给者和分配者。当时，中国人民银行业务完全依附国家财政计划，是财政部门的"会计"和"出纳员"。尽管中国人民银行保留了经营涉外业务的中国银行作为下属部门，但与国外的业务来往几近凋零。继续坚守在中国的汇丰、渣打、东亚、华侨四家外资银行也鲜有实质业务。在一个视银行为资产阶级剥削工具的年代，银行的功能被封锁起来。

直到1977年底，中国人民银行从财政部正式分离，重新成为国务院下属单位，银行职能开始恢复。中国人民银行的职能恢复标志着其对中国金融业的垂直领导模式的回归。尽管仍在统一计划、统一调度、统一执行的经济管理体系下，但这也意味着一个新的时代即将到来，中国银行业改革的大幕就此拉开。

#### 4.2.2.2 银行分业经营阶段（1979—1993年）

党的十一届三中全会拉开了中国社会经济体制改革的帷幕。银行体系改革格外受到高层重视，邓小平强调"要把银行真正办成银行"，这为中国银行业改革指明了方向。接下来，银行业启动改革的第一步，就是开始打破中国人民银行一家独大的银行体系，先后恢复和组建了中国农业银行、中国银行、中国人民建设银行、中国工商银行四家国有专业银行，奠定了此后银行体系的主体格局。

为协调农村经济改革的资金需要，根据党的十一届三中全会通过的《中共中央关于加快农业发展若干问题的决定》，提出"恢复中国农业银行、大力发展农村信贷事业"。随后1979年3月，经国务院批准中国农业银行正式恢复建立，成为国务院的直属机构，由中国人民银行代管。重新恢复的中国农业银行的主要任务是统一管理涉农资金，办理农村地区信贷，领导农村信用社和农村营业所，发展农村金融事业，重新建立起农村金融秩序。中国农业银行恢复以后，广大农村地区形成了由中国农业银行管理，农业银行与农村信用社分工协作的农村金融体系。

与此同时，随着中国对外贸易和国际交往的日益频繁，国务院批准了中国人民银行递交的《关于改革中国银行体制的请示报告》，同意扩大中国银行权限。1979年3月13日，经国务院批准同意，中国银行正式从中国人民银行体系内分设出来，专营涉外业务。1982年8月31日，国务院印发《关于中国银行地位问题的通知》进一步明确了中国银行作为国家外汇专业银行的地位，以及国营企业的性质，规定中国银行的主要任务是负责组织、运用、积累和管理外汇资金，经营一切外汇业务，从事国际金融活动时可代表国家办理信贷业务，为社会主义现代化建设服务。此外，中国银行还可以在得到国家授权的情况下，办理国际信贷业务。

中国建设银行最早建于1954年，初始名称为中国人民建设银行，直接隶属财政部，专门承担基本建设资金供给和管理使用。在中国人民银行一家独大的年代，建设银行几经撤并，难以真正发挥银行的职能和作用。改革开放后，为保证基本建设资金的拨款和加强监督，1979年8月，国务院决定将中国人民建设银行从财政部分离出来，使其成为一家独立的银行，开始发展其银行职能。1996年3月26日，中国人民建设银行更名为中国建设银行。

直到改革开放初期，中国人民银行一直行使着中央银行和商业银行的双重职能，无法满足现代社会对银行职能的需求。为加快推进中国人民银行专职行使中央银行职能，1983年9月17日，国务院印发《关于中国人民银行专门行使中央银行职能的决定》（以下简称《决定》），明确规定中国人民银行是专司全国金融事务的国家机关。中国人民银行不再对企业和个人办理存款和信贷业务，而是专职行使中央银行的职能，制定国家宏观金融调控政策，负责国家货币供给稳定，加强信贷资金管理工作，同时也是其他银行机构的监管机构。该《决定》还提议设立中国工商银行，负责承担原来由中国人民银行办理的工商信贷和储蓄业务。1984年1月1日，中国工商银行正式成立，总行设在北京，继承了中国人民银行营业性业务，是主管城市金融的专业银行。当时规定中国工商银行的主要任务包括：根据国家的方针政策筹集资金和运用资金，支持工业生产发展和商品流通扩大，支持工商业和服务行业的发展，按照中国人民银行的部署搞活经济，通过掌控信贷资金的流动促进社会主义商品经济的繁荣。至此，中国人民银行的金融经营业务全部被剥离出去，由中国工商银行、中国农业银行、中国银行、中国人民建设银行组成的国有专业银行体系承担。

改革开放初期，中国银行业基本形成由中国人民银行领导，下设"工、农、中、建"业务分工明确的银行体系，实现了中央银行和营业性银行的分离，筹集和分配资金的能力得到加强。国务院决定从1983年6月起，国营企业的流动资金由原先财政划拨统一改为银行贷款，"拨改贷"的政策转变，使得银行经营领域明显扩大，银行开始成为企业流动资金的主要来源。尽管刚刚恢复和建立了四大国有专业银行，但实际上国务院仍按照计划经济体制下分行业的管理思路，未按照商业银行的经营理念进行管理，在业务上仍然按照上级领导单位的融资要求和信贷安排执行，自主空间有限。四大国有专业银行各自垄断自己所在的领域，彼此间业务严格划分，鲜有交叉。但随着改革开放和经济发展的深入，对国有专业银行提出"一业为主，适当交叉"的指导方针，各银行才陆续开办信托投资、房地产融资、有价证券委托发行、代理转让、外汇等业务，同时各银行为提高利润展开竞争。

党的十二届三中全会以后，改革的重心由农村转入城市，要求社会主义经济以公有制为基础，深化经济体制改革搞活企业，国营企业改革成为当时经济改革的重要内容。四家国有专业银行被认为经营货币的特殊企业。因而，国有专业银行的企业化改造也被提上议事日程，成为当时中国金融业改革的热点问题。

在这一时期，国有专业银行的企业化改革主要包括以下内容：①信贷资金管理体制改革；②企业化的管理方式；③独立经营、自负盈亏；④统一法人制度。信贷资金管理体制改革实际上是中央银行与专业银行之间的资金往来，由计划划拨转变为信贷关系。这解决了过去专业银行在信贷资金上吃"大锅饭"的问题，切断了专业银行信贷资金来源，迫使专业银行自己寻求资金收支平衡方式。既使国有专业银行走上企业化经营之路，也使专业银行拥有更大的信贷经营权。国有专业银行企业化改革的另一个重要方面是转变管理方式，由过去的政府机关式的管理方式向现代的企业化的管理方式转型，推行责、权、利相结合的企业式管理。银行独立运营自主权限增多，调动了银行机构的积极性，提高了金融系统活力。为了能发放更多的贷款，国有专业银行相继开发了同业拆借市场、票据贴现市场、外汇调剂等调配资金流动的方式。国有专业银行在保持原业务特点之外，还开办了城乡居民的人民币业务和外汇业务，出现了"中行上岸、农行进城、工行下乡、建行进厂"的竞争局面，银行间的业务交叉打破垄断促进了竞争。

随着中国金融业改革的继续深入，国有专业银行垄断金融市场的弊端不断显露出来，包括资金配置效率低、国有银行历史包袱沉重等问题。为此，国家决定采用体制外引导的方式，成立一批新型的、较小规模的股份制商业银行，逐步打破国有银行的垄断，为国有专业银行向商业银行转型营造金融市场竞争环境。2013年9月6日，国务院发布《国务院关于重新组建交通银行的通知》，建议恢复已经停办的交通银行，重新组建成为股份制商业银行,从此拉开了股份制商业银行设立的序幕。

1987年4月1日,交通银行在上海复建,实行以公有制为主的股份制模式,其业务范围不受行业分工限制,分支机构也不按行政区划设置,按照市场规则自主经营、独立核算、自负盈亏,是以追求利润最大化为主的现代银行类金融企业。交通银行的重新组建对于推动中国银行业进一步改革起到了积极的催化和示范作用,此后多家股份制商业银行相继成立。

1987年4月8日,招商银行在深圳成立并正式对外营业,建立之初系蛇口招商局附属银行,后经过充实资本、扩大股本、修改章程,成为真正的股份制商业银行。几乎同时,由中国国际信托投资公司全资设立的中信实业银行在北京成立。随后,深圳发展银行于1987年5月至6月,在整合深圳特区6家信用社资金的基础上成立,并向社会公开招股;同年12月,深圳发展银行正式营业。1987年10月29日,中国人民银行批准成立烟台住房储蓄银行,最初的发展定位是专营房地产信贷、结算业务。2003年8月1日,烟台住房储蓄银行更名为恒丰银行,成为一家经营一般业务的全国性股份制商业银行。1988年6月,在福建省福兴财务公司的基础上组建成立福建兴业银行,同年8月在福州正式营业。同期,在广州成立了为支援广东经济建设的广东省发展银行,同年9月正式对外营业。

1992年邓小平视察南方后,中国迎来了新一波的改革浪潮,前后又有3家股份制商业银行成立。1992年8月18日,中国光大（集团）总公司全资附属银行——中国光大银行在北京成立,后经股权结构调整,成为全国性股份制商业银行。1992年10月,经国务院和中国人民银行批准,首都钢铁总公司投资的股份制商业银行——华夏银行在北京成立。1993年1月9日,上海浦东发展银行在上海正式开业,最初定位主要是为地方经济发展和建设上海金融中心服务的区域性股份制商业银行,后发展为全国性股份制商业银行。1995年,国务院又批准成立2家股份制商业银行,分别是海南发展银行和中国民生银行。海南发展银行在整合6家海南省内信托投资公司的基础上组建而成,于1995年8月18日正式营业,但此后由于背负不良资产过重,开业不久便陷入困难;最终于1998年6月,资不抵债被行政关闭,成为首家被关停的银行机构。中国民生银行是中国首家主要由民营企业投资的全国性股份制商业银行，于1996年1月12日在北京正式成立。

股份制商业银行的市场竞争意识和企业化的管理模式有利于在初创阶段资产规模快速扩大，成为中国金融市场的一支重要力量。股份制商业银行对于推动中国银行业竞争市场的形成，规范银行行为，促进金融产品创新等起到了积极的推进作用。股份制商业银行先于国有专业银行建立起现代化的金融企业公司治理结构，按照市场效益原则规范内部管理章程和外部扩张机制，在风险控制上引入世界流行的资产负债比例管理制度。在空间布局方面，初期股份制商业银行网点数量有限，主要集中在总行所在城市、沿海经济发达城市、其他省会城市，见表4.2。

表4.2 股份制商业银行

| 银行名称 | 成立时间 | 总行所在地 | 设立意义 |
| --- | --- | --- | --- |
| 交通银行 | 1987年 | 上海市 | 实施上海经济发展战略，把上海建设成为全国经济金融中心 |
| 招商银行 | 1987年 | 深圳市 | 促进地区经济发展，并为深入参与国际经济循环服务 |
| 深圳发展银行 | 1987年 | 深圳市 | |
| 广东发展银行 | 1988年 | 广州市 | |
| 福建兴业银行 | 1988年 | 福州市 | |
| 海南发展银行 | 1995年 | 海口市 | |
| 中信银行 | 1987年 | 北京市 | 尝试产业资本与金融资本的深层融合，打破传统资金管理模式和融资渠道的制约 |
| 中国光大银行 | 1992年 | 北京市 | |
| 华夏银行 | 1992年 | 北京市 | |
| 上海浦东发展银行 | 1993年 | 上海市 | 开发浦东，振兴上海，把上海尽早建成国际经济、金融、贸易中心城市之一 |
| 中国民生银行 | 1996年 | 北京市 | 打破金融领域的国有垄断，允许民营资本进入银行业 |

资料来源：刘明康. 中国银行业改革开放30年（1978—2008）[M]. 北京：中国金融出版社，2009.

在股份制商业银行蓬勃发展的同时，城市信用合作社如雨后春笋般建立起来。1979年，第一家城市信用合作社在河南省驻马店成立。1984年9

月成立的武汉市汉正街城市信用合作社最具代表性。汉正街是全国有名的小商品市场，经营以个体商户为主，具有单笔交易规模较小、资金流动频繁的特点。汉正街需要有一家能够提供灵活、便利资金融通的金融机构。汉正街城市信用合作社的成立弥补了个体商户的需求，也为城市信用合作社的未来发展指明了方向。此后，城市信用合作社在中国大地上快速蔓延。与此同时，城市信用合作社组织不规范、设置不合理、经营混乱等问题也显露出来。为规范城市信用合作社经营管理，1988年8月5日，中国人民银行颁布《城市信用合作社管理规定》，明确了城市信用合作社的性质是城市集体金融组织，由中国人民银行统一领导。随后开始对城市信用合作社进行清理整顿工作，城市信用合作社存在的问题基本得到解决，并进入快速发展时期，各地积极组建自己的城市信用合作社。

外资银行进入中国可以追溯到100多年前，新中国成立后取消了外资银行在中国的特权，只允许其在法令许可的范围内营业，并指定中国银行为外资银行的专职管理机构。失去特权的外资银行经营惨淡，纷纷歇业、撤出中国。仅剩四家外资银行继续留在中国，分别是汇丰银行、渣打银行、东亚银行和华侨银行，但业务惨淡几近凋零。

随着改革开放的深入推进，外资进入中国的步伐加快，中国对外资银行敞开大门。外资银行进入中国的路径由经济特区到沿海开放城市再到内地中心城市，渐进式地渗透各个区域。1979年，中国人民银行批准日本输入银行在北京设立代表处，这是新中国成立以来第一家被允许进入中国的外资银行，自此拉开了外资银行重新进入中国的序幕。随后，一些外资银行陆续来到中国设立代表处。1981年，南洋商业银行在深圳设立分行，成为外资银行设立在内地的第一家营业性机构。同年7月，中国人民银行批准外资银行可以在四个经济特区设立营业性机构，但只允许其从事外汇业务。1983年，中国人民银行公布的《关于侨资、外资金融机构在中国设立常驻代表机构的管理办法》和1985年颁布的《中华人民共和国经济特区外资银行、中外合资银行管理条例》，成为早期外资银行在中国经营的管理规章，外资银行进入中国的步伐进一步加快。1985年8月成立的厦门国际银行是改革开放后中外首家合资银行。1992年12月，泰国资本的泰华国际银行将总行设立在广东汕头,成为第一家在中国设立总行的外资银行。

改革开放初期,外资银行营业性机构仅被允许在4个经济特区设立。为推进浦东开发战略实施,1990年9月8日,国务院印发《上海外资金融机构、中外合资金融机构管理办法》,批准上海可以引进外资银行营业性机构,也成为除四个经济特区以外首个获准成立外资银行营业性机构的城市。1991年6月11日①,中国人民银行颁布《关于外资金融机构在中国设立常驻代表机构的管理办法》,在其指导下,外资银行代表处允许向北京、大连、天津、青岛、武汉、广州、南通、福州、泉州、杭州等沿海发达城市开放。1992年邓小平视察南方后,经国务院批准,开放大连、天津、青岛、南京、宁波、福州、广州7个城市设置外资银行营业性机构的权限。外资银行的触角由经济特区伸向沿海开放城市。这一阶段,外资银行在华业务主要以发放贷款为主,面向外资企业、三资企业提供短期周转资金,同时为出口贸易提供结算业务。另外,外资银行常驻代表机构起到了沟通两国关系、促进金融合作的桥梁作用,既为外资银行正式进入中国做好了铺垫,又增进了外国投资机构对中国的了解。从资金来源上说,外资银行大部分资金来自境外存款,进一步扩大了国内资金来源渠道。

#### 4.2.2.3 银行商业化改革阶段(1994—2002年)

党的十四大明确提出,中国经济体制改革的目标是建立社会主义市场经济制度。中国经济体制改革进入新的阶段,金融业面临着如何适应市场经济体制的问题,同时经济发展过热扰乱了正常的金融秩序。另外,国有专业银行承担着大量政策性金融任务,难免干涉金融市场,还存在国有专业银行"政企不分"的问题。针对金融领域存在的问题和经济发展趋势,1993年12月25日,国务院印发《关于金融体制改革的决定》,指明了金融领域改革的任务和内容,为金融体系适应社会主义市场经济体制做好了准备。按照《关于金融体制改革的决定》要求,在国务院的领导下建立独立执行货币政策的中央银行宏观调控体系,实行政策性金融与商业性金融

---

① 商务部网站:http://wzs.mofcom.gov.cn/article/n/200208/20020800037016.shtml。

分离，建立以国有商业银行为主体、多种金融机构并存的金融组织体系，建立统一开放、有序竞争、严格管理的金融市场体系，完善货币市场和证券市场，把中国人民银行办成真正的中央银行，把专业银行办成真正的商业银行。《关于金融体制改革的决定》还提出了国有专业银行向国有独资商业银行转型的四条方向性原则，即自主经营、自担风险、自负盈亏、自我约束，同时也规定国有独资商业银行总行的领导地位，各分行之间不得有市场交易行为。另外，国有独资商业银行不得投资非金融企业，在金融领域内实行分业经营的政策。

至此，国有专业银行开启商业化改革，主要体现在以下几个方面。①银行机构内部的公司治理结构相应地发生了转变，强化了统一法人制度，明确了总行与分支机构之间的权限，各分行之间禁止市场交易行为，提高了总行统一调配资金的能力。②建立了资产负债比例管理制度和风险防范机制，从内部降低风险发生的概率，强化监控机制。③不得投资非金融企业，金融领域实行分业经营。④优化银行营业网点的数量和空间分布。从此，国有独资商业银行营业网点设置开始遵循市场受益原则，根据金融市场的发展需求适时调整银行分支机构的空间布局。1995年7月1日，国务院颁布的《中华人民共和国商业银行法》开始实施，正式在法律上确立了中国工商银行、中国农业银行、中国银行、中国建设银行四家国有独资商业银行的地位。

按照《关于金融体制改革的决定》要求，国有专业银行的商业化改革还需将政策性金融与商业性金融分开。1994年，国务院决定组建三家政策性银行，分别是国家开发银行、中国进出口银行、中国农业发展银行，专门负责国家政策性金融业务，专门解决国有专业银行定位模糊问题。新组建的政策性银行不以营利为目的，不与商业银行进行市场竞争，贯彻和配合政府的经济政策，专门从事政策性金融业务，充当政府发展经济、促进社会进步、进行宏观经济调控的工具角色，其业务受中国人民银行监督。

为化解城市信用合作社自身的金融风险，城市商业银行的前身城市合作银行获准在城市信用合作社的基础上组建起来。从1993年下半年起，中国人民银行加大清理整饬金融秩序力度，发现部分城市信用合作社经营状况不佳，存在金融风险。中国人民银行建议在若干城市信用社的基础上组建城市合作银行，清理不良资产，化解城市信用社面临的风险。1995年3月1日，经国务院批准同意，中国人民银行印发《关于进一步加强城市信用合作社管理的通知》，明确指出在城市合作银行组建过程中，不再批准设立新的城市信用合作社。1995年7月，深圳城市合作银行在整合了若干家城市信用合作社的基础上组建而成，成为中国第一家地方性股份制商业银行。此后，城市合作银行试点城市进一步扩大。在总结前期城市合作银行试点工作的基础上，1995年9月7日，国务院印发《关于组建城市合作银行的通知》，从此符合条件的地级市相继成立了自己的城市合作银行。城市合作银行是带有股份制性质的商业银行，与其他商业银行的区别在于城市合作银行主要的服务对象是城市中小企业和本地居民，天然地与地方经济联系紧密。1998年，城市合作银行统一更名为城市商业银行。

改革开放初期，外资银行只被允许在少数经济特区和沿海开放城市设点经营，直到1994年，国务院印发《外资金融机构管理条例》，旨在对外资银行进行规范化管理，外资银行的经营空间进一步扩大，从沿海地区逐步向内陆地区渗透。1995年，国务院允许外资银行在11个内地中心城市（北京、石家庄、武汉、西安、成都、重庆、杭州、合肥、沈阳、昆明、苏州）设立营业性机构。1996年，中国人民银行宣布外资银行设立营业性机构的地域范围进一步扩大到所有中心城市，并且取消了设立外资银行代表处的地域限制，同时外资银行的业务范围也有所扩大。再到1999年，中国人民银行全面取消外资银行设立机构的地域限制。外资银行在中国大地上呈现出波浪式的空间扩张形态。随着银行业改革的深入，对外资银行的限制进一步放开，加快了外资银行广泛参与中国银行业市场的步伐。在中国进入WTO之后，对外资银行的开放进入新的阶段。

在此过程中，中国银行业也增添了很多不确定性，国有独资商业银行的商业化转型过程积累了巨大风险。在经济转型过程中，部分国有企业经营困难，加剧了国有独资商业银行的风险，相继暴露出数额巨大的不良资产。与此同时，1997年亚洲金融危机的爆发为中国金融监管和商业银行敲响了警钟，让中国金融行业认识到金融风险的危害性。1997年11月，全国金融工作会议召开，会议要求增加抵御风险的能力和措施。国有独资商业银行的改革重点转向化解风险和提高组织效率上来。全国金融工作会议指明了国有独资商业银行面临的症结和解决出路。为化解风险，国有独资商业银行实施一系列改革措施。首先，亟须补充资本金和剥离不良资产问题。国务院批准成立华融、东方、信达、长城四家资产管理公司，分别接手国有独资商业银行的不良资产。

随着商业化改革的深入，国有独资商业银行的自主权进一步增强，风险防控意识融入了银行管理者的管理体系。根据全国金融会议的精神，国有独资商业银行优化分支机构数量和人员精减同步进行。国务院要求四家国有独资商业银行合并省分行与省会城市分行，同时有步骤地裁撤或合并重叠机构、经营效率低下的分支机构，在一定程度上提高了盈利水平和运行效率。尽管国有独资商业银行经过了剥离不良资产、补充资本、改善运行效率、提高风险防控能力等一系列加深商业化的改革，但银行的所有权结构并没有发生变化，依然存在贷款配置倾斜的可能，不良资产和资本充足率引起的风险只是暂时得到缓解而并未根除。此时银行业的改革尚未触及体制机制，并未根治银行不良资产比例过高、银行资本金率较低的问题，金融风险依然存在。为接下来国有独资商业银行向股份制商业银行转型、向现代公司治理结构转变埋下伏笔。

中国股份制商业银行在其成立之初就引入多元化的所有制结构、相对健全的公司治理模式，已成为银行体系中充满活力的新生力量。从资产规模、资本充足率、不良资产数额、盈利水平等几项指标来看，股份制商业银行取得了飞速的发展，而且资产质量不断向好。1997年的亚洲金融危机并未对股份制商业银行造成严重破坏，相反，为处于起步阶段的股份制商业银行提供了从危机中汲取经验的机会，使其审慎自身可能累积的风险，为股份制商业银行健全公司治理结构、控制金融风险提供了契机。借此次金融危机，股份制商业银行进行了多项改革。在内部，继续完善公司治理结构，建立股东大会、董事会、监事会，引入独立董事和外部监督机制，提高内部控制能力，实现所有权和经营权的分离。在外部，股份制商业银行积极谋求公开上市，通过外部金融市场约束提高公司治理水平，充实资本金，增强经营透明度。因此，中国的股份制商业银行先于国有银行公开上市，先后有上海浦东发展银行、中国民生银行、招商银行在上海证券交易所挂牌上市。

尽管股份制商业银行规模不及国有银行，但管理高效、富于创新，尤其是在贷款审批上灵活多样，以需求为导向，积极拓展市场。亚洲金融危机之后，股份制商业银行主动实施机构扩张战略，营业网点数量持续增长，并且积极推进跨区域经营。随着企业经营规模的不断壮大，本地企业跨区域经营的现象日渐增多，企业客户出现较为明显的集团化趋势，地方性紧密的银企关系要求银行营业网点突破本地边界，为企业客户提供跨区域的金融服务。另外，股份制商业银行经过快速的本地扩张，本地市场收益基本稳定，银行业市场竞争的压力也迫使股份制商业银行加快跨区域设立分支机构。在这样的背景下，股份制商业银行异地分支机构数量快速增长。异地经营给银行的风险防控带来了挑战，贷款质量问题逐渐暴露，不良资产不断增加。股份制商业银行仍需继续完善公司治理结构，增强风险管控和化解能力。股份制商业银行发展的状况差别较大，因而各家银行空间扩张路径也不尽相同，但总体上呈现出以下特点：首先打破地区束缚，迈出异地经营的第一步，通常股份制商业银行分支机构向总行所在地周边城市设点，或者直接进入北京、上海这样的全国性金融中心；随后股份制商业银行加快空间扩张速度，稳步向沿海发达城市推进；再后谋划占领中西部城市市场，真正成为"全国性"股份制商业银行。与国有独资商业银行相比，股份制商业银行体制更加灵活，金融创新能力强，更贴近市场需求，市场竞争力强，容易快速抢占市场，但需警惕市场扩张过程中易忽视金融风险防控，特别是可能出现贷款审批环节上的松懈，股份制商业银行需不断强化风险管理意识。

除了股份制商业银行暴露出的问题，长时间被忽视的较小规模的城市信用合作社的金融风险也逐渐凸显出来。经中国人民银行调查，相当一部分城市信用合作社已经背离了合作制和为中小企业及城市居民提供金融服务的宗旨，盲目扩大业务范围，管理水平有限，造成大量不良资产，严重威胁城市信用合作社的风险防控能力。1998年10月25日，国务院办公厅转发中国人民银行《整理城市信用合作社工作方案》，对城市信用合作社进行清理整顿。在清产核资的基础上，中国人民银行对于不同风险差别的城市信用合作社开出三剂药方：一是对于那些暂时资金困难的城市信用合作社，允许其在合作原则下进行自救。二是对于出现支付困难但亏损数额不是特别巨大的城市信用合作社，在清查资产的基础上，实行收购或兼并。三是对于那些严重资不抵债的城市信用合作社，责令其行政关闭或依法破产。2000年10月，在清产核资、摸清风险的基础上，中国人民银行再次提出在城市信用合作社的基础上组建城市商业银行，规定城市商业银行的市场定位应立足城市居民、立足中小企业发展、立足地方经济建设。

这一时期，对外资银行的开放力度进一步加大。1999年7月，中国人民银行决定扩大上海和深圳的外资银行经营人民币的业务范围。在空间上，上海的外资银行客户范围扩大到江苏和浙江两省，而深圳外资银行的客户范围则扩大到广东、广西、湖南三省，同时还放宽了人民币业务的规模限制和银行同业拆借市场。然而，由于受到亚洲金融危机影响，国内对外汇贷款需求增长缓慢，外资银行在华资产规模出现波动，在华设立分支机构的数量增长有所放缓，并对在华分支机构做出结构性调整。其中，日韩两国的银行撤销较多在华代表处，首要原因也是受到亚洲金融危机的冲击，日韩两国银行遭到重创，纷纷收回海外业务。

#### 4.2.2.4　银行业市场化阶段（2003—2010年）

随着中国正式加入WTO，外部经济环境逐渐好转，国有企业改革基本完成，国民经济开启新一轮高速增长。但在国有银行方面，一些体制机制问题没有完全得到解决。尽管经过政策性业务拆分和不良资产剥离两次商业化改造，国有商业银行的性质初步确立，但由于国有独资商业银行仍然完全掌握在政府手中，经营管理上行政色彩浓厚，与国有企业的关系密切，银行业务不可避免地向国有企业倾斜。另外，由于风险防控机制和管理机制不健全，国有独资商业银行的不良资产比例再度攀升，金融风险再次萦绕在国有独资商业银行头上。如果不彻底解决体制机制障碍，国有独资商业银行很难办成真正意义上的商业银行，难以自我保持持续性的健康发展。

为此，2002年党中央、国务院召开第二次全国金融工作会议，会议明确提出要把国有独资商业银行改造成现代金融企业，要求国有独资商业银行进行股份制改造，指明了"财务重组—公司治理结构改革—资本市场上市"的股份制改造之路，力求把国有独资商业银行改造成治理结构完善、运行机制健全、经营目标明确、财务状况良好、具有较强国际竞争力的国有现代化股份制商业银行。同时，还提出改造后的国有商业银行在条件成熟时可以上市。随后，国有独资商业银行开启了股份制改造之路。

针对当时国有银行的财务状况，国务院决定利用国家外汇储备成立中央汇金投资有限公司。汇金公司专门负责注资国有独资商业银行，以达到改造银行资本结构的目的，提高银行的资本金充足率，减轻包袱，帮助国有独资商业银行的主要财务指标达到股份制商业银行标准。通过注资的方式，资本金得到直接补充。通过招标拍卖的方式，实现了对不良资产的再度剥离。在财务重组的基础上，国有独资商业银行继续进行股份制改造。按照《中华人民共和国公司法》《中华人民共和国商业银行法》的有关规定，继续改善公司治理结构，建立起股东大会、董事会、监事会、高级管理层以及董事会下属专业委员会的组织管理架构。经过一系列改革，国有商业银行的经营理念、管理水平、风险防控意识等方面得到了极大提升。与此同时，中国银行业外部监管机构——中国银行业监督管理委员会在2003年4月28日正式挂牌成立。银监会负责对银行机构不良贷款和资本充足率进行考核监管，保障了银行的公司治理顺利进行。

为实现优化银行的公司治理结构、提高管理效率、拓宽业务范围和增强产品创新能力的目的，国有商业银行开始引入境外投资者，利用境外相关机构丰富的银行管理经验和技术手段，向中国银行业注入先进的经营理念、方法，帮助中国银行机构培育人才，促进中国银行业整体水平的提升。2003年和2006年，银监会先后印发《境外金融机构投资入股中资金融机构管理办法》和《国有商业银行公司治理及相关监管指引》，以部门规章的形式对境外战略投资者的资格和合作原则进行规范。事实证明，多元化的国有商业银行的股权结构更有利于金融风险的内部控制，继续扩大国有商业银行的股份来源被视为巩固改革成果的重要手段。

在此基础上，国有商业银行开始公开上市，进一步拓宽了融资渠道。通过公开上市，国有商业银行摆脱了外界长期以来对其行政色彩深厚的看法，便于融入国际银行业。经过股份制改造后的国有商业银行经营重点转向投资者利益，为应对未来中国银行业全面对外开放的竞争格局、利率市场化的局面以及"金融脱媒"化的趋势，已经上市的国有商业银行的业务重心从提高利润收入转向赚取中间业务的佣金收入。但相比于世界知名银行，此时国有商业银行的非利息收入比重仍然偏低，除了中国银行业尚在转型期间的原因，不同于西方发达国家以资本市场为主的融资渠道，中国银行依然是资金的最主要来源。经过本轮股份制改造，国有商业银行的盈利能力大幅提高，不良资产率显著下降，经营业绩获得了国际认可，为接下来国有商业银行实施"走出去"战略做好了准备。

2003年以来，全国性股份制商业银行随中国经济一道进入新一轮高速发展阶段。股份制商业银行的壮大主要表现在自身资产规模、市场占有率以及网点数量的节节攀升上，成为中国银行业中一支不可忽视的力量。为提升市场竞争力，全国性股份制商业银行效仿国有商业银行的市场化进程，积极地进行一系列改造。一方面加强资本管理，另一方面通过引入战略投资者、上市、增发股票，补充资本，健全公司治理结构，加强内部管理，优化股权结构。这些措施对于提高盈利水平和防控金融风险大有帮助。由于股份制商业银行成立相对较晚，历史包袱较轻，市场化程度较高，资产质量更易保持良好状态。股份制商业银行引入国内外战略投资者，在引进资金的同时，更注重引进技术、智力和机制，实现了股份制商业银行完善公司治理和优化股权结构的目的，同时也提高了全国性股份制商业银行在国内外金融市场上的竞争力和国际影响力，获得了市场认可，促进了中国银行业盈利能力的整体提升。股份制商业银行同样积极寻求海外扩张，2008年5月30日，招商银行成功收购香港永隆银行，完成中国股份制商业银行第一次海外并购，迈出了股份制商业银行国际化的第一步。

这一时期，城市商业银行仍在积极化解历史遗留问题。依托地方政府构建多渠道的资本补充机制，引入境外投资者帮助化解风险，城市商业银行的公司治理结构得到了改善，进入快速发展时期。城市商业银行采取利润留存、增资扩股、发行资本债券、公开上市等措施，补充资本，努力解决资本金率不足的问题。一部分城市商业银行成功引入境外机构投资者，建立起规范的公司治理结构和风险防范机制，提高管理水平和产品创新能力，进一步增强了城市商业银行的市场竞争力。

随着城市商业银行的业务能力稳步提高，监管机关分次分批地放宽城市商业银行的地域限制，多家城市商业银行走上跨区域经营的发展之路。2006年，银监会印发《城市商业银行异地分支机构管理办法》，明确规定在符合监管的前提下，允许经营业绩较好的城市商业银行在异地设立分支机构。2005年4月，上海银行宁波分行成立，这是第一家跨省设立异地分行的城市商业银行。随后，其他规模较大的城市商业银行纷纷建立起异地分支机构，城市商业银行向全国性商业银行方向迈进。经过一系列改造，部分城市商业银行从过去羸弱的地方性金融机构转变为具有一定实力、盈利空间不断扩大、利润增长稳定、风险防控措施得当的区域性商业银行，逐渐将触角向全国延伸，积极寻求跨区域异地发展。与此同时，由于各个城市商业银行资产规模差异较大，小型城市商业银行在市场竞争中处于劣势，这些银行通过重组合并等方式"抱团取暖"，实现资源整合。经过多年来努力经营，首批三家城市商业银行——南京银行、宁波银行、北京银行叩开资本市场大门成功上市，这意味着城市商业银行实现了由城市信用合作社向商业银行的华丽转变。在这一时期，城市商业银行营业性网点数量激增。全国性股份制商业银行和城市商业银行的兴起，形成了中国银行业市场竞争格局。

2001年12月11日，中国正式成为WTO的一员。中国按照入世前的承诺，银行业设定五年时间的过渡期，一方面迫使国内银行积极完善公司治理结构，另一方面逐步对外资银行开放。外资银行被允许经营人民币业务的地区从上海、深圳逐步扩大到全国，而且外资银行人民币业务的客户也从原来仅限外资企业和外国人放宽到中国企业和个人。同时，放宽对外资银行的监管限制，取消外资银行人民币负债不得超过外汇负债50%的规定，放宽外资银行在中国境内吸收外汇存款的比例限制，逐步赋予外资银行国民待遇。到2006年末，中国入世承诺的五年过渡期结束，中国银行业全面对外开放。2006年11月11日，由国务院发布的《外资银行管理条例》，引导外资银行在华分支机构向法人制转变。在允许外资银行自主选择在华商业存在模式的前提下，鼓励外资银行的分支机构在中国境内注册成为法人银行。中国积极鼓励外资银行扩展业务范围以及向外资银行分布空白地区渗透。随后，中国继续加大外资进入银行领域的开放力度，外资银行已成为中国银行业的重要组成部分。在华外资银行除设置分行和营业性网点之外，还积极与我国国内银行合作，参与股份制改造，特别是近年来兴起的农村商业银行和村镇银行，从资本构成上看有大量外资银行的影子。可以说，外资银行进入中国的形式已不再局限于直接设立营业性网点，参股中资银行深化合作成为新的模式。

#### 4.2.2.5 多元化竞争下的银行市场阶段（2011年至今）

自2011年以来，中国银行业利润增速开始下滑，不良贷款比例上升，地方融资平台贷款具有潜在风险。中国经济改革已经进入深水区，经济结构调整、转型升级的压力很大，金融体系的改革也面临诸多挑战。同时，中国经济总体上还处于新型工业化、信息化、城镇化和农业现代化同步推动的发展阶段，仍具有较大的增长潜力，经济转型升级和结构调整也孕育着新业务空间，银行业面临着新的机遇和业务增长点，关键是如何做好商业银行的转型和进一步改革，以实现可持续发展。近年来，在货币市场和资本市场，新的融资平台如雨后春笋般迸发出来，传统的银行业面临多元竞争格局。

## 4.3 商业银行业务概述及其地理属性

### 4.3.1 商业银行业务概述

商业银行同其他企业一样是以营利为目的的，特殊之处在于商业银行从事的是以金融资产和金融负债为经营对象的"商品"，是生产性行业的服务部门。根据《中华人民共和国商业法》的规定，商业银行可以经营吸收公众存款发放贷款，办理国内外结算、票据贴现、发行金融债券，代理发行、兑付、承销政府债券、买卖政府债券，从事同业拆借，买卖、代理买卖外汇，提供信用证服务及担保，代理收付款保险业，等等。也规定商业银行不得从事政府债券以外的证券业务以及非银行金融业务。可以说，商业银行是以追求利润为目的，以金融资产和负债为对象的综合型、多功能金融企业。同时，商业银行区别于中央银行、专业化银行以及非银行金融机构。中央银行是国家金融业的主管机关，不以营利为目的，不对客户办理具体业务。专业银行和非银行金融机构的业务具有明显的局限性和专业性，而商业银行业务范围则更广泛和综合。

商业银行的业务主要由三大部分组成：负债业务、资产业务、中间业务。负债业务是商业银行的资金来源，包括自有资本和外来资金两部分。其中，自有资本只占负债业务很小的比例，商业银行的资金主要来源为吸纳的各类存款以及银行的长、短期借款。短期借款的渠道主要是指银行间的同业拆借或中央银行的授信，而长期借款则是指银行通过发行金融债券的方式融资。银行负债业务除零售业市场，还有公司市场（批发市场）以及银行间的同业市场。相比于存款的零售市场，这类客户的储蓄规模较大，对银行的依赖程度较低，多以短期存款为主。商业银行的资产业务是运作资金的业务，包括放贷和投资两大类，是银行收入的主要来源。商业银行的贷款利率大于吸收存款利率，获得利差。商业银行的投资业务是将资金用于购买有价证券。投资业务有分散风险、保持流动性、合理避税和提高收益的好处。银行的中间业务指的是不计入资产负债表的业务。根据《巴塞尔协议》，银行的中间业务可以分为两大类：一类是或有债权债务，包括贷款承诺、担保、金融衍生工具和投资银行业务；另一类是金融服务业务，包括信托与咨询服务、支付与结算、代理人服务、与贷款有关的服务以及进出口服务等。在金融自由化、技术创新的时代背景下，银行的存贷款利差空间被严重压缩。面对生存的压力，发达国家的银行纷纷着力发展中间业务，在收入构成上资产业务收入比重已逐渐被中间业务收入超越。近年来，中国银行机构的收入重心也正在向中间业务偏移。

商业银行的组织形式有单一银行制、分行制、银行控股公司制。目前中国的商业银行实行分行制。分行制的特点是除了设立总行，还在其他地区设立分支机构的层级式的组织架构。总行与分支机构在职能上是不同的，总行负责管理分支机构，并且总行通常设立在全国性或者区域性中心城市。分行制的优点在于分支机构分散度高易于吸收存款，银行可以充分调节资金进行配置，同时放贷分散也降低了信贷风险。另外，分行制的银行规模一般较大，具有规模效应。银行数量较单一，银行制少，便于有关部门监管。分行制的缺点则在于银行规模过大，内部层次较多，容易造成管理效率低下。不同银行的规模差异较大，可能形成大银行的市场垄断。

### 4.3.2 银行贷款业务的地理属性

尽管银行的利息收入有下滑的趋势，但不可否认的是利息仍是银行主要的利润来源（赵宁、陈彦华，2017）。作为金融企业，银行以追求利润最大化为目的，一方面最大限度地提高贷款发放收益，另一方面降低放贷风险。除了银行管理水平，决定银行贷款策略的是银行机构所在地的市场环境。换句话说，特定的地理位置、银行规模、银行经营理念等因素决定了银行放贷策略。银行贷款结构在地理上是存在差异的。银行贷款客户以企业和个人为主，而且以本地客户为主，显然，客户的地理特征显著。通常来说，经济发达的地区和大城市对银行贷款有较高的需求，地方的经济发展水平显然是银行贷款决策的重要考虑因素。一般地，经济发达地区的企业面临同业市场竞争压力较大，维持市场占有规模摆脱竞争对手需要银行的资金支持，而经济发达的地区个人消费水平较高，房贷、车贷等大宗消费同样需要银行的信贷支撑。因此，区域内的产业结构特点和居民生活水平在一定程度上影响着银行信贷决策，也说明银行信贷业务具有地理属性。

银行的资产规模也是决定银行的信贷策略的因素之一。通常来说，大型银行可以服务大客户，而小型银行则更多地服务小客户。由于小型银行信贷资金有限，如果贷款给大客户不利于分散贷款风险；相反地，大型银行贷款给小客户的信息收集成本可能要高于小型银行。因此，银行的规模不同其信贷策略也存在差异，不同类型银行的地理约束是存在差异性的。在中国，国有银行的规模较大，在放贷对象中国有企业占据了相当大的比重。中国的信贷市场主要被国有银行把持，信贷市场的垄断抑制了银行业的整体效率提升，尽管非国有银行信贷份额不断提高，但在信贷市场中仍无法与国有银行展开竞争。随着外资银行的进入和各地区中小银行的快速壮大，中国银行业体系的地位也在不断地被削弱，打破信贷市场国有银行的垄断地位有利于银行业整体的效率提升。

## 4.4 中国银行业组织结构的时空演化

### 4.4.1 大型国有商业银行的时空演化

改革开放以来，国有银行尽管经历了专业化、企业化、商业化、市场化等改造阶段，但国有成分始终占据主导地位。大型国有商业银行的分支机构无论在数量上还是分布广度上都占有绝对优势。银行业市场化改革前，四家大型国有商业银行营业网点几乎覆盖全部地级行政单元，为分地区均衡提供金融服务。经过股份制改造，特别是上市之后，国有银行分支机构布局策略进行了重大调整。以中国工商银行为例，2006 年 A 股上市后，撤并了大量营业网点，同时在经济发达地区加大布点密度。网点数量大幅上升。其他国有银行上市后营业网点数量也有类似的变化趋势。可以认为，银行业市场化改革后，国有银行营利模式发生转变，从均衡地方金融服务变为追求市场效益模式。在分行层面，国有银行一级分行通常为省分行和直属分行，覆盖 31 个省级行政区划单位和 5 个计划单列市。二级分行和地级市分行上市后数量不断增加，特别是向中西部地区城市延伸。

截至 2022 年底，中国工商银行营业网点空间分布层次明显，主要集中在长三角、珠三角、京津冀等发达地区。省会城市的分布数量明显高于其他地级城市。这表明营业网点数量分布与地方经济水平高度相关。中国建设银行营业网点空间布局与中国工商银行相似,都是重点向发达地区集聚。中国农业银行的空间分布较其他三家国有商业银行更为均匀,特别是在西部欠发达地区,中国农业银行营业网点数量超过其他三家,成为当地的主要金融机构。这与国家的惠农政策有关。中国农业银行承担了部分农村基层金融服务的责任。中国银行是经营中国外汇业务主要机构,营业网点空间分布主要集中在东部沿海地区,特别是向对外开放程度高的城市集中分布。由于东部沿海地区邻近海外市场,外向型的产业集聚在此,是改革开放后中国经济高速增长的主要推动力,相应的外汇业务也主要集中在东部沿海开放城市。

### 4.4.2 股份制商业银行的时空演化

根据股份制商业银行的时空演化路径,可以将股份制商业银行的空间演化过程抽象地概括为两种模式(见图4.1、图4.2)。

模式1:表示股份制商业银行的总行设立在北京或上海成立的情形。这类股份制商业银行的分支机构跨区域设点首先向沿海发达地区扩展,并在当地建立分行。接下来,围绕总行和分行增设支行,目的是渗透到周边金融市场,同时股份制商业银行不断开拓其他地区,向东部其他地区或中部中心城市扩张。下一阶段,在最先进入的省份距离分行较远的城市设立二级分行,以此为中心持续向该省份扩张,同时继续向西部地区挺进。围绕已进入分行的省份增加新的支行等营业机构,实现网点数量的增长。

模式2:表示总行不在北京或上海的股份制商业银行的时空演化过程。这样的股份制商业银行空间扩张的第一步是在北京或上海设立分行,邻近全国政策中心和金融中心。紧接着,开始向总行邻近省份及城市扩张,逐渐进入邻近地区的金融市场。再之后,向东部发达地区延伸布点。当达到一定规模后,再向中西部地区扩张,实现跨区域经营,由"区域性"银行转变为"全国性"银行。

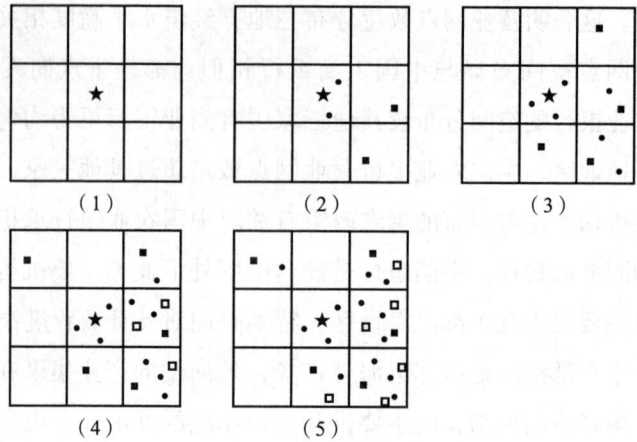

图 4.1 股份制商业银行分支机构时空演化过程（一）

注：★为总行；■为一级分行；□为二级分行；●为支行。

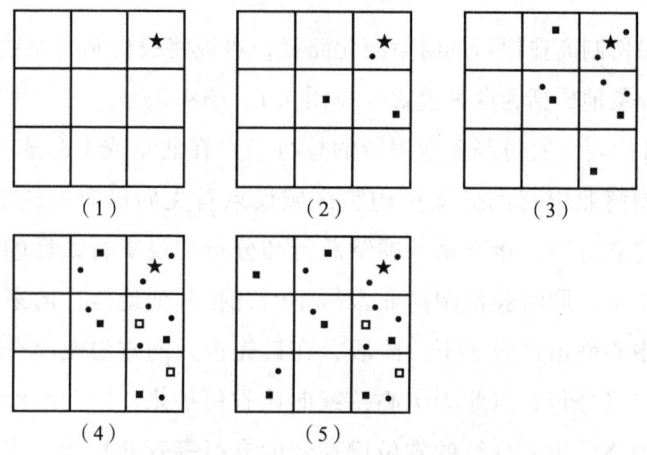

图 4.2 股份制商业银行分支机构时空演化过程（二）

注：★为总行；■为一级分行；□为二级分行；●为支行。

### 4.4.3 城市商业银行的时空演化

城市商业银行成立时间相对较晚，2006年后才被逐渐允许进入外地。从布局规律看，目前城市商业银行正处于异地扩张初期，空间演化路径基本与全国性股份制商业银行类似，通常率先以进入总行邻近城市或邻近省份为主，同时向北京、上海、深圳等金融中心城市优先进入。

### 4.4.4 银行上市与银行网点空间演化路径

推动银行业市场化改革的措施可以概括为两方面：一是鼓励有条件的银行积极启动上市计划，二是逐步取消地方性银行经营的地域限制。银行上市后经营策略发生改变，通过比较银行上市前后基层网点和分行的空间扩张路径和进入数量，可以发现出银行上市对网点空间演化路径的影响。本书以两家均在 2007 年上市的兴业银行（China Industrial Bank Co., Ltd., CIB）和北京银行（Bank of Beijing Co., Ltd., BOB）为例，研究二者基层网点和分行的空间演化路径。

2007 年兴业银行上市前，基层网点优先向本省份其他城市扩张，跨省扩张首先进入北京、上海、深圳等金融中心城市以及其他省会城市。反观上市后，可以明显地看出兴业银行基层网点空间扩张范围更加广泛，大规模进入中小城市和中西部城市，空间扩张距离也随之增大。同样，北京银行基层网点空间演化路径图也呈现出相似的特点。这说明银行上市之后基层网点异地扩张的能力增强，不再拘泥于地方银行市场规模和高等级城市，扩张距离也有所增大。另外，在银行基层网点进入数量方面，可以看出两家银行均着重向北京、上海等金融中心以及区域中心城市重点布局。

两家银行分行的空间演化路径，也呈现出在银行上市后空间扩张距离增大的特征，而且上市前银行分行主要向周边及金融中心城市扩张。基于上述观察，有理由相信上市行为在一定程度上影响银行网点的空间演化路径：一是提升了银行异地扩张的能力，二是上市后银行网点空间演化路径的作用机制可能发生改变。

## 4.5 银行空间演化动力分析

通过非本地银行进入数量的核密度分布图可以发现（见图 4.3），2016 年曲线、2006 年曲线、1996 年曲线依次在右侧，这说明 1996—2016 年，银行网点在空间上持续向外扩张，地方层面非本地银行网点的进入数量明显提高。把1996—2006年与2007—2016年两个时间段对比，可以发现银行业的市场化程度越大，银行空间扩张的意愿也就越强烈。非本地银行进入数量的增多，打破了地方银行市场垄断，地方银行市场竞争环境越来越激烈。

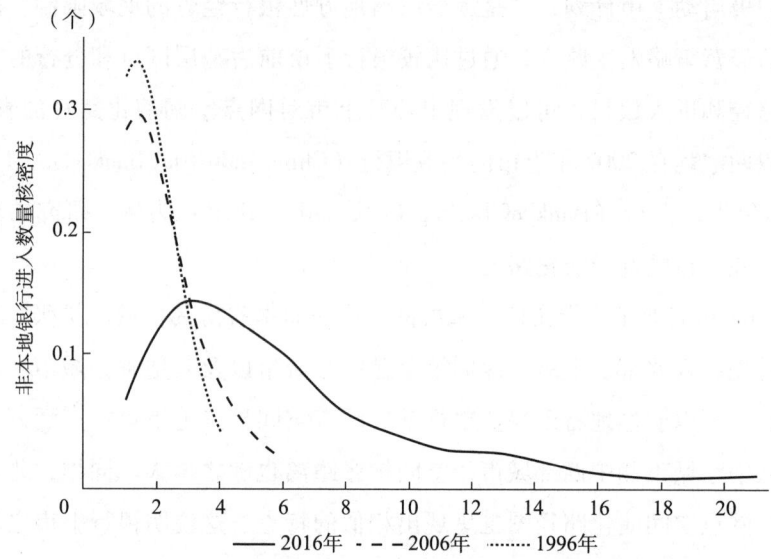

图4.3　1996—2016年地级层面非本地银行进入数量的核密度图

接下来，本节采用勒纳指数（Lerner Index）来测量中国银行业市场结构的演变。通常，勒纳指数是用来表示市场垄断程度的，它可以直接反映市场因垄断而造成的价格偏差。基本公式如下：

$$L = \frac{P - MC}{P}$$

其中，$L$为勒纳指数；$P$为市场价格；$MC$表示边际成本。勒纳指数测度的是实际价格与边际成本之间的偏离程度。$L$值越大，表明市场的垄断程度越大；$L$值为零，表明市场为完全竞争。在本书中，银行的勒纳指数指代银行的市场控制力，即银行的市场垄断能力。勒纳指数越大，说明银行的市场缺乏竞争；反之，勒纳指数越小，则表明银行业市场充分竞争。本书使用的中国银行业勒纳指数来自世界银行公布的数据（the World Bank Global Financial Development Data），该数据的具体计算过程借鉴了Demirguc-Kunt和Martínez Pería（2010）的处理方法。

中国银行业的变革同样体现在银行市场结构的变化上。具体来说，股份制商业银行、城市商业银行等银行类型的兴起，在一定程度上抢占了原本大型国有商业银行的市场份额。此外，在2006年赋予外资银行国民待遇之后，外资银行大举进入中国，特别是在外贸依存度高的地区和部门享有一定的市场份额。近年来，农村商业银行快速成长，填补了农村金融市场空白。随着中国银行业市场化的步伐加快，地域限制和经营权限制几乎全部取消，各类型银行之间的差异正在减小，银行市场竞争越发激烈。

如图4.4所示，勒纳指数从1999年起稳步增加，在2010年达到峰值，之后开始连年降低，这说明中国银行业市场结构经历了由寡头垄断向竞争的转变。这基本与新世纪以来银行业的市场化改革过程相吻合。为应对中国进入WTO后即将面临的外资银行市场竞争，大型国有商业银行进行了股份制改造，并为随后的上市工作做准备，在此期间强化了国有银行的市场垄断地位。而从2009年开始，城市商业银行被允许跨区域经营，城市商业银行迎来了发展契机，一些城市商业银行的资产规模甚至超过股份制商业银行，表现出蓬勃的潜力。另外，中国银行业集中度的下滑还可以由大型银行的资产占银行业总资产的份额变化可见一斑。由图4.4可知，无论是资产规模前三位的商业银行还是资产规模前五位的商业银行，其资产占比都呈现出不同程度的降低。

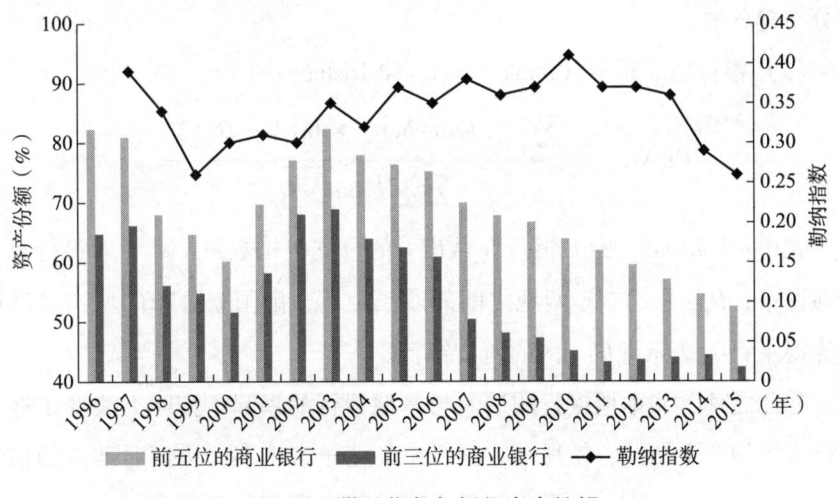

图4.4 勒纳指数与银行资产份额

综上,可以将中国银行业空间演化的动力概括为两个方面:一方面,允许银行跨区域经营,银行大举异地扩张设点;另一方面,地方性银行的兴起,打破了原来由少数几家银行垄断的地方银行市场。

## 4.6 地方层面银行空间演化特征

银行业空间演化动力来源的这两个方面,可以在地方层面上表现为以下四点空间演化特征。首先借鉴了 Alessandrini 等(2009)提出的银行操作距离和银行功能距离的概念来量化地方银行信贷市场的演变过程。其中,银行操作距离是指借贷者与银行基层分支机构之间的距离,而银行功能距离则是指银行基层分支机构与上级决策中心之间的距离。具体的计算公式如下:

(1) 银行操作距离(Bank Operational Distance)

$$OPER_{c,t} = \frac{1}{branches_{c,t}/area_c}$$

式中:$branches_{c,t}$ 为地级市 $c$ 的银行分支机构数量,$area_c$ 为城市 $c$ 的行政辖区面积,银行操作距离即为区域银行网点空间密度的倒数。$OPER_{c,t}$ 数值越小,说明 $c$ 地银行网点与客户空间距离越近,反之则说明银行网点空间分布越分散。

(2) 银行功能距离(Bank Functional Distance)

$$FUNC_{c,t} = \frac{\sum_{b=1}^{B_c}[branches_{b,c} \times \ln(1+D_{c,z_b})]}{\sum_{b=1}^{B_c} branches_{b,c}}$$

式中:$branches_{b,c}$ 为 $b$ 银行在城市 $c$ 的分支机构数量;$z_b$ 为 $b$ 银行总行所在城市;$D_{c,z_b}$ 为 $c$ 与 $z_b$ 两地之间的欧氏距离,由国家公布的城市经纬度计算得来;$B_c$ 表示地区 $c$ 内的所有银行。

除此之外,非本地银行的进入与本地银行的兴起,实际上改变了地方银行市场的竞争结构,使得地方银行市场竞争者增多;进而对地方的信贷配置产生影响,加剧中小企业信贷难度,面对激烈的信贷市场竞争,银行可能主动聚焦于优质客户（Hauswald and Marquez，2003），回避"高风险"客户（Inderst and Mueller，2007）。地方信贷市场结构也制约着企业信贷获得。Petersen 和 Rajan（1995）就发现垄断地方信贷市场的银行有能力借助于本地关系网络建立良好的银企关系，便于企业获得贷款，尤其是能够帮助小企业取得银行信贷支持。这两方面具体的计算过程如下：

（3）地方银行市场竞争环境（Herfindahl-Hirschman Index）

$$HHI_{c,t} = \sum_{b=1}^{N} \left( \frac{branches_{b,c,t}}{T} \right)^2$$

式中：$branches_{b,c,t}$ 表示 $c$ 地区 $b$ 银行的分支机构数量；$T$ 代表 $c$ 地区全部的银行营业性网点数量；$N$ 为地区 $c$ 内的银行数量。

（4）银行本地化程度（Localization）

银行本地化程度（$LOC_{c,t}$）是通过计算本地城市商业银行分支机构数量占当地全部银行营业性网点数量的比重来衡量的。

综上，本书将中国银行业空间演化过程概括为四个方面：银行操作距离变化、银行功能距离变化、地方银行市场竞争程度变化和银行本地化程度变化。具体结果如下：

银行操作距离方面，东部地区城市的银行操作距离普遍较中西部地区城市要近，在全国范围由东向西呈现梯度增加；另外珠三角、长三角、京津冀、成渝、长株潭等城市群显著低于其他地区。此外省会城市和经济发达的非省会城市的银行操作距离也较短。银行操作距离实质上反映了城市内银行网点的密集程度，从上述空间分布特征可以想见，经济发达、城镇化水平较高的城市银行操作距离往往较小，银行网点密度较大。换句话说，银行网点的密集程度几乎与经济发展水平、城镇化程度呈正相关关系，同时银行网点有向经济发达地区集聚的趋势。

相比之下，银行功能距离则主要反映的是银行异地扩张现象以及城市内非本地银行进入的程度。随着股份制商业银行、城市商业银行乃至农村商业银行逐步向外扩张、异地设点经营，无形中拉大了银行总行与分支机构之间的地理距离。根据信息不对称理论，银行功能距离拉大会降低银行组织内部管理效率，容易产生代理人问题，这样反而可能会降低银行进入城市资金配置效率。银行功能距离较大的城市主要集中在西南地区以及广东南部，整体上中部地区城市的银行功能距离略低于其他区域。从银行功能距离的定义中不难发现，城市内银行功能距离增大的原因主要来自三个方面：一是非本地银行网点大量进入，二是非本地银行总行与本地距离较远，三是如果本地没有建立起地方性银行也可能会加剧当地的银行功能距离。

在地级市层面银行市场环境中，中西部地区城市的银行市场垄断程度较高，西南地区尤为突出，而东部、中部以及东北大部分地区的城市银行市场以竞争型为主。结合银行功能距离的空间分布特征可以想见，西南地区城市银行市场由非本地银行占据垄断地位。城市银行市场竞争环境的空间分布特征在一定程度上反映了地方性银行的成立情况，尽管地方性银行刚刚兴起，也足可见其发展势头，而且东、中部以及东北大部分城市的本地银行已经成为当地银行市场的重要组成部分。另外，银行本地化程度较高的城市主要集中在中部地区，以及部分东部和东北城市，由此可以看出本地城市商业银行的建立逐渐打破了外来银行对本地信贷市场的垄断，这在调控本地资金配置方面具有积极影响，资金流向的自主权得到加强。

## 4.7 本章小结

本章系统地梳理了中国银行业的改革历程，分析了银行业务的地理属性，在总结各类型银行网点空间演化规律的基础上，进一步得出推动中国银行业空间演化的动力为地方性银行的兴起和银行跨区域经营两个方面。这与西方国家银行业间大规模兼并重组引发的银行网点空间调整有着本质的区别。接下来，通过构建地级层面的银行操作距离、银行功能距离、地方银行市场竞争环境、银行本地化程度四个变量形象地呈现出中国银行业的空间演化特征。

第五章

## 银行网点的空间演化机制

## 5.1　引言

　　金融服务业的空间分布规律一直存在争议：部分学者认为随着信息技术发展日新月异，资本和信息的空间流动已不再受地理制约，甚至有"地理终结"的论调（O'Brien R，1992）；对此经济地理学者给予反驳，他们强调信息的不对称性，指出金融景观并非均匀分布（Zhao et al.，2004），认为地方根植性依然是知识、信息、技术传播的有效途径（Agnes，2000），实际上，金融中心的地位并没有因信息技术革新而走向衰落，反而更加稳固（Zhao et al.，2004；Lai，2012）。就现实而言，银行是中国金融业的主体（李振发等，2018；Wang，2018），网点分布也最为广泛。研究银行网点的空间演化规律及其背后影响机制，有助于揭示中国金融服务的空间差异。

　　现有关于银行机构空间布局方面的研究多以跨国银行和大型国有商业银行为研究对象。经济全球化催生了银行等金融机构的跨国扩张，有学者研究了跨国银行进入美国（Grosse，1991）、日本（Yamori，1998）的空间扩张路径。自中国加入WTO后，银行领域全面对外开放，郑伯红（2001）、苗启虎（2004）、贺灿飞和傅落（2009）等学者对外资银行进入中国的区位选择进行了系统研究，认为所有权优势、内部化优势、区位优势共同影响外资银行的进入路径。面对外资银行的竞争，国有商业银行加速市场化进程，银行网点重点向沿海地区集聚（李小建，2004；武巍等，2007；李智山等，2014），造成银行网点空间分布的不均衡（贺灿飞等，2013；李玮等，2013）。另外，各家银行的空间分布格局差异较大（贺灿飞等，2013），也不能一概而论。从这些研究可以发现，影响银行网点分布的因素主要有宏观经济因素、银行发展战略以及区位因素。银行网点空间布局通常以市场为导向，地方的经济体量、对外贸易量、工业增加值等宏观经济指标都可能影响银行网点进入。银行的发展阶段和区位条件也会直接反映在银行网点空间分布格局上。

综上，现有研究主要有以下三点不足：①研究对象方面，多以大型银行为主，缺少中小型银行网点的布局机制研究，缺乏涉及商业银行整体的研究；②研究解释框架方面，多建立在新古典理论基础上，较少从"新"经济地理学视角出发做理论创新；③现有研究较少做不同类型银行网点空间演化机制的比较，尤其是缺乏结合中国银行业市场化改革实际的讨论。事实上，银行业改革是中国经济改革的重要组成部分，银行机构自身的成长与银行业体制机制改革相伴而行。

银行业改革是中国经济体制改革的重要组成部分。改革开放以来，银行领域打破了过去大一统式的银行体系，先后经历了专业化、企业化、商业化、市场化等改革历程，现已形成由中央银行、政策性银行、大型国有商业银行、股份制商业银行、城市商业银行、农村商业银行、中国邮政储蓄银行、外资银行等组成的多元化的银行体系。银行业市场化改革进一步加剧了银行机构间的竞争。自中国正式加入WTO，中国银行业实现了全面对外开放，来自股份制银行与外资银行全方位的竞争压力进一步激发国有商业银行经营策略的市场化转变。2005年起，国有银行相继启动上市计划，以此为标志，中国银行业市场化改革进一步深入，上市银行数量逐年增长。与此同时，2006年，银监会颁布了《城市商业银行异地分支机构管理办法》，计划放开对城市商业银行经营空间范围的限制，允许城市商业银行跨区域经营。这一政策变革打破了长期以来地方性银行机构经营权限的空间约束，激发了具有发展潜力的城市商业银行纷纷向域外扩张，设立异地分支机构，拓展了银行服务向外延伸路径。同时，银行业市场化改革进一步加剧了银行机构间的竞争。

基于以上分析，本章的研究对象锁定在大型国有商业银行、股份制商业银行、城市商业银行、农村商业银行。由于银行组织结构具有层级性特点，一般分为：总行—分行—支行—储蓄所四个层级，其中支行和储蓄所主要负责银行基础业务，而分行则负责管理辖区内的基层网点。一般来说，分行区位选址主要考虑城市级别和开拓新区域银行市场空间的需要，而支行及以下储蓄所等基层网点选址则受客观因素支配较强，空间演化路径也更为灵活。为系统地揭示银行业改革背景下的银行网点空间演化机制，本章的研究对象包括银行分行和基层网点两个层面。需要说明的是，由于中国邮政储蓄银行是在邮政金融业务的基础上改组为商业银行的，实际上经营网点与原邮政网点高度重合，难以用银行网点空间分布机制进行解释。另外，外资银行市场份额比例较低，况且已有学者较为系统地研究了外资银行在华空间布局机制。故这两类银行暂不在本研究范围内。

除此之外，现有研究较少关注到银行上市有可能会改变新增网点的空间演化机制。事实上，银行上市充实了资本金，银行资产总额显著增长，通常银行会在上市前的准备阶段剥离出不良资产，成功上市后由于知名度的提升和管理架构的优化，融资能力得到加强，实现了资产规模的增大（冯科和何理，2011）。进一步来说，银行上市后的经营能力也会获得提升，由于上市银行被要求信息透明，需要引进高水平管理人才防控经营风险（Skander and Heuvel，2007；Disyatat，2011）。最后，银行上市实现了股权结构的优化，通过与不同背景的股东合作，一方面促进了先进管理经验的交流，另一方面有效地分散了经营风险（陆岷峰和李振国，2015）。可以认为，银行上市是中国银行业市场化改革的助推器，是银行机构成长的必然选择。银行资产规模的增大、管理水平的提升、经营风险的降低，这些共同决定着银行信贷市场的扩张（冯科和何理，2011）。接下来，本章还将着重比较上市与非上市银行新增网点空间演化的影响机制，旨在揭示上市行为本身如何影响银行网点的空间演化路径。

## 5.2 研究方法与变量

### 5.2.1 研究对象与数据

本章以地级市层面的新增银行网点数量（NewBranch）为因变量，这样可以直接反映出银行网点的空间扩张方向和布局重点。具体的研究对象应锁定在已经发生银行网点异地扩张的银行。中国商业银行体系包括 4 家大型国有商业银行、13 家股份制商业银行、125 家城市商业银行、数千家农村商业银行等。事实上，城市商业银行和农村商业银行尚处在异地扩张的初期，只有少数规模较大的开始异地设点。鉴于此，本章研究范围具体包括 4 家大型国有商业银行、13 家股份制商业银行、17 家城市商业银行以及 5 家农村商业银行，共 39 家银行。

本章所有银行网点相关数据全部整理自国家金融监督管理总局网站金融许可证信息[①]。后文中产业及城市方面相关数据源自《投入产出表》《中国城市统计年鉴》和《中国区域经济统计年鉴》。

### 5.2.2 解释变量

借鉴演化经济地理有关产业关联的思想，本研究提出两个主要解释变量：地方产业的金融关联程度和区域间投资流向的金融关联程度。银行既是金融服务机构，也是资本空间流动的关键节点，新增银行网点可能会跟随投资进入他地。贺灿飞和傅蓉（2009）发现外资银行会跟随母国客户进入东道国银行市场，而国内银行是否也会跟随投资进入有待进一步验证。这两个变量具体如下。（相关数据源于《投入产出表》《中国城市统计年鉴》和《中国区域经济统计年鉴》。）

（1）地方产业的金融关联度

本研究用 INTDEM 表示地方产业结构的金融业关联度，利用各省级行政区的投入产出表，计算得到地级层面所有行业与金融业的关联程度，计算过程如下：

$$INTDEM_{ct} = \frac{\sum_{i=1}^{m} W_i E_{cit}}{\sum_{i=1}^{n} E_{cit}}$$

式中，$c$ 为地级市，$i$ 表示行业类型，$t$ 为时间，$E$ 代表就业人数，$W_i$

---

① https://xkz.cbirc.gov.cn/jr/，不含港澳台及海外的银行网点登记信息。

表示金融作为 $i$ 行业中间投入品的消耗比值，$m$ 表示城市 $c$ 所有的 $W_i$ 超过平均值的行业数量（Meliciani and Savona，2015），$n$ 则为全部行业个数[①]。可知，$INTDEM_{ct}$ 数值越大，说明当地产业基础与金融业的关联越紧密，可能会吸引银行网点进入。

（2）区域间投资流向的金融关联度

本研究利用省际跨区域投入产出表计算得到跨地区产业间的直接消耗系数 $a_{j_1 \to j_2, i}$：

$$a_{j_1 \to j_2, i} = \frac{x_{j_1 \to j_2, i}}{x_{j_2 i}}$$

式中，$a_{j_1 \to j_2, i}$ 表示 $j_1$ 地区投资到 $j_2$ 地区 $i$ 行业的直接消耗系数。在此基础上，区域间投资流向的金融关联度 $INVEST_{j_1 \to j_2}$ 的计算过程如下：

$$INVEST_{j_1 \to j_2} = \sum_i a_{j_1 \to j_2, i} W_{j_2 i}$$

式中，区域间投资流向的金融关联度由区域间投资流动的各行业直接消耗系数与资本进入地的金融业作为中间投入品的消耗比值（$W_{j_2 i}$）相乘加总得到。可以看出该变量既受资金的行业配置差异的影响，又受各地行业本身与金融业相关程度的影响。一般来说，银行网点会跟随区域间的投资进入他地。

（3）集聚效应与地方银行市场规模

由于集聚经济的外部性，银行作为生产性金融服务业应优先向经济发展水平高的地区重点布局，一方面，这些地区对银行服务的潜在需求较大，另一方面，邻近银行市场有利于防控信贷风险。本研究选用地方人均GDP（GDPPC）和年末规模以上工业企业生产总值（OUTPUT）表示地方经济发展水平与集聚规模。此外，银行存贷款市场规模也可能作为吸引银行网点进入的影响因素之一。选择地方存贷款余额（Deposit_loan）直接代表当地银行存贷款市场规模大小。

（4）地方银行市场竞争环境

在区域特征方面，本研究选用地方银行市场结构的赫芬达尔-赫希曼

---

[①] 本文将省级投入产出表中42类行业合并统一为与《中国城市统计年鉴》一致的19个行业类型。

指数（$HHI_c$），即各家银行网点数量占比的平方和，来表示地方银行市场竞争程度，计算过程如下：

$$HHI_c = \sum_{b=1}^{B_c} \left( \frac{branches_{bc}}{\sum_{b=1}^{B_c} branches_{bc}} \right)^2$$

式中：$branches_{bc}$ 表示城市 $c$ 中 $b$ 银行的基层网点数量，$B_c$ 为城市 $c$ 的银行个数。若该数值趋近于 1，说明该地银行市场被少数几家银行垄断，而趋近于 0 则表示该地银行市场是充分竞争的。不难想见，充分竞争的地方银行市场环境更加公平、高效，避免克服因市场垄断而产生的进入门槛。一般来说，地方银行市场结构指数数值越大，银行网点进入成本越高，除非该银行在当地已经具备一定的垄断能力或者受到特殊的地方保护。

（5）地方金融人才储备

另外，本研究还选用地级层面金融从业人数占服务业比重来表示地方金融人才储备情况。然而，从另一个角度来讲，较高的金融就业比例也意味着当地金融业规模较大，可能存在严重的同业竞争，反而可能放缓银行网点的进入步伐。因此，地方金融从业者占比对银行网点空间扩张路径的影响可能是不确定的。

各变量说明见表 5.1。

表 5.1 变量说明

| 变量 | 变量定义 | 预期符号 |
|---|---|---|
| INTDEM | 利用投入产出关系衡量各行业与金融业的联系，再以各行业就业人数作为权重计算出地方产业基础与金融业的关联程度 | + |
| INVEST | 利用省际投入产出表，计算得出跨区域各行业投资的直接消耗系数，再与金融业的关联程度相乘加总得到 | + |
| GDPPC | 各地级行政单元的人均 GDP | + |
| OUTPUT | 年末规模以上工业企业生产总值 | + |
| Deposit_loan | 年末金融机构存贷款余额 | + |
| HHI | 各家银行网点数量占当地银行网点总数的比重的平方和 | − |
| Fin_employee | 金融从业人数占服务业就业的比重 | 不确定 |

### 5.2.3 变量描述

图 5.1、图 5.2 分别为 2007 年和 2012 年省级尺度各行业的金融关联程度，图中粗线为全国所有行业的金融关联度的平均值上限。从这两幅图可以看出，各省的产业基础与金融业关联度差异明显；各行业的金融关联度也不尽相同；地方产业的金融关联度随时间而发生改变。可以发现西部省份总体上略高于其他地区，青海、陕西等省份除制造业外的其他行业的金融关联度普遍高于大部分省份同行业，表明西部地区产业发展对金融服务和资金的依赖程度甚于其他地区，侧面说明西部地区资本相对匮乏，亟待金融机构进入。接下来，从图中还可以发现制造业与金融的关联程度几乎最高，这意味着制造业的产业基础与发展潜力可能直接吸引银行网点进入。此外，租赁行

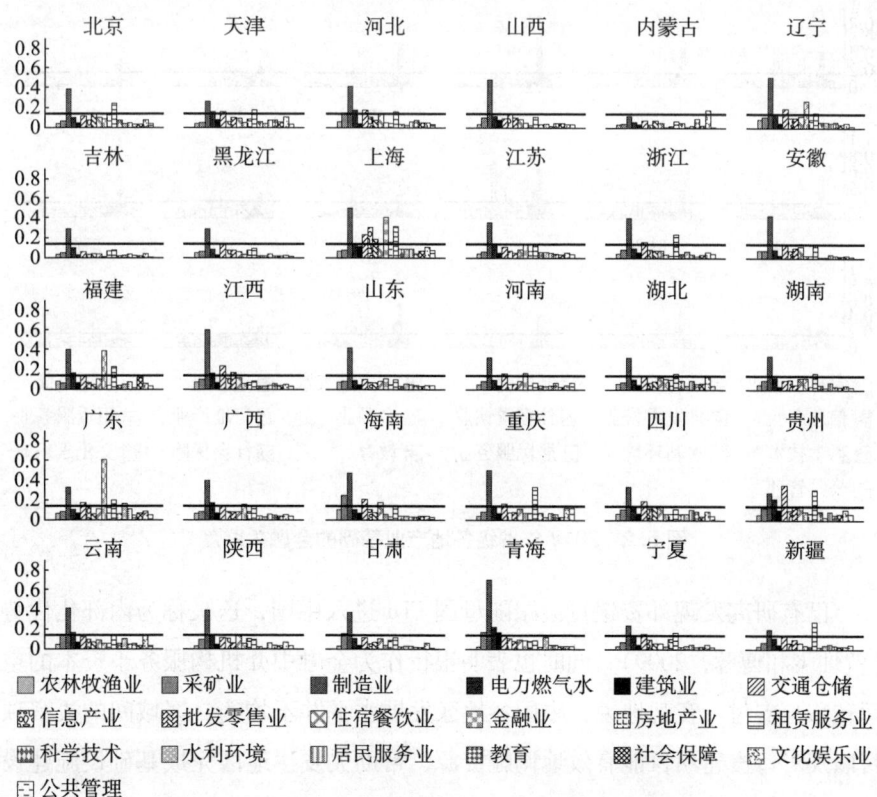

**图 5.1　2007 年省级各地产业基础的金融关联度**

业以及金融业本身的金融关联系数相对较大,而且其他生产性服务业的金融关联程度也普遍较高。最后,各省份产业基础与金融关联度随时间发生改变,这表明各行业与金融的联系并不是一成不变的,比较两幅图可以发现非制造业的金融关联度有所提高,从侧面也证明金融在当今经济发展中占据着日益重要的地位。

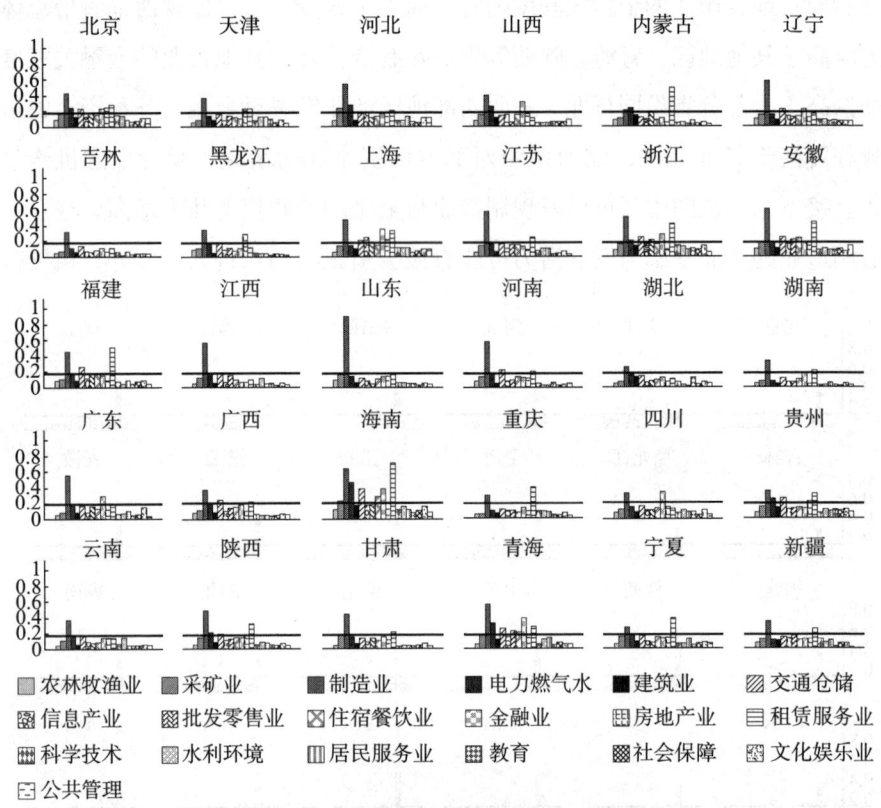

图 5.2 2012 年省级各地产业基础的金融关联度

已有研究发现外资银行会跟随母国 FDI 进入中国,这被称为内部化优势(贺灿飞和傅蓉,2009),同时也表明银行作为金融中介机构服务于资本的空间转移与支付。客观地说,中国各地区发展水平并不均衡,区域间的投资项目以及对口援建项目能有效地调配资源,帮助欠发达地区完成基础设施建设和产业培育,同时也促进发达地区"腾笼换鸟"缓解空间受限问题。银行作为资本媒介的重要性由此可见一斑。实际上,国内跨区域的资金流网络具有鲜明的时空特征。

概括来说，区域间投资的金融关联度随距离的增大而减小，呈距离衰减特征，投往邻近地区的资金与金融关联程度较高。相比之下，北京、上海、广东、江苏等经济发达地区才与远距离省份保持较高的行业金融关联度，新疆等西部省区获得的投资主要来自长三角、珠三角、京津冀地区，其中江苏输出到新疆的资金与金融关系最为密切。可见区域间投资网络的金融关联度不只受距离因素影响，还受其他因素影响。有理由相信，国内银行空间扩张过程也可能具有追随投资路径的特点，并且被投入产业与金融关联越紧密，银行网点跟随投资进入的可能性越大。

### 5.2.4 模型

考虑到中国商业银行组织结构的层级性特征，通常分为：总行—分行—支行—储蓄所四个层级，其中支行和储蓄所主要负责银行基础业务，而分行则是区域银行网点的上级管理单位。为了全面地分析银行业空间演化路径，本章将研究对象锁定在分行和基层网点两个层面。银行网点空间区位信息整理自国家金融监督管理总局网站金融许可证登记数据[①]。基于上述数据，本文还将尝试通过比较截至 2010 年已上市银行和未上市银行两组新增网点区位选择因素的影响差异，分析银行上市行为对银行网点空间演化路径的影响机制。

具体地，实证计量模型为：

$$NewBranch_{ct_1} = \alpha + \beta X_{ct_0} + \gamma CONTROL_{ct_0} + \varepsilon_{ct_0}$$

式中，$c$ 为地级行政单元，$t_0$ 和 $t_1$ 表示研究的两个时刻，$NewBranch_{ct_1}$ 为因变量，即新增银行网点数量，$X_{ct_0}$ 为解释变量，$CONTROL_{ct_0}$ 表示控制变量，$\beta$ 和 $\gamma$ 分别表示解释变量和控制变量的回归系数，$\alpha$ 为常数项，$\varepsilon_{ct_0}$ 则为随机干扰项。

考虑到有可能存在空间异质性问题。继续控制以下变量：根据 Porteous（1995）建立的银行区位选择模型，指出了距离与银行运营成本之间的关系，并且验证了空间邻近能够确保银行获取有效信息，进而影响银行的区位选

---

① https://xkz.cbirc.gov.cn/jr，不含港澳台及海外地区银行网点登记信息。

址。这里的"距离"有两层含义：银行与市场、政策的距离，即银行进入城市是否为央行及其分行所在城市（CB_branch）；银行总行与分支机构的地理距离（Distance）。除此之外，本研究还控制了进入城市所在区域（东部、中部、西部、东北地区），进入城市是否与银行总行在同一省份（same_prov），进入城市是否在银行总行相邻省份（nearby）。

其中，央行及其分行坐落在北京、上海、天津、沈阳、南京、济南、武汉、广州、成都、西安十座城市，一般来说，邻近央行及其分行便于银行获悉政策走向（贺灿飞和刘浩，2013）。另外，银行进入城市与总行之间的距离越远就越有可能增加银行组织内部的管理成本，造成规模不经济或者信贷风险增大等问题（Alessandrini et al., 2009）。通常银行优先向邻近区域扩张是较为明智的，包括进入本省其他城市以及相邻省份。由于中国区域间发展水平差异较大，具有地方属性的其他因素也会对本区域银行网点的空间演化过程产生影响，而且区域间的差异性也会打破计量方法中随机误差项的同方差假设，产生异方差问题，因此本研究还控制了地区固定效应。

## 5.3 实证结果分析

### 5.3.1 基准回归结果

为避免潜在的内生性问题，本研究采用因变量经过时间滞后处理的截面数据。同时，本文还将该数据按时间先后分为两组，这样通过比较两组回归结果就可以发现银行网点空间布局机制的演变过程。考虑到新增银行网点数量只为非负整数，因此本研究选用泊松回归模型（Poisson regression）较为适合。另外，分别对这两组变量进行相关性检验，并将相关系数大于0.8的两个变量拆分到不同模型。相关系数检验结果在此没有展示。

考虑到各银行机构之间的差异，在回归过程中进一步控制了个体效应，银行基层网点的回归结果如表 5.2 所示。地方产业的金融关联度和投资流向的金融关联度在两阶段均显著为正，这样的结果与预期一致，表明新增银行网点会优先进入与金融相关性较高的地方。这样可以有效地降低银行空间扩张面临的风险，同时跟随投资流进入异地为国内跨区域投资创造条件。演化经济地理的产业关联思想从内生的角度解释了信息如何实现有效溢出，回归结果说明，溢出的"信息"不仅局限于生产环节，地方产业结构演化尤其是服务业的动态过程也可以用其解释。人均GDP、规模以上工业企业生产总值、存贷款余额三个变量在第二组回归内显著为正，新增银行网点主动向经济发展水平高、市场容量大的地区集聚。然而第一阶段几乎不显著，可见随着银行业市场化改革的深入，地方经济的集聚效应和潜在的银行市场规模逐渐成为影响银行网点空间演化路径的要素，非市场因素的作用被弱化甚至被取代。地方银行市场竞争环境的回归结果显示，垄断的地方银行市场会严重抑制新增银行网点进入。已有研究发现，垄断型的地方银行市场往往促使银行与企业之间通过本地关系网建立稳固的合作关系，新进入的银行难以在短期内打破市场垄断，因而充分竞争的地方银行市场环境对新增银行网点来说高效且公平，更具吸引力。接下来，金融专业人才储备几乎不会对新增银行网点进入产生影响，至少后一阶段完全不显著。出现这样的结果原因在于，一方面，金融从业者可以确保新增银行网点对专业人才的需求，另一方面，地方金融人才数量的增多也从侧面表明当地金融业同业竞争激烈，反而制约新增银行网点进入。这两方面相互作用导致地方金融人才储备并不显著影响银行网点空间布局。

  控制变量方面，央行及其分行所在城市在两阶段均为正，其中第二阶段显著，说明银行网点重点向这类城市集聚。邻近银行业政策中心的信息溢出效应有助于银行机构获悉本行业体制机制改革的走向。距离控制变量的结果显示，银行网点的空间扩张过程尚未脱离地理距离的约束，银行网点会优先向距离总行较近的地方布局，并且同省其他城市或相邻省份往往会成为银行异地扩张的首选。尽管如此，在银行业发展的不同阶段距离因素的作用也会发生变化，其中第二阶段距离变量不显著，可以想见随着信息通信技术的更新换代无形中弱化了地理距离的束缚。此外，由于地方性银行在异地扩张初期通常率先进入北京、上海、深圳等金融中心城市，因而是否进入相邻省份的变量在第一阶段显著为负。最后，区域控制变量的结果显示，第一阶段银行向各区域大举扩张，第二阶段则转而重点布局西部地区，意味着被认为是金融资源欠缺的西部地区已经成为银行机构扩张的热点区域。

表 5.2 基层网点回归结果

| 变量 | 第一阶段 | | 第二阶段 | |
|---|---|---|---|---|
| | (1) | (2) | (3) | (4) |
| INTDEM | 7.006*** | 8.785*** | 1.761*** | 2.752*** |
| INVEST | 2.974*** | — | 1.051*** | — |
| GDPPC | 0.0667 | 0.0980* | 0.0992*** | 0.118*** |
| OUTPUT | 0.442 | — | 0.551*** | — |
| Deposit_loan | — | −0.189 | — | 0.119*** |
| HHI | −6.541*** | −7.662*** | −6.683*** | −7.557*** |
| Fin_employee | 3.097 | 6.460** | −2.807 | −0.733 |
| CB_branch | 0.176 | 0.792 | 1.104*** | 1.121*** |
| Distance | −0.642*** | −0.580*** | 0.0544 | 0.0696 |
| same_prov | — | 3.503*** | — | 1.481*** |
| nearby | −0.678*** | −0.651** | 0.237** | 0.325** |
| east | 0.596*** | 0.793*** | −0.203 | −0.216 |
| centre | 0.429** | 0.581*** | 0.198 | 0.172 |
| west | 1.898*** | 2.125*** | 0.575*** | 0.523*** |
| Constant | 1.006*** | 0.499 | −0.154 | −0.276 |
| 个体效应 | yes | yes | yes | yes |
| N | 11154 | 11154 | 11193 | 11193 |
| Pseudo $R^2$ | 0.5703 | 0.5706 | 0.5332 | 0.5292 |

注：***：$p<0.01$；**：$p<0.05$；*：$p<0.1$。

### 5.3.2 以所有制分类的回归结果

从中国银行业的发展历程来看，所有制结构由单一走向多元，银行间的差异一定程度上表现在所有制层面。接下来，以银行所有制分组，通过比较各组的回归结果，进一步揭示不同所有制银行网点的空间演化机制，见表5.3。由于农村商业银行成立时间较短，为保证各所有制银行间的可比性，故表5.3中只包含大型国有商业银行、股份制商业银行以及城市商业银行。

表 5.3 按银行所有制分类的回归结果

| 变量 | 大型国有商业银行 | | | | 股份制商业银行 | | | | 城市商业银行 | | | |
|---|---|---|---|---|---|---|---|---|---|---|---|---|
| | 第一阶段 | | 第二阶段 | | 第一阶段 | | 第二阶段 | | 第一阶段 | | 第二阶段 | |
| | (1) | (2) | (3) | (4) | (5) | (6) | (7) | (8) | (9) | (10) | (11) | (12) |
| INTDEM | 4.384*** | 4.539*** | 2.326** | 3.346*** | 2.382*** | 2.196*** | 1.374*** | 2.522*** | -2.594 | 1.742 | 2.825* | 4.462*** |
| INVEST | 0.980 | — | 0.582*** | — | 0.194 | — | 0.637*** | — | 1.724*** | — | 1.765*** | — |
| GDPPC | 0.0874** | 0.113*** | 0.0920*** | 0.121*** | 0.287*** | 0.270*** | 0.106*** | 0.119*** | 0.211** | 0.269*** | -0.0020 | 0.0444 |
| OUTPUT | 0.639*** | — | 0.731*** | — | 0.129 | — | 0.481*** | — | 1.270*** | — | 0.892*** | — |
| Deposit_loan | — | 0.383** | — | 0.284** | — | 0.169** | — | 0.181** | — | 0.294** | — | 0.0986 |
| HHI | -2.622** | -2.657** | -3.244*** | -3.471*** | -9.455*** | -9.362*** | -7.572*** | -7.812*** | -3.394 | -4.107 | -5.164*** | -7.098** |
| Fin_employee | 4.507 | 4.917 | -4.519 | -6.224* | 3.763 | 3.351 | -2.008 | -2.330 | -0.767 | 3.415 | -3.462 | 0.757 |
| CB_branch | -0.816*** | -1.405*** | 0.705*** | 0.347 | 1.513*** | 1.215*** | 1.302*** | 0.995*** | 0.896*** | 1.015*** | 1.327*** | 1.676*** |
| Distance | -0.302** | -0.355*** | 0.128 | 0.0668 | -0.0119 | 0.0188 | 0.137 | 0.0638 | -2.799*** | -1.854*** | -1.453*** | -0.900** |
| same_prov | — | -0.147 | — | -0.896 | — | 0.239 | — | 0.487** | — | 2.573*** | — | 3.293*** |
| nearby | -1.575*** | -1.597*** | 0.629*** | 1.035*** | 0.279** | 0.359*** | 0.272** | 0.322** | -0.732* | 0.0278 | -0.319 | 0.0815 |
| east | 1.392*** | 1.462*** | -0.564*** | -0.641*** | 0.471*** | 0.368*** | 0.0515 | -0.124 | 0.628 | 0.599 | 0.0935 | 0.403 |
| centre | 0.541** | 0.571*** | -0.134 | -0.176 | 0.476*** | 0.389*** | 0.313* | 0.204 | 0.840 | 0.755 | 0.788*** | 0.876** |
| west | 0.741*** | 0.785*** | 0.0862 | 0.0125 | 0.779*** | 0.714*** | 0.669*** | 0.589*** | 1.201 | 1.335 | 1.710*** | 1.702*** |
| Constant | 0.168 | 0.119 | -0.284 | -0.189 | -1.106*** | -0.980** | 0.315 | 0.441 | -0.914 | -3.007*** | -0.399 | -1.414* |
| 个体效应 | yes | yes | yes | yes | yes | yes | yes | yes | yes | yes | yes | yes |
| $N$ | 1144 | 1144 | 1148 | 1148 | 3718 | 3718 | 3731 | 3731 | 4862 | 4862 | 4879 | 4879 |
| $Pseudo\ R^2$ | 0.3254 | 0.3261 | 0.3613 | 0.3625 | 0.4433 | 0.4486 | 0.4760 | 0.4841 | 0.5970 | 0.6081 | 0.6167 | 0.6212 |

注：***：$p<0.01$；**：$p<0.05$；*：$p<0.1$。

回归结果显示，城市商业银行的地方产业金融关联度的显著性水平在两阶段发生变化，由不显著到显著，说明地方产业基础对城市商业银行网点进入的影响在逐渐增强。地方性银行在被允许异地设点初期，往往率先进入距离总行较近的城市，随着异地经营经验的丰富才开始进行大规模空间扩张，而进入地方产业金融关联度高的城市最为妥当。接下来比较区域间投资流动的金融关联度的回归结果发现，大型国有商业银行和股份制商业银行在第二阶段才变得显著，而城市商业银行则始终显著为正。一般来说，规模越大的银行其市场竞争力也越强，凭借业务能力和口碑可以快速占领市场，相比之下城市商业银行从成立伊始就面临着激烈的外部竞争。第一阶段城市商业银行市场竞争力不强，跟随投资进入可以有效地保护自己，站稳脚跟。另外，由地方政府主导的区域间投资也需要有金融机构参与，作为资金流通渠道，本地城市商业银行恰如其分地扮演了这样的角色。随着地方性银行发展壮大，银行市场日臻多元、竞争激烈，大型国有商业银行和股份制商业银行网点布局也开始采用跟随资金流的策略，可以有效地降低经营风险。

接下来，区分银行所有制的集聚经济和银行市场规模变量的回归结果彼此差异较大。其中，城市商业银行网点空间布局重点不再拘泥于地方经济发展水平，开始差异化竞争，结合地方金融关联度的回归结果可以说明城市商业银行重点布局金融需求潜力大的城市。国有银行在启动上市计划后，重新调整基层网点分布，撤并大量欠发达地区银行网点向发达地区重点布局。股份制商业银行则始终将经济发展水平和市场规模作为网点布局的重点参考因素。地方银行市场竞争环境变量的回归结果较为一致，充分竞争的市场环境是所有银行向往的。只有异地扩张初期的城市商业银行更需要稳固的客户资源，市场竞争反而使银企关系变得脆弱，这种状态随着城市商业银行走向成熟而改变。最后，地方金融人才储备几乎都不显著，可见在银行网点快速扩张阶段，各类型银行更注重网点布局的广度。

再者，控制变量的回归结果也具有较大差异。央行及其分行所在城市的回归结果显示，股份制商业银行和城市商业银行两阶段均显著为正，而国有商业银行只有第二阶段为正，说明面对银行市场竞争，各类银行都需要邻近银行业政策中心。事实上，国有商业银行在上市初期大规模重组基层网点，调整布局。在距离控制变量方面，城市商业银行扩张能力随距离增大而减小，向近距离扩张能够兼顾银行机构的运行效率，然而规模相对较大的国有商业银行和股份制商业银行则有能力向更远的地方扩张。最后，区域控制变量的回归结果表明，中西部地区正成为新增银行网点的重点布局区域，特别是股份制商业银行和城市商业银行的大量进入，在一定程度上充实了欠发达地区的金融资源，而且近年来大型国有商业银行重新调整策略，不再重点布局东部地区。

由于银行组织架构的层级性特点，主要分为总行—分行—支行—储蓄所四个层级，从下至上各层级之间是隶属关系。事实上银行不同层级各司其职，基层网点主要承担的是金融服务输出的功能，而在异地设立分行则须承担起拓展银行市场空间的责任，应具有一定的前瞻性和目的性。本研究在实证分析了新增基层网点空间演化机制的基础上，进一步探究银行分行空间演化规律和路径，对银行一级分行空间演化过程进行实证研究。由于银行分行在地级市通常只设置一家，因此被解释变量为0或1的虚拟变量，故银行分行的相关回归采用 Logit 模型，具体回归结果如表5.4、表5.5所示。

由于大型国有商业银行早在成立之初就已经完成一级分行的全国布局，而本研究重点关注的是银行市场化改革深化阶段以来的银行空间演化进程，故大型国有商业银行一级分行的空间演化路径不在本文研究范畴之内。具体的，股份制商业银行分行的回归结果如表5.4所示，对比两个时段回归结果可以发现，在控制变量方面，$CB\_branch$ 变量回归系数在前期并不显著，而发展到后一阶段显著为正，也就是说随着银行市场化改革的深入，股份制商业银行分行进入城市向央行及其分行所在城市重点布局，可见市场化改革加剧了银行间的市场竞争，股份制商业银行需要邻近政策中心，也突显了政策在银行市场竞争中的重要作用。接下来，进入区域控制变量回归结果显示，只有西部地区虚拟变量的回归系数显著为正，其余区域虚拟变量均不显著，由此可以看出股份制商业银行分行具有重点开拓西部地区市场的意图。在距离控制变量方面，只有第一阶段是同省虚拟变量具有显著性很低的正相关，其余变量在这两个时段内均不显著，概括来说股份制商业银行分行空间扩张过程并未表现出显著地从邻近地区向外围扩张的一般模式，而是呈现出跨越式的空间扩张模式。

在解释变量方面，可以发现 INTDEM 变量的系数在前期显著为正，而到后一阶段则变为不显著，说明地方产业基础的金融业关联程度对股份制商业银行分行进入的吸引力在减弱甚至消失，可见分行的布局意图并不在于借助产业基础开启新的市场空间。同时，区域间投资流向的金融关联度变量也只是在前期表现出正向显著的结果，后一阶段的系数同样不显著，也从另一个角度证明了前期股份制商业银行分行空间扩张跟随区域投资进入其他地区，借助外力便于开拓新的市场。事实上，后一阶段股份制商业银行有意识地摆脱客观条件的束缚，分行承担了发掘银行生存条件差的地区银行市场潜力的责任。地方经济发展水平变量的回归系数显示出，人均 GDP 在前期显著水平明显高于后一阶段，另外规模的工业企业生产总值的回归系数与之截然相反，前期的结果不显著，后一阶段则显著为正。上述回归结果说明，股份制商业银行分行从只看重地方经济发展水平转变为向具有经济发展潜力的地方重点布局。地方银行存贷款市场规模的回归结果也证明了这一点，前期回归系数不显著，而到后一阶段系数显著为正，表明股份制商业银行分行从重点向地方经济基础条件较好的地方进入，转变为重点向具有经济发展潜力、存贷规模大的地方优先进入。此外，地方银行市场竞争环境变量两个时段的回归系数均显著为负，可见股份制商业银行分行需要充分且公平的市场竞争环境。地方金融从业人数比重变量的系数均不显著，也说明地方金融人才储备是否丰富并不会对股份制商业银行分行进入与否产生实质性影响。

表 5.4 股份制商业银行分行回归结果

| 变量 | 第一阶段 | | 第二阶段 | |
| --- | --- | --- | --- | --- |
| | (1) | (2) | (3) | (4) |
| INTDEM | 4.534** | 4.715** | −1.290 | 1.529 |
| INVEST | 0.902* | — | −0.329 | — |
| GDPPC | 0.2800*** | 0.2750*** | 0.0301 | 0.0637** |

续表

| 变量 | 第一阶段 | | 第二阶段 | |
|---|---|---|---|---|
| | (1) | (2) | (3) | (4) |
| OUTPUT | 0.0121 | — | 0.1080*** | — |
| Deposit_loan | — | 0.097 | — | 0.324*** |
| HHI | -13.79*** | -13.89*** | -11.53*** | -12.06*** |
| Fin_employee | -12.00 | -11.78 | 8.494 | 8.817 |
| CB_branch | 0.656 | 0.543 | 1.607*** | 1.224** |
| Distance | -0.0072 | -0.0056 | 0.3270 | 0.2290 |
| same_prov | — | 1.018* | — | -1.259 |
| nearby | -0.510 | -0.468 | 0.139 | 0.159 |
| east | -0.521 | -0.560 | -0.408 | -0.754 |
| centre | -0.585 | -0.602 | 0.625 | 0.427 |
| west | 0.921** | 0.928** | 1.491** | 1.277** |
| Constant | -2.027** | -2.035** | -4.817*** | -4.750*** |
| N | 3718 | 3718 | 3731 | 3731 |
| Pseudo $R^2$ | 0.1497 | 0.1508 | 0.1694 | 0.1732 |

注：***：$p<0.01$；**：$p<0.05$；*：$p<0.1$。

接下来，城市商业银行分行空间演化影响因素的回归结果如表5.5所示。在控制变量方面，$CB\_branch$变量的回归结果与股份制商业银行截然相反，系数前期显著为正，而后一阶段则不显著，可以认为城市商业银行分行在被允许异地扩张初期，首先进入邻近银行业政策的城市，然后再向其他城市扩张。从进入区域虚拟变量的回归结果来看，两个时段都不存在显著为正的区域虚拟变量，这说明城市商业银行分行空间演化过程不存在明显的进入指向。然而，前期东部和中部地区虚拟变量的回归结果显著为负，后一阶段中部地区虚拟变量的回归结果也显著为负，可以推断尽管城市商业银行分行进入区域没有鲜明的指向性，但可以看出在前期东部和中部地区城市商业银行分行是暂缓进入的，而后一阶段则避免进入中部地区。另外，对比前后两阶段与空间扩张距离相关的控制变量的回归结果发现，距离对城市商业银行分行进入的影响力正在逐渐减弱。从后一阶段是否向邻近省份扩张的虚拟变量回归结果的不显著也证明了上述结论,说明随着城市商业银行的不断成长壮大,分行开始跨边界进入其他地区。尽管如此,两阶段的回归结果仍显示,是否在同省内扩张的变量回归系数显著为正,可以想见城市商业银行作为地方政府重要的金融手段,需要持续向省内布局,而跨省扩张路径则不局限于距离的束缚。

  解释变量方面,*INTDEM* 变量回归系数在前期呈负相关,而后一阶段呈正相关,但可以看到两个时段系数的相关性均较低。结合城市商业银行异地扩张的历史,城市商业银行在被允许异地扩张之后,首先向本省内其他城市和北京、上海、深圳等金融中心城市扩张,由此可以将前期城市商业银行回归系数为负的原因归结为初期固定指向的进入路径,而后一阶段可以看出城市商业银行开始有选择地进入异地,地方产业的金融关联程度对城市商业银行分行进入起到吸引作用。接下来,区域间投资流向的金融关联变量的回归结果显示两个时段都是显著为正的,说明作为地方性金融机构的城市商业银行紧随地方间投资流向的特性,积极配合本地资金投资其他地区。另外,代表地方经济发展水平的两个变量回归结果显示,前期人均 GDP 的回归系数显著为正,然而到后一阶段则转变为显著负相关,另外地方规模以上的工业企业生产总值的回归系数也呈现出前期显著正相关,后期并不显著的特点。由此可以推断,城市商业银行分行异地扩张前期首选进入地方经济发展水平较高、地方发展潜力较大的地区,后一阶段的回归结果可以看出城市商业银行起到了弥补欠发达地区缺失银行机构网点的作用,填补了国有商业银行市场化改革撤并网点留下的市场缺失。从地方银行存贷款市场规模的回归系数也可以发现,后一阶段系数不显著,前期显著正相关,说明随着城市商业银行成长和地方政府的干预,城市商业银行承担起支援欠发达地区金融服务的功能。地方银行市场竞争环境变量的回归系数也呈现出前后两阶段截然不同的回归结果,前期系数显著为负,而后一阶段系数为正但显著水平较低,甚至表 5.5 中模型(4)回归系数呈现出不显著的特征。这样的结果说明了在前一阶段城市商业银行分行优先进入充分竞争的地方银行市场,后一阶段城市商业银行分行更倾向于进入垄断型的地方银行市场。事实上,城市商业银行相比大型国有商业银行和股份制商业银行规模较小,市场竞争力有限,进入受保护的垄断型地方银行市场对培育自身成长更有利。最后,两时段地方金融从业人数比重的回归系数均不显著,可以想见地方金融人才储备情况并没有成为吸引城市商业银行分行进入的显著影响因素。

表5.5 城市商业银行分行空间演化影响因素的回归结果

| 变量 | 第一阶段 | | 第二阶段 | |
|---|---|---|---|---|
| | (1) | (2) | (3) | (4) |
| INTDEM | −4.827** | −1.677 | 3.146 | 4.670** |
| INVEST | 2.579*** | — | 2.218*** | — |
| GDPPC | 0.3460*** | 0.3780*** | −0.2310** | −0.1725** |
| OUTPUT | 1.28e−08*** | — | 4.10e−09 | — |
| Deposit_loan | — | 0.4350*** | — | 0.0429 |
| HHI | −6.355*** | −7.662 | 5.940* | 2.121 |
| Fin_employee | −6.421 | −5.306 | −6.243 | −1.921 |
| CB_branch | 1.5790*** | 1.4310*** | 0.0365 | 0.1840 |
| Distance | −0.1190*** | −0.0729** | −0.3210*** | −0.1020 |
| same_prov | — | 3.303*** | — | 5.867*** |
| nearby | 0.189 | 0.730** | −0.940 | 0.963 |
| east | −0.827** | −0.794** | −0.539 | −0.215 |
| centre | −1.143** | −1.259** | −1.292** | −0.984* |
| west | 0.1400 | 0.1990 | −0.6020 | 0.0359 |
| Constant | −2.342*** | −3.193*** | −3.137*** | −6.320*** |
| N | 4862 | 4862 | 4879 | 4879 |
| Pseudo $R^2$ | 0.3786 | 0.4025 | 0.5685 | 0.5850 |

注:***:$p<0.01$;**:$p<0.05$;*:$p<0.1$。

### 5.3.3 以规模分类的回归结果

另外,中国银行业改革是以取消银行经营权限和地域限制为重点方向的。由此来看银行规模和发展阶段有可能成为银行机构间的主要差别。接下来,本章将以银行规模排序,由大至小将样本平均分为两组,通过比较两组回归结果,得出银行规模是如何影响银行网点空间演化机制的,结果详见表 5.6。

研究发现，规模较小的银行网点的空间扩张路径几乎不受地方产业金融关联度的影响，而是紧随投资流向进入异地，从侧面印证了城市商业银行网点的空间演化机制。同样，规模较大的银行在早期阶段也没有表现出跟随投资流向进入的特点，再次证明当地方银行市场竞争不强时，具有规模优势的银行不完全借助资金流也能顺利开展业务。在地方经济发展水平和市场规模方面，规模较大的银行网点布局完全以市场为导向，而规模较小的银行则主动避免与大银行竞争，转而减弱对地方经济发展水平的要求。在地方银行市场竞争环境方面，可以明显地看出规模较大的银行更倾向于进入公平竞争的市场环境，规模较小的银行则不显著。事实上，带有垄断性质的地方银行市场更容易帮助规模较小的银行借助本地社会关系网络开展业务，激烈的竞争环境反而会打破这种模式。最后，地方金融人才储备的回归结果都不显著，与上文相符。此外，其他控制变量的回归结果也基本符合预期。

表 5.6 按银行规模分类的回归结果

| 变量 | 规模前 50% 银行 | | | |
| --- | --- | --- | --- | --- |
| | 第一阶段 | | 第二阶段 | |
| | (1) | (2) | (3) | (4) |
| INTDEM | 3.529*** | 3.617*** | 1.570*** | 2.640*** |
| INVEST | 0.135 | — | 0.648*** | — |
| GDPPC | 0.179*** | 0.185*** | 0.104*** | 0.119*** |
| OUTPUT | 0.333** | — | 0.500*** | — |
| Deposit_loan | — | 0.226*** | — | 0.185*** |
| HHI | −4.569*** | −4.545*** | −6.966*** | −7.175*** |
| Fin_employee | 3.700 | 3.821 | −2.229 | −2.416 |
| CB_branch | 0.434*** | 0.0717 | 1.258*** | 0.973*** |
| Distance | −0.157 | −0.186* | 0.113 | 0.0405 |
| same_prov | — | −0.156 | — | 0.369* |
| nearby | −0.492*** | −0.486*** | 0.275** | 0.364*** |
| east | 1.061*** | 1.064*** | −0.0467 | −0.195 |
| centre | 0.477*** | 0.459** | 0.247* | 0.152 |

续表

| 变量 | 规模前50%银行 | | | |
|---|---|---|---|---|
| | 第一阶段 | | 第二阶段 | |
| | (1) | (2) | (3) | (4) |
| west | 0.669*** | 0.668*** | 0.581*** | 0.504*** |
| Constant | 0.422 | 0.437 | -0.249 | -0.171 |
| 个体效应 | yes | yes | yes | yes |
| $N$ | 4576 | 4576 | 5453 | 5453 |
| Pseudo $R^2$ | 0.4324 | 0.4353 | 0.4860 | 0.4922 |

| 变量 | 规模后50%银行 | | | |
|---|---|---|---|---|
| | 第一阶段 | | 第二阶段 | |
| | (5) | (6) | (7) | (8) |
| INTDEM | -3.649 | 0.268 | -0.103 | 2.566** |
| INVEST | 2.758*** | — | 1.983*** | — |
| GDPPC | 0.2140** | 0.2370*** | 0.0087 | 0.0394 |
| OUTPUT | 1.711*** | | 1.173*** | |
| Deposit_loan | — | 0.802*** | — | 0.396*** |
| HHI | -3.499 | -4.155 | -1.561 | -3.610* |
| Fin_employee | 0.482 | 3.883 | -0.986 | -0.874 |
| CB_branch | 1.054*** | 0.479 | 0.989** | 0.417 |
| Distance | -2.263** | -1.336 | -1.113*** | -0.495 |
| same_prov | — | 3.956*** | — | 4.059*** |
| nearby | -0.379 | 0.234 | 0.128 | 0.383 |
| east | 0.577 | 0.226 | -0.150 | -0.160 |
| centre | 1.412* | 1.006 | 0.486 | 0.436 |
| west | 1.852** | 1.853** | 1.244*** | 1.286*** |
| Constant | -2.775*** | -3.820*** | -2.077*** | -2.738*** |
| 个体效应 | yes | yes | yes | yes |
| $N$ | 4576 | 4576 | 5166 | 5166 |
| Pseudo $R^2$ | 0.6022 | 0.6291 | 0.5944 | 0.6285 |

注：***：$p<0.01$；**：$p<0.05$；*：$p<0.1$。

上述结果基本可以证实银行规模显著影响网点的空间演化路径。接下来，本研究继续引入银行规模与解释变量的交叉项，进一步研究银行规模将如何影响银行网点的空间演化路径，结果如表5.7所示。研究发现，银行规模变量的回归系数均显著正相关，一方面证明了规模是了解银行网点空间演化路径的重要视角，另一方面也说明规模越大银行网点空间扩张能力越强。

从表5.7中交叉项的回归结果还可以总结出以下发现：首先，银行规模越大就越会强化地方产业基础的金融关联度在银行网点空间演化过程中的影响力，进入地的产业结构会决定银行等金融机构的集聚水平。其次，银行规模越大就越会弱化投资流向的带动作用，这点从城市商业银行和规模较小银行的实证结果中得到佐证。随着银行成长规模增大，银行有能力凭借其优势空间扩张。再次，尽管银行规模可能会减弱对进入地经济发展水平的依赖，但是随着地方银行市场环境变化，进入地发达程度的作用得到增强，同时，地方银行市场容量对规模较大银行的吸引力在下降。最后，本研究还发现在前一阶段规模扩大的银行对充分且公平的地方银行市场竞争环境是强烈渴望的，但随着时间推移，不同规模的银行都会选择进入市场环境良好的地方。地方金融人才储备与银行规模的交叉项系数均不显著，从侧面证明本文研究期间地方专业人才的多寡并不会成为吸引银行网点进入的显著条件，与前文发现基本一致。

表5.7 包含银行规模交叉项的回归结果

| 变量 | 第一阶段 | | | |
|---|---|---|---|---|
| | (1) | (2) | (3) | (4) |
| INTDEM | 3.3580*** | 4.0270*** | −1.4520 | 0.0694 |
| INVEST | 0.819*** | — | 1.107*** | — |
| GDPPC | 0.179*** | 0.187*** | 0.244*** | 0.235*** |
| OUTPUT | 0.361** | — | 0.768*** | — |
| Deposit_loan | — | 0.151* | — | 0.361*** |
| HHI | −4.756*** | −5.034*** | −7.630*** | −8.112*** |
| Fin_employee | 4.079 | 5.226* | −1.272 | 2.461 |
| size | 0.763*** | 0.756*** | 0.359*** | 0.420*** |
| INTDEM×size | — | — | 1.850*** | 1.634*** |
| INVEST×size | — | — | −0.518* | — |

续表

| 变量 | 第一阶段 | | | |
|---|---|---|---|---|
| | (1) | (2) | (3) | (4) |
| GDPPC×size | — | — | -0.0279* | -0.0210* |
| OUTPUT×size | — | — | -0.173** | — |
| Deposit_loan×size | — | — | — | -0.111*** |
| HHI×size | — | — | 1.169** | 1.147** |
| Fin_employee×size | — | — | 2.069 | 1.258 |
| CB_branch | 0.393** | 0.221 | 0.468*** | 0.228 |
| Distance | -0.187* | -0.173 | -0.219** | -0.161 |
| same_prov | — | 0.821*** | — | 1.021*** |
| nearby | -0.538*** | -0.490*** | -0.530*** | -0.439*** |
| east | 1.044*** | 1.052*** | 1.080*** | 1.060*** |
| centre | 0.521*** | 0.533*** | 0.534*** | 0.539*** |
| west | 0.696*** | 0.728*** | 0.705*** | 0.734*** |
| Constant | -2.447*** | -2.559*** | -1.394*** | -1.740*** |
| N | 9152 | 9152 | 9152 | 9152 |
| Pseudo $R^2$ | 0.4547 | 0.4558 | 0.4700 | 0.4751 |
| 变量 | 第二阶段 | | | |
| | (5) | (6) | (7) | (8) |
| INTDEM | 1.032** | 2.120*** | 0.370 | 1.665*** |
| INVEST | 0.822*** | — | 0.965*** | — |
| GDPPC | 0.0973*** | 0.1130*** | 0.0998*** | 0.1090*** |
| OUTPUT | 0.522*** | — | 0.534*** | — |
| Deposit_loan | — | 0.140*** | — | 0.172*** |
| HHI | -6.150*** | -7.009*** | -6.665*** | -7.583*** |
| Fin_employee | 1.249 | 3.223* | 1.821 | 3.909** |
| size | 0.138*** | 0.132*** | 0.133*** | 0.137*** |
| INTDEM×size | — | — | 0.183** | 0.167** |
| INVEST×size | — | — | -0.106*** | — |
| GDPPC×size | — | — | -0.0005 | 0.0019 |
| OUTPUT×size | — | — | -0.0031 | — |

续表

| 变量 | 第二阶段 | | | |
|---|---|---|---|---|
| | (5) | (6) | (7) | (8) |
| Deposit_loan×size | — | — | — | -0.014*** |
| HHI×size | — | — | 0.273 | 0.230 |
| Fin_employee×size | — | — | -0.567 | -0.554 |
| CB_branch | 1.239*** | 1.111*** | 1.283*** | 1.097*** |
| Distance | -0.0301 | -0.0032 | -0.0272 | 0.0227 |
| same_prov | — | 1.217*** | — | 1.365*** |
| nearby | -0.118 | -0.0274 | -0.104 | 0.0173 |
| east | -0.0055 | -0.0847 | 0.0366 | -0.0877 |
| centre | 0.291* | 0.245 | 0.308* | 0.245 |
| west | 0.631*** | 0.564*** | 0.629*** | 0.554*** |
| Constant | -0.684*** | -0.772*** | -0.647** | -0.765*** |
| N | 10545 | 10545 | 10545 | 10545 |
| Pseudo $R^2$ | 0.2968 | 0.2983 | 0.3013 | 0.3031 |

注：***：$p<0.01$；**：$p<0.05$；*：$p<0.1$。

另外，在银行分行的空间演化路径方面，同样除按银行所有制分组以外，本研究还参照银行规模从大到小顺序，将所有研究对象平分为两组进行两个时段的回归分析，结果如表5.8、表5.9所示。从第一阶段不同银行规模的分行空间演化路径回归结果（表5.8）可以发现，在控制变量方面，CB_branch变量的回归系数只有在规模后50%的银行分行进入时才起到显著的正向作用，对于规模较大的银行而言，中央银行及其分行所在城市并不具有显著的吸引力。这样的结果说明规模越小的银行越需要邻近银行业政策中心；相反，规模越大的银行越具有所有权优势，分行不必一定邻近银行业政策中心。进入区域的虚拟变量回归结果显示，其中只有规模后50%银行的西部地区虚拟变量的回归系数显著为正，其余结果均不显著。从这样的结果可以推断，规模较小的银行在第一阶段分行优先进入西部地区，而规模较大银行的分行并没有显著的空间扩张方向。在进入地区距离的虚拟变量回归结果中，只有模型（3）显著负相关，尽管模型（4）系数为负但并不显著，前50%银行的回归结果均不显著。这说明规模较小银行的分行演化路径总体上是由近及远的，规模较大银行的分行空间演化路径完全不受距离的影响。另外，是否向同省其他城市进入的虚拟变量的回归结果同样存在差异，后50%银行的系数显著正相关，而前50%银行的系数不显著。这样的结果侧面显示规模较小的银行优先进入省内距离较近的城市。最后，是否向相邻省份扩张的虚拟变量回归结果均不显著，说明在第一阶段银行的分行跨省扩张并未首选进入相邻省份。

解释变量方向，从表5.8中可以发现地方产业基础的金融关联程度的回归结果均不显著，说明本时段无论银行规模大小，银行分行并没有表现出优先进入地方产业基础与金融业关系紧密的地区。一般来说，分行承担的责任更多的是管理下属分支机构和开拓新的市场空间功能。从这个角度来说，地方产业的金融关联程度并不直接影响分行的职责。区域间投资流向的金融关联程度变量的回归结果只有后50%银行的系数显著正相关，而前50%银行的回归系数不显著，可以认为规模越小的银行越需要跟随区域间投资进入其他区域，这样既可以降低在新进入地区的经营风险，又建立起了资金空间流动的通道。进一步来说，规模越大的银行所有权优势越大，可以不跟随区域间投资进入其他地区。接下来，两个代表地方经济发展水平的变量回归系数显示，人均GDP系数都显著为正，而规模以上的工业企业总产值只有后50%银行显著为正，并且显著水平较低。这样的结果说明地方经济发展水平越高越能吸引分行进入，规模以上的工业企业总产值只对后50%银行的分行进入起到显著正向作用。此外，也只有后50%银行的地方银行存规模变量回归系数显著正相关，而前50%银行的回归系数不显著，可见规模较小的银行显著受到进入地银行市场规模的影响，优先进入银行市场规模较大的地区。相比之下，规模较大银行的分行空间扩张并没有显著地受到地方银行市场规模的影响。地方银行市场竞争环境的回归系数均显著为负，可以说在第一阶段银行分行都是暂缓进入垄断型的地方银行市场竞争环境中的。最后，地方金融从业人数比重变量的回归结果显著，后50%的银行为负，尽管显著性较低，但仍可以看出规模较小的银行的分行避免进入金融从业人数比重高的地区。可以将其理解为其他金融行业会威胁到规模较小银行的生存空间，因此规模较小的银行分行避免进入金融从业人数比重高的地区。相比之下，规模较大的银行回归系数并不显著。

表5.8 2007年不同银行规模的分行回归结果（第一阶段）

| 变量 | 规模前50%银行 | | 规模后50%银行 | |
| --- | --- | --- | --- | --- |
| | (1) | (2) | (3) | (4) |
| INTDEM | 2.496 | 2.835 | −0.882 | 0.941 |
| INVEST | 0.344 | — | 1.927*** | — |
| GDPPC | 0.283*** | 0.281*** | 0.319*** | 0.306*** |
| OUTPUT | 0.384 | — | 0.603* | — |
| Deposit_loan | — | 0.273 | — | 0.272** |
| HHI | −13.550*** | −13.620*** | −7.591*** | −7.791*** |
| Fin_employee | −12.33 | −11.90 | −10.19* | −10.82* |
| CB_branch | 0.3820 | −0.0158 | 1.4460*** | 1.3440*** |
| Distance | −7.67e-07 | 1.53e-06 | −0.001020*** | −0.000591 |
| same_prov | — | 0.348 | — | 2.587*** |
| nearby | 0.0529 | 0.0852 | −0.0749 | 0.3060 |
| east | −0.4010 | −0.4780 | 0.1130 | 0.00558 |
| centre | −0.523 | −0.578 | −0.145 | −0.321 |
| west | 0.697 | 0.678 | 1.398*** | 1.259*** |
| Constant | −2.056** | −2.057** | −3.012*** | −3.536*** |
| N | 3718 | 3718 | 4004 | 4004 |
| Pseudo $R^2$ | 0.1454 | 0.1487 | 0.3347 | 0.3527 |

注：***: $p<0.01$；**: $p<0.05$；*: $p<0.1$。

接下来，第二阶段的银行规模分行回归结果如表5.9所示。控制变量方面，央行及其分行城市的虚拟变量结果显示，规模在前50%银行的回归系数显著正相关，而后50%银行的回归系数不显著。这个结果说明规模较大的银行的分行首选进入银行业政策中心城市，邻近信息源，规模较小的银行的分行回归结果并没有表现出在这一时期主动贴近政策中心的空间演化特征。这与2007—2011年时段的结果完全相反，由此可以想见银行规模在随时间不断增大的过程中，对于政策的依赖程度也发生了周期性的演变，规模较小时期的银行需要邻近政策中心，这样有利于银行生存，而规模较大时期的银行也同样需要邻近政策，这有利于降低经营风险。从扩张路径的角度来看，银行分行空间扩张呈现出波动式的演进特征，这一点可以从进入区域的虚拟变量得到证实，回归结果显示规模前50%银行的系数只有西部地区虚拟变量显著为正，其他区域虚拟变量不显著，可以看出规模达到一定阶段之后，银行分行抓紧向西部地区布局。最后，与距离相关的控制变量回归结果显示，规模较大的银行的距离变量回归系数显著为正，而规模较小的银行该系数则截然相反，为显著负相关，可见在2012—2016年时段内规模较大银行的分行大规模向距离总行较远的地区布局，而规模较小的银行的分行仍就近布局。同时，规模后50%银行是否在同省内扩张的虚拟变量结果显示其分行在省内扩张特征明显，而是否向邻近省份扩张的虚拟变量系数为负相关，但显著性较低，说明规模较小的银行其分行跨省扩张后并不优先向邻近省份布局。上述两变量规模较大银行的回归系数均不显著。

解释变量方面，如表5.9所示，地方产业基础的金融关联程度只有模型（4）显著，但显著水平非常低，其余回归结果均不显著。这样的结果可以想见，分行空间扩张并不是优先进入地方产业基础条件较好的地区，而是要负责开拓新的市场空间。这样的结果与第一阶段相一致。区域间投资流向的金融关联程度的系数显著为正，但规模较大银行的系数显著程度低于规模较小银行。由此可以推断，在该时段银行分行有跟随区域间投资流向进入其他地区的特点，但是规模较小的银行对投资流向的依赖程度高于规模较大的银行。接下来，地方经济发展水平的两个变量回归结果显示，规模较大的银行只有规模以上的工业企业总产值变量的系数显著为正，而人均GDP系数不显著，可以说规模较大的银行在该阶段分行优先进入经济发展水平暂时一般但具有发展潜力的地区。相比之下，规模后 50%银行则与此相反，其人均 GDP 变量的回归系数显著为负，尽管显著性较低，规模以上的工业企业生产总值变量不显著。这说明规模较小的银行的分行进一步向欠发达地区进入，避免与规模较大的银行竞争。接下来，地方银行存规模变量也间接地证明了上述发现，规模较大的银行其市场规模变量回归系数显著为正，规模较小的银行则不显著，可见规模较大的银行的分行优先进入银行市场规模较大的地区，而规模较小的银行则主动避免与规模较大银行直接竞争。地方银行市场竞争程度的变量回归结果显示，规模前 50%银行的回归系数显著为负，而后 50%银行则不显著，说明规模较大的银行的分行更愿意进入充分竞争的市场空间，规模较小的银行的分行并不追求市场充分竞争，也说明在激烈的市场竞争中规模较小的银行的优势不存在。最后，地方金融从业人数比重的回归系数显示，规模较大的银行不显著，而规模较小的银行为负，但显著性较低，意味着在银行分行空间扩张过程中，规模较大的银行并不会因为金融专项人才储备是否丰富而调整空间扩张路径，相比之下规模较小的银行更容易受到来自其他金融行业的市场挤压，表现出不主动进入地方金融从业人数比重较高的地区。

表5.9 2012年不同银行规模的分行回归结果（第二阶段）

| 变量 | 规模前 50%银行 | | 规模后 50%银行 | |
| --- | --- | --- | --- | --- |
|  | (1) | (2) | (3) | (4) |
| INTDEM | −2.100 | 1.069 | 1.258 | 2.036* |
| INVEST | 0.739* | — | 1.347*** | — |
| GDPPC | 0.0075 | 0.0371 | −0.1070* | −0.0900* |
| OUTPUT | 0.1050*** | — | −0.0087 | — |
| Deposit_loan | — | 0.272*** | — | 0.0074 |
| HHI | −11.220*** | −12.190*** | 1.328 | −0.990 |
| Fin_employee | 8.585 | 11.83 | −9.701** | −6.435 |
| CB_branch | 1.338*** | 1.155* | 0.872 | 0.587 |
| Distance | 0.0612** | 0.0552* | −0.3130*** | −0.1790** |

续表

| 变量 | 规模前50%银行 | | 规模后50%银行 | |
|---|---|---|---|---|
| | (1) | (2) | (3) | (4) |
| same_prov | — | 0.855 | — | 3.353*** |
| nearby | 0.494 | 0.578 | -2.530** | -1.630 |
| east | -0.301000 | -0.589000 | -0.149000 | 0.000436 |
| centre | 0.435 | 0.275 | -0.716* | -0.565 |
| west | 1.3410** | 1.1970** | -0.2240 | 0.0515 |
| Constant | -5.269*** | -5.440*** | -1.689** | -3.347*** |
| N | 4592 | 4592 | 4592 | 4592 |
| Pseudo $R^2$ | 0.1715 | 0.1680 | 0.4850 | 0.4969 |

注：***：$p<0.01$；**：$p<0.05$；*：$p<0.1$。

### 5.3.4 上市对银行网点空间演化的影响

接下来，以2010年为时点将研究对象分为已上市银行和未上市银行两组进行比较分析。首先对解释变量进行相关性检验，将相关性较强的解释变量拆分到不同的模型（相关系数大于0.6）。考虑到银行间资产规模、所有制结构等因素个体差异较大，本文在回归过程中还控制了样本的个体效应。银行基层网点的回归结果如表5.10所示，在控制变量方面，已上市银行和未上市银行的回归结果相近。在进入区域控制变量中，西部地区的系数两组均显著为正，可见2010年之后随着银行业市场化改革深入，银行机构彼此间竞争越发激烈，新增基层网点大举进入西部，一来能够减轻同业竞争压力，二来布局欠发达地区方便开拓新的银行业务市场空间。进入区域的地理位置控制变量的回归结果显示，银行基层网点重点向本省其他城市或相邻省份进入，立足周边地区市场符合企业发展的一般规律。

解释变量方面，已上市银行的 *INTDEM* 变量的回归系数显著为正，而未上市银行不显著，可以认为地方产业基础与金融业关联程度越高就越能有效吸引已上市银行新增基层网点进入，而未上市银行新增基层网点则不受地方产业基础金融关联度的影响。从演化经济地理的观点出发，地方产业金融关联度意味着地方产业基础与金融机构相互依存关系的紧密程度，也就是当前地方产业结构能否适应新进入银行网点的存续。一般来说已上市银行较未上市银行的空间扩张距离更远、范围更广，潜在的风险也更大，选择进入产业基础与金融业关联度高的地区有利于银行基层网点融入当地市场。然而，未上市银行往往向邻近地区扩张，地方产业的金融关联度的作用不明显。接下来，区域间投资流向的金融关联程度变量的回归系数二者均为正且显著，可见在2010年之后银行新增基层网点会跟随区域间投资进入其他地区。银行追随投资在省际间的流动进入异地，体现了银行的金融中介功能，这样方便银行打入当地银行市场，也有助于防控信贷风险。

此外，地方经济发展水平和地方银行市场规模三个变量的回归系数都为正，除未上市银行的人均GDP变量外，其余均有较高的显著水平，说明随着银行业市场化程度加深，新增基层网点数量与进入地经济发展水平及银行市场体量呈正相关关系。经济发展水平越高、信贷市场规模越大是银行异地扩张、提高经营效益的有效途径，特别是对已上市银行而言。相比之下，未上市银行网点布局策略的市场环境指向性略逊于已上市银行。在地方银行市场竞争环境方面，HHI变量的回归系数只在模型（3）中不显著，其余均显著为负，整体来说银行新增基层网点避免进入垄断型的地方银行市场，充分且公平的市场环境是银行所向往的。然而，对比两组回归结果还可以发现，尽管模型（4）的回归结果显著，但其绝对值仍小于已上市银行的，可见未上市银行新增基层网点进入竞争型地方银行市场的意愿要弱于已上市银行。也就是说，随着银行业市场化改革的深入，充分竞争的市场环境更能吸引已上市银行进入。另外，地方金融从业人数比重的回归系数均不显著，表明地方金融人才储备并不会对银行新增基层网点的空间演化进程产生影响。目前，银行业正处在快速异地扩张阶段，与金融专业人才储备相比拓展更多的地方银行市场才符合现阶段银行空间扩张意愿。另外，银行内部培训机制也已较为成熟，可以满足银行对金融人才的需求。银行政策因素方面，央行及其分行所在城市（$CB\_branch$）变量均显著为正，说明已上市银行和未上市银行都需要邻近银行政策中心。银行业政策变动会影响银行机构的盈利能力，在现阶段银行业改革过程中需要邻近政策源，提高获取有效信息的能力。最后，距离变量的回归结果显示，系数均不显著，可以认为随着信息技术的进步，距离因素几乎不会影响到银行新增基层网点的空间扩张进程。

表5.10 银行基层网点回归结果

| 变量 | 截至2010年已上市银行 | | 截至2010年未上市银行 | |
| --- | --- | --- | --- | --- |
| | (1) | (2) | (3) | (4) |
| INTDEM | 1.708*** | 2.703*** | -0.915 | 1.588 |
| INVEST | 0.713*** | — | 2.177*** | — |
| GDPPC | 0.105*** | 0.120*** | 0.027 | 0.042* |
| OUTPUT | 0.500*** | — | 1.033*** | — |
| Deposit_loan | — | 0.177*** | — | 0.370*** |
| HHI | -7.063*** | -7.314*** | -2.937 | -5.054*** |
| Fin_employee | -2.209 | -2.098 | -2.018 | -2.595 |
| CB_branch | 1.225*** | 0.973*** | 1.131*** | 0.558 |
| Distance | 0.109 | 0.033 | -0.347 | 0.078 |
| east | -0.058 | -0.177 | -0.482 | -0.686** |
| centre | 0.266* | 0.179 | -0.00675 | -0.0793 |
| west | 0.606*** | 0.535*** | 0.585** | 0.582** |
| same_prov | — | 0.475** | — | 4.045*** |
| nearby | 0.286** | 0.356*** | 0.333 | 0.551** |
| Constant | -0.266 | -0.199 | -0.997* | -1.892*** |
| 个体效应 | yes | yes | yes | yes |
| N | 4592 | 4592 | 6601 | 6601 |
| Pseudo $R^2$ | 0.4572 | 0.4607 | 0.5398 | 0.5675 |

注：***：$p<0.01$；**：$p<0.05$；*：$p<0.1$。

对应的银行分行的回归结果如表5.11所示。控制变量方面，进入区域的虚拟变量结果显示，已上市银行的系数只有西部地区虚拟变量显著为正，然而未上市银行的系数中只有东部地区虚拟变量显著但为负相关。由此可以想见，已上市银行分行优先向西部地区城市进入，扩展新的市场空间，而未上市银行分行尽管没有表现出显著的空间指向性，但回归结果说明未上市银行分行主动避免进入东部地区。这符合分行在银行组织结构中负担扩展市场区域的责任。两组回归结果的差异可以认为是银行成长过程中的阶段性特征。接下来，是否在同省扩张的虚拟变量的回归结果均显著为正，说明现阶段银行分行持续向省内其他城市扩张，省内银行市场仍旧是基本。是否向邻近省份扩张的虚拟变量的回归结果均不显著，可见这一时期银行分行跨省扩张时并未重点进入相邻省份。从银行空间扩张路径图来看，除了优先向本省内扩张，北京、上海、深圳等拥有政策和市场优势的金融中心城市往往成为分行异地扩张的首选，而非邻近省份。

解释变量方面，未上市银行的地方产业金融关联度的回归系数为正且只有模型（4）有较低显著性，而已上市银行都不显著。这说明，地方产业结构对未上市银行分行的空间扩张过程有一定吸引作用，地方产业与金融业关联程度高的城市能够减小银行分行开拓异地新市场空间的难度，有利于降低信贷风险。相比之下，已上市银行在所有权优势的帮助下，有能力克服开拓新区域的机会风险。区域间投资流向的金融关联程度变量的回归结果显示，两组系数均显著为正，可以认为在现阶段银行分行都表现出紧随投资流向进入其他地区的特征。一方面，资金借助银行网络跨地区流通，银行分行的设立体现了两地间紧密的资金流动关系，另一方面，跟随投资进入他地，也能够确保银行在异地的业务量，稳步开启向该地区内其他地点的渗透。

接下来，在地方经济发展水平和地方银行存贷款市场规模方面，已上市银行的相关变量均不显著。这样的结果表明，现阶段地方经济发展水平和地方银行存贷款市场规模都未对上市银行分行进入产生实质性影响。这与表 5.10 中相应变量的回归结果明显不同，主要原因在于银行分行与基层网点的分工差异，对于分行来说进入地的战略地位远胜潜在市场的重要性。相比之下，未上市银行的分行以向市场规模较大的地区进入为主。在地方银行业市场竞争环境方面，已经上市银行的回归系数显著负相关，而未上市银行的回归系数不显著，说明已上市银行分行优先进入充分且公平竞争的市场环境，未上市银行对于地方银行市场竞争环境没有明显的倾向性。已上市银行市场化程度较高，基本状况有义务向全社会公开，因而也需要透明的市场竞争环境才有利于今后立足。另外，地方金融从业人数比重变量的回归结果显示，已上市银行变量系数显著为正，而未上市银行不显著，可以认为已上市银行的分行更需要具有较高专业知识水平的从业者。中央银行及其分行所在城市虚拟变量的回归系数显著为正，说明现阶段邻近银行政策中心是分行选择进入的重要影响因素。再次证明邻近信息源是银行业空间演化路径的主要方向之一。最后，从扩张距离变量的回归结果中可以发现，已上市银行的回归系数显著为正，而未上市银行与之截然相反，说明已上市银行的分行寻求向更远距离的城市进入，而未上市银行则主要向距离总行较近的城市扩张。已上市银行有能力克服银行组织空间扩张带来的管理效率降低状况，而且设立分行再进入地区本身也有利于银行业务在当地展开。未上市银行分行尚未全面迈向异地扩张，仍以向邻近地区渗透为主。

表 5.11　银行基层网点对应的银行分行回归结果

| 变量 | 截至 2010 年已上市银行 | | 截至 2010 年未上市银行 | |
| --- | --- | --- | --- | --- |
| | (1) | (2) | (3) | (4) |
| INTDEM | −2.074 | −2.462 | 1.433 | 2.766* |
| INVEST | 2.054*** | — | 1.764*** | — |
| GDPPC | −0.0500 | −0.0131 | −0.0710 | −0.0830 |
| OUTPUT | 0.427 | | 0.714** | — |
| Deposit_loan | — | −0.0274 | — | 0.3890*** |
| HHI | −16.300*** | −18.510*** | 1.364 | −0.176 |
| Fin_employee | 15.520** | 18.920*** | −0.304 | −0.769 |
| CB_branch | 1.024** | 1.645*** | 1.167** | 0.501 |

续表

| 变量 | 截至2010年已上市银行 | | 截至2010年未上市银行 | |
|---|---|---|---|---|
| | (1) | (2) | (3) | (4) |
| *Distance* | 0.866*** | 0.965*** | -1.643*** | -1.056** |
| *east* | 0.482 | 0.624 | -1.159** | -1.608*** |
| *centre* | -0.629 | -0.593 | 0.125 | 0.174 |
| *west* | 1.3520** | 1.3480** | -0.0445 | 0.0360 |
| *same_prov* | — | 3.526*** | — | 3.674*** |
| *nearby* | 0.014 | 0.217 | -0.839 | -0.449 |
| *Constant* | -20.220*** | -19.140*** | -2.979*** | -3.856*** |
| 个体效应 | yes | yes | yes | yes |
| $N$ | 3444 | 3444 | 6314 | 6314 |
| *Pseudo* $R^2$ | 0.2594 | 0.2568 | 0.4114 | 0.4300 |

注：***：$p<0.01$；**：$p<0.05$；*：$p<0.1$。

### 5.3.5 稳健性检验

本研究对上述结果做了稳健性检验（表5.12）。考虑到当前中国多元化的银行体系，各银行在规模和经营权限上的差异较大，本章将已上市银行与未上市银行按所有制（大型国有商业银行、股份制商业银行、城市商业银行）分别进行回归。另外，考虑到上市前准备阶段银行可能已经具备上市能力将其剔除，相比于上文的结果，这些回归结果仅有微小的变化，并没有发现实质性的改变。

为确保结论真实可靠，本文还进行了以下稳健性检验。本节将按不同年份重新分组回归，还将银行资产规模按前30%和后30%比较分析，另外剔除大型国有商业银行重新回归，以及更换Probit模型重新回归。回归结果与上文差异不大，考虑到本文篇幅没有一一展示。

表 5.12 区分银行所有制的基层网点回归结果（稳健性检验）

| 变量 | 国有银行 | | 截至2010年已上市银行 | | 截至2010年末上市银行 | | | | | |
| | | | 股份制商业银行 | 城市商业银行 | | 股份制商业银行 | | 城市商业银行 | | |
| | (1) | (2) | (3) | (4) | (5) | (6) | (7) | (8) | (9) | (10) |
|---|---|---|---|---|---|---|---|---|---|---|
| INTDEM | 2.3260** | 3.3460*** | 1.4020*** | 2.5090*** | 5.5540* | 5.3500* | 0.0237 | 1.9640 | 0.9280 | 3.2630*** |
| INVEST | 0.582*** | — | 0.597*** | — | 1.676*** | — | 1.231*** | — | 2.380*** | — |
| GDPPC | 0.0920*** | 0.1210*** | 0.1060*** | 0.1190*** | 0.2040*** | 0.1830*** | 0.1030*** | 0.1050*** | −0.0106 | 0.0113 |
| OUTPUT | 0.731*** | — | 0.481*** | — | −0.104 | — | 0.581* | — | 1.013*** | — |
| Deposit_loan | — | 0.2840*** | — | 0.1850*** | — | 0.0054 | — | 0.2280*** | — | 0.3450*** |
| HHI | −3.244** | −3.471*** | −7.468*** | −7.639*** | −47.930*** | −49.390*** | −8.775*** | −10.380** | −0.795 | −2.677 |
| Fin_employee | −4.519 | −6.224* | −2.196 | −2.527 | 13.540** | 14.170* | 2.662 | 1.741 | −7.196* | −6.776* |
| CB_branch | 0.705*** | 0.347 | 1.282*** | 0.968*** | 3.154*** | 2.943*** | 1.670*** | 1.151*** | 1.045** | 0.614 |
| Distance | 0.1280 | 0.0668 | 0.1190 | 0.0397 | −0.1810 | −0.2100 | 0.4560** | 0.4780*** | −1.3270*** | −0.8000* |
| east | −0.5640*** | −0.6410*** | 0.0537 | −0.1260 | — | — | −0.0529 | −0.3940 | 0.6380*** | 0.6540* |
| centre | −0.134 | −0.176 | 0.354** | 0.244 | — | — | −0.794 | −0.936* | 0.827*** | 0.889* |
| west | 0.0862 | 0.0125 | 0.6740*** | 0.5920*** | 2.6820*** | 2.8330*** | 0.5980 | 0.4940 | 1.3440*** | 1.4700*** |
| same_prov | −0.896 | — | — | 0.360 | — | — | — | — | — | — |
| nearby | 0.6290*** | 1.0350*** | 0.2240 | 0.2880*** | 1.0720*** | 1.0840*** | 1.2470*** | 1.0930*** | −0.0277 | 0.2700 |
| Constant | −0.284 | −0.189 | 0.338 | 0.463 | 0.696 | 0.951 | −1.591** | −1.397* | −4.467*** | −5.246*** |
| 个体效应 | yes | yes | yes | yes | yes | yes | yes | yes | yes | yes |
| N | 1148 | 1148 | 2583 | 2583 | 861 | 861 | 1148 | 1148 | 5453 | 5453 |
| Pseudo $R^2$ | 0.3613 | 0.3625 | 0.4316 | 0.4413 | 0.7135 | 0.7142 | 0.4159 | 0.4286 | 0.6734 | 0.6894 |

注：***：$p<0.01$；**：$p<0.05$；*：$p<0.1$。

表 5.13 不含 2010 年后上市银行的回归结果（稳健性检验）

| 变量 | 未上市银行基层网点 | | 未上市银行分行 | |
| --- | --- | --- | --- | --- |
| | （1） | （2） | （3） | （4） |
| $INTDEM$ | -0.627 | 1.858* | 1.478 | 2.898** |
| $INVEST$ | 2.317*** | — | 1.559*** | — |
| $GDPPC$ | 0.0091 | 0.0245 | -0.0409 | -0.0630 |
| $OUTPUT$ | 1.067*** | — | 0.619 | — |
| $Deposit\_loan$ | — | 0.370*** | — | 0.386*** |
| $HHI$ | -2.4320 | -4.5950** | 1.3780 | 0.0869 |
| $Fin\_employee$ | -0.0739 | -0.9190 | -2.3840 | -2.9390 |
| $CB\_branch$ | 1.200*** | 0.726* | 1.074** | 0.450 |
| $Distance$ | -0.299 | 0.112 | -1.772*** | -1.067** |
| $east$ | -0.630* | -0.826** | -1.161** | -1.709*** |
| $centre$ | -0.0163 | -0.0869 | 0.1240 | 0.1630 |
| $west$ | 0.6090** | 0.6060** | -0.0605 | -0.0074 |
| $same\_prov$ | — | 4.186*** | — | 3.508*** |
| $nearby$ | 0.301 | 0.488 | -0.957 | -0.450 |
| $Constant$ | -1.224** | -2.058*** | -2.692*** | -3.658*** |
| 个体效应 | yes | yes | yes | yes |
| $N$ | 5740 | 5740 | 5453 | 5453 |
| $Pseudo\ R^2$ | 0.5445 | 0.5699 | 0.3799 | 0.4024 |

注：***：$p<0.01$；**：$p<0.05$；*：$p<0.1$。

## 5.4 本章小结

金融改革是中国经济体制改革的重要组成部分，银行业作为最普遍分布的金融门类之一，银行业市场化改革相关问题已引起广泛关注。随着中国银行业市场化改革的持续深入，自 2005 年起大型国有银行相继启动上市计划以来，中国银行业市场化改革持续深入，各类所有制银行的业务限制和地域限制逐渐取消，银行间竞争越发激烈，对此，银行机构会通过调整分支机构的空间布局来应对市场竞争环境的变化。在此背景下，本文创造性地引入演化经济地理的研究视角，借鉴产业关联的思想提出解释框架，重点研究银行网点的空间演化机制。另外，考虑到中国银行业的改革历程，本文还比较分析了不同所有制和不同规模银行的空间演化路径的差异。然而，近年来部分银行相继启动 IPO 计划，上市俨然已经成为银行业市场化进程的前沿。本研究进一步基于已上市银行与非上市银行新增网点的空间扩张路径进行比较分析，旨在发现银行上市行为是如何影响银行机构的空间演化过程的。主要发现如下：

（1）银行网点会优先进入地方产业金融关联程度较高的城市，这样能够帮助外来银行尽快融入当地银行市场。地方产业金融关联度的作用对于大型国有商业银行、股份制商业银行等规模较大的银行的吸引作用显著高于地方性的城市商业银行。城市商业银行往往会采取紧跟本地投资进入其他地区的策略，尤其是在放开地域限制的初期，但随着地方银行市场走向成熟，竞争日趋激烈，大型银行网点也会为控制风险而采取跟随投资的空间演化特征。

（2）各类型银行表现出差异化的空间演化路径。地方性银行填补了欠发达地区金融机构的缺失，一定程度上改善了可能存在的"金融排除"问题（贺灿飞和刘浩，2013），同时地方性银行往往配合当地政府的空间发展规划，在协调资金融通方面起到关键作用。相比之下，大型银行空间演化路径的市场化痕迹较重，但近年来大型银行也有重新开拓欠发达地区市场的势头。在地方银行市场环境方面，总的来说充分且公平的竞争环境更具吸引力，然而小型银行并不排斥垄断型的地方银行市场，甚至积极向本银行具有垄断力的地区扩张。

（3）近年来银行领域的改革模糊了所有制的概念，规模成为区分银行的主要特征之一。规模越大的银行在防控风险方面的能力越强，表现出利润优先、市场指引的空间扩张原则。同时不断强化地方产业基础在银行网点进入方面的作用。

（4）中国银行业改革持续进行，政策因素对于银行成长具有重要意义。特别是中小型银行，一旦允许异地扩张往往率先进入央行及其分行所在城市，邻近银行业政策中心便于获悉政策走向，是银行生存和发展的关键。

（5）比较已上市银行与未上市银行网点的空间演化路径的影响因素可以发现，上市行为本身体现了银行机构市场化程度和潜在规模，显然改变了银行网点空间演化路径的发生机制。

本章的研究结果表明演化经济地理的研究范畴不只局限于制造业，同样可以移植到服务业的空间演化研究。演化经济地理提供的动态视角可以帮助我们重新理解包括银行业在内的产业空间动态过程。

最后，中国多元化的银行体系已经形成，各家银行成立的时间和发展阶段不尽相同，从银行自身成长过程的角度分析的网点空间演化特征和影响因素仍有待进一步研究。未来会有更多的银行启动上市计划，银行上市是银行业市场化改革的大趋势。进一步而言，通过对比不同银行成长阶段的空间演化路径可以发现，随着银行机构不断向前发展走向成熟，其空间演化路径可能逐渐克服地理因素的束缚，然而空间异质性和邻近效应依然对银行的空间演化路径产生显著影响。上市只代表银行机构发展过程中的一种选择，是否还有其他阶段性发展特征能够对银行分支机构的空间演化路径产生影响有待进一步验证。

第六章

银行空间演化视角下的金融资源配置

## 6.1 引言

中国银行业实现了由专业化向市场化的转变,形成了由大型国有商业银行、股份制商业银行、城市商业银行、农村商业银行、邮政储蓄、外资银行等组成的商业银行体系(彭宝玉和李小建,2016)。与此同时,银行业空间格局也发生了一系列演变(徐传谌等,2002;武巍等,2005,2007):大型国有商业银行基层网点重新调整(李小建,2004;贺灿飞和刘浩,2013)、股份制商业银行跨区域扩张(李智山等,2014)、城市商业银行和农村商业银行兴起(李玮和薛德升,2013)、外资银行大举进入(郑伯红和汤建中,2001;贺灿飞和傅蓉,2009;He and Yeung,2011)等。银行组织体系和网点空间布局已悄然改变,呈现出鲜明的时代特征(贺灿飞和刘浩,2013)。当前,银行仍是中国金融系统的主体,是企业重要的融资平台(巴曙松等,2005)。然而,由于企业与银行双方信息严重不对称,企业申请贷款时可能存在逆向选择问题、道德风险问题、代理人问题(Lee and Brown,2016)。对此,Pollard(2003)认为企业嵌入在具体的地方金融环境之中,"邻近"能够有效地化解上述问题(Alessandrini and Zazzaro,1997;Klagge and Martin,2005)。这也意味着银行业空间演化过程将重塑地方银行信贷市场。

相比之下,银行功能距离对企业信贷获得影响的研究结论较为一致,现有研究普遍证明了它们之间显著的负相关关系(Alessandrini et al.,2009;Zhao and Dylan,2017),由于功能距离越大产生代理人问题的可能性越高,银行放贷变得更加慎重。不仅如此,地方信贷市场结构也制约着企业信贷的获得。

值得注意的是,现有研究几乎全部以西方国家银行业为研究对象

(Lee and Brown, 2016; Alessandrini et al., 2009; Zhao and Dylan, 2017)，实际上西方国家银行业空间演化主要是由银行之间兼并重组造成的，这与中国银行业空间演化有着本质区别。本研究认为银行网点空间扩张和地方性银行兴起才是中国银行业空间演化的真正动力。所以，在中国转型经济的制度背景下重新审视银行业空间演化与企业信贷获得的关系具有重要的理论和现实意义。基于以上分析，本章从中国银行业空间演化动态过程出发，主要解答以下两个问题：一是区域银行机构的空间特征和动态演化过程是如何影响企业信贷的获得的；二是在转型经济背景下，制度因素是否作用于银行业空间演化对企业信贷获得的影响。

## 6.2 研究方法与变量

### 6.2.1 数据来源

本章中银行网点数量和空间分布数据整理自 Wind 数据库中的中国宏观数据和国家金融监督管理总局网站金融许可证信息[①]。为确保数据连贯，本章采集的数据包括以下类型银行：大型国有商业银行、政策性银行、股份制商业银行、城市商业银行、农村商业银行、邮政储蓄、外资银行。另外，本章中银行分支机构是指除总行外的所有营业性分支，包括各级分行、支行、分理处、储蓄所以及各级分行的营业部等。

### 6.2.2 银行操作距离与银行功能距离计算

根据信息不对称理论，区域银行业的操作距离和功能距离制约着银行网点有效的信贷空间，可以通过二者的变化来说明银行业空间演化过程。此处借鉴 Alessandrini 等（2009）采用的银行操作距离和银行功能距离的计量方法。具体公式如下：

---

① https://xkz.cbirc.gov.cn/jr/，不含港澳台及海外地区银行网点登记信息。

(1) 银行操作距离（Bank operational distance）：

$$OPER_j = \frac{1}{branches_j/area_j}$$

式中：$branches_j$ 为地区 $j$ 的银行分支机构数量，$area_j$ 为地区 $j$ 的行政区划面积，银行操作距离即为区域银行网点空间密度的倒数。$OPER_j$ 数值越小说明 $j$ 地区银行网点与客户的空间距离越近，有利于银行做出准确的放贷决策，另外空间邻近也有助于银企间长期稳定合作关系的建立。反之，$OPER_j$ 数值越大则说明银行网点分布越分散。

(2) 银行功能距离（Bank functional distance）：

$$FUNC_j = \frac{\sum_{b=1}^{B_j}[branches_{bj} \times \ln(1+D_{jz_b})]}{\sum_{b=1}^{B_j} branches_{bj}}$$

式中：$branches_{bj}$ 为 $b$ 银行在地区 $j$ 的银行分支机构数量，$z_b$ 为 $b$ 银行总行所在城市，$D_{jz_b}$ 则为 $j$ 与 $z_b$ 两地间的欧氏距离。城市间距离由国家公布的城市经纬度计算得来。由于本章研究省级尺度的银行业空间演化，需将省区与银行总行的距离简化为省会（首府）城市与银行总行所在城市之间的距离，若银行总行就在本省区内，则将该距离设定为零，直辖市无须做此替代。

### 6.2.3 银行业演化过程

银行业演化过程表现出鲜明的时间变化特征和空间变化特征。银行功能距离变化呈现出持续下降趋势。这说明随着地方性银行的兴起，缩短了地方与银行决策中心之间的距离，进而缓解了地方信贷市场由于银行分支机构空间扩张而产生的代理人问题和信息不对称问题。换句话说，尽管银行跨区域设点经营过程可能造成银行规模不经济、内部信息传递效率降低，但对于地方性银行发展较好的地区而言，反而拉近了与银行决策中心的距离，抵消了原本因银行空间扩张而增大的功能距离，实际上可能会提高企业获得银行信贷的可能性。

然而，银行操作距离则表现出先升后降的演化特征（图 6.1），在

2008年达到最大值，随后开始持续减小。本研究认为银行操作距离有如此波动的原因主要有两点：其一是2005年起大型国有商业银行陆续上市，大型国有商业银行的营利模式转向获取市场利润最大化，为此大量撤并臃肿的基层网点、调整空间布局，因此银行网点数量减少，银行操作距离增加；其二是随着银行业体制改革的深入，国家逐步取消了非国有银行经营的地域限制，股份制商业银行和城市商业银行大规模异地设点，而大型国有商业银行新增大量网点重点布局发达地区，它们共同促进了地方银行网点密度的提高。除此之外，各家银行资产规模不断增大。特别是非国有银行，使得银行间的竞争越发激烈，也激发起银行空间扩张的欲望。

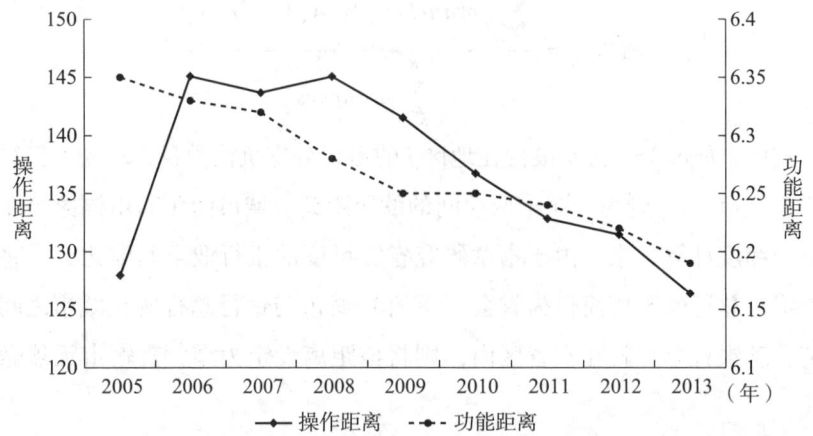

图6.1 2005—2013年全国平均的操作距离和功能距离的变化趋势

在空间上，各地区间的银行操作距离和银行功能距离差异十分明显。如图6.2所示，2008—2011年平均操作距离较小的地区分别是上海、北京、天津、江苏、浙江、山东、广东，均位于东部沿海发达地区，相比之下西藏、青海、新疆、内蒙古等西部省区的银行网点密度最低，而且东部地区的银行操作距离显著低于中西部地区。这说明地理邻近、减小操作距离仍是银行赢得市场竞争的必要手段。而在功能距离方面，北京是功能距离最短的地区，这与多家银行总行在此不无关系，包括四大国有银行、中信银行、华夏银行、北京银行等总行均设在北京。除北京外，银行功能距离较小的省区也均是银行总行较为集中的地区，特别是城市商业银行数量较多的几个省份，如山东、辽宁等。这说明银行功能距离的大小主要与银行总行密集程度呈负相关关系，再次证明地方性银行的建立能够有效地缩短本地的银行功能距离，降低信贷风险。

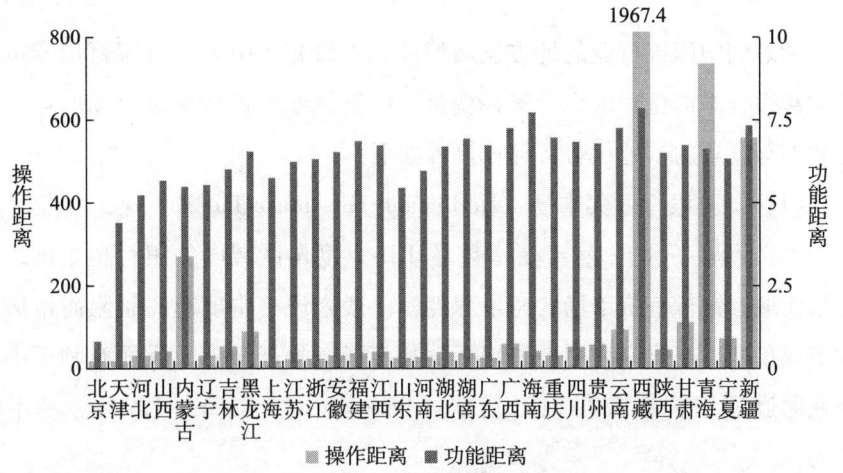

图 6.2　2008—2011 年各省区市平均的操作距离和功能距离的变化趋势

在省级尺度，各地区的银行操作距离和功能距离随时间的变化也存在一定的地域特征。2006—2009 年，银行操作距离只有在北京、天津、上海、黑龙江、福建、海南、云南、西藏八个省区市有所缩短，其余各地区银行网点密度均处于下降阶段，说明该阶段特别是西部地区（除云南、西藏外）银行网点大量撤并，银行操作距离增大。然而，2010—2013 年，银行操作距离变化率则发生逆转，除吉林省外，其余地区操作距离均在缩短。相比之下，东部地区和西部地区银行操作距离降低的幅度大于中部地区。这说明该阶段银行网点重点向金融市场发达地区布局，同时在地方政府的推动下地方性银行纷纷建立带动了银行网点密度的增大。在银行功能距离方面，绝大部分地区呈下降趋势。其中，只有北京、天津、上海、重庆、山西、吉林等地区的银行功能距离表现出阶段性的增长，可以认为：一方面，上述地区金融市场对于区域外银行有巨大吸引力，另一方面，上述地区本地银行数量增长滞后。此外，2006—2009 年，银行功能距离下降幅度较大的地区有江苏、浙江、河南、贵州，而到 2010—2013 年，银行功能距离下降幅度较大的地区则主要集中在西北部,客观上间接地呈现出地方性银行建立的时空特点。

### 6.2.4 模型构建

考虑到中国银行业的地方发展特征,本研究还引入地方银行信贷市场结构和银行本地化程度作为解释变量,以衡量地方银行信贷市场的竞争程度和参与竞争的本地优势,计算过程如下:

(1) 地方银行业集中度(Herfindahl-Hirschman Index)

本文用赫芬达尔-赫希曼指数($HHI_j$)度量区域内的银行集中度,进而指代地方银行信贷市场的竞争程度,一般来说集中度越高越阻碍市场竞争形成垄断。有研究表明地方银行信贷市场竞争越激烈,反而有利于中小企业通过邻近关系获得银行贷款(Petersen and Rajan,1994)。基本公式为:

$$HHI_j = \sum_{b=1}^{N} \left(\frac{x_{bj}}{T_j}\right)^2$$

式中:$x_{bj}$ 表示 $b$ 银行在 $j$ 地区的网点数量;$T_j$ 代表 $j$ 地区所有银行网点数量之和;$N$ 为银行数。

(2) 银行本地化程度

通过计算本地城市商业银行分支机构数量占本地所有银行分支机构总数的比重来衡量银行本地化程度($LOC_j$)。考虑到农村商业银行在本文研究时限内刚刚兴起,故只选城市商业银行。

企业能否获得银行贷款主要受供给和需求两方面影响(王霄和张捷,2003),考虑到解释变量是从银行供给角度引入,故有必要从企业需求角度选取控制变量。本章加入5个企业属性方面的控制变量:企业规模、企业年龄、企业所有制形式、企业是否出口、企业负债程度。企业数据全部来自中国工业企业数据库,本研究借鉴了谢千里等(2008)、Cai 和 Liu(2009)、聂辉华等(2012)的数据处理方法,删除了主营业务收入、从业人数、资产合计、固定资产的缺失样本,以及从业人数少于8人的样本,还删除了一些有悖常理的样本,如资产合计小于流动资产、资产合计小于固定资产、累积折旧小于当期折旧、实收资本小于等于零等。

企业规模可以用从业人数的自然对数来衡量。企业年龄可以由企业成立年份推算得到。企业规模和企业年龄反映了企业盈利能力和市场信誉，因而有理由认为它们与企业信贷获得是正相关关系。企业所有制形式是通过实收资本份额加以甄别的，而不是根据企业注册的类型甄别。一般来说，外资企业享有政策优惠，一些"伪外资"企业也会注册成外资企业，因而按照实收资本份额区分企业所有制类型更加可靠。企业所有制形式对贷款的影响有待进一步验证。企业出口与否可以直接从企业库得来。在中国往往是生产效率高的企业选择出口（张杰等，2008），可以认为出口企业贷款违约风险较低，容易受到银行青睐。最后，企业负债程度用负债合计占资产合计比重的自然对数表示。通常来说，企业负债程度越高说明企业的盈利风险越大，银行可能会吝惜对这类企业放贷，但同时负债率高的企业也说明已经取得了其他金融机构的信任，也可能因此取信银行，故企业负债程度对其获得贷款的影响有待确认。本章控制变量的定义和预期符号如表6.1所示。

表6.1 控制变量

| 变量 | 变量定义 | 预期符号 |
| --- | --- | --- |
| $size_i$ | 企业规模［ln（从业人数）］ | + |
| $age_i$ | 企业年龄（研究年份-企业成立年份） | + |
| $SOE_i$ | 国有企业（实收资本中国有资本份额最高） | 待检验 |
| $CPOE_i$ | 集体、私营企业（实收资本中集体、私营资本份额最高） | 待检验 |
| $KMT_i$ | 港澳台企业（实收资本中港澳台资本份额最高） | 待检验 |
| $foreign_i$ | 外资企业（实收资本中外资份额最高） | 待检验 |
| $export_i$ | 企业是否出口（出口=1，不出口=0） | + |
| $indebt_i$ | 企业负债情况［ln（负债/资产）］ | 待检验 |

由于企业是否获得银行贷款是典型的二值选择问题，故本文采用Probit模型估计解释变量对企业获得银行信贷的作用（Zhao and Dylan，2017）。

$$P(y=1\mid Z)=P(y^{*}\geqslant 0)=\varphi(Z^{T}\beta)$$

式中：$y=1$ 表示该企业获得银行贷款，$y=0$ 则反之，$y^{*}$ 为 $y$ 的潜变量，$Z$ 是指对 $y^{*}$ 的全部解释变量，$\beta$ 是其系数。本文假设企业所在区域的银行分布格局会影响企业能否获得贷款，具体的实证模型如下：

$$y_{ij}^{*}=\alpha+\beta_{1}\text{OPER}_{ij}+\beta_{2}\text{FUNC}_{ij}+\beta_{3}\text{HHI}_{ij}+\beta_{4}\text{LOC}_{ij}+\gamma\text{CONTROL}_{ij}+\delta X+\epsilon_{ij}$$

式中：$\text{CONTROL}_{ij}$ 代表控制变量；$X$ 是所在区域与所属行业的虚拟变量，用来控制空间差异和行业差异；$\epsilon_{ij}$ 为误差项。

企业是否获得银行贷款可以通过中国工业企业数据库中的"利息支出"变量判断（Li and Yu，2009），其中利息支出大于零的企业说明其获得银行贷款，而利息支出为零的企业则说明其暂时没有银行贷款。为避免内生性问题，本章因变量选取 2013 年企业数据，而银行操作距离、银行功能距离、地方银行业集中度、银行本地化程度则为 2008—2011 年的平均值。

## 6.3 实证结果分析

### 6.3.1 基准回归结果

首先对解释变量进行相关性检验，将相关性较强的解释变量拆分到不同的模型（相关系数大于 0.6）。表 6.2 报告了基准回归结果，如其中模型（1）、（2）、（3）结果所示，银行操作距离的系数显著为正，意味着企业与银行网点的空间邻近不利于企业获得银行贷款，也就是说现阶段加大银行网点密度有可能造成企业信贷受限。由于操作距离邻近便于银行详尽掌握企业信息，银行转而成为强势一方，支配着贷款流向（Degryse and Ongena，2005；Hauswald and Marquez，2006）。Zhao 和 Dylan（2017）也发现银行操作距离邻近反而增加了中小企业信贷受限的概率。

银行功能距离的系数显著为负，说明银行跨区域扩张过程导致进入地企业信贷受限。银行功能距离增大会产生银行分支机构与银行决策中心之间的信息不对称和代理人问题，妨碍了银行组织内部信息传递，降低了银行贷款决策效率。该发现与 Alessandrini 等（2009）、Zhao 和 Dylan（2017）的结论一致。进一步引入地方银行业集中度和银行本地化程度，结果显示地方银行业集中度的系数显著为负，也就是说区域银行市场竞争有利于企业信贷获得。竞争型的银行信贷市场能够激发银行借贷意愿，尽可能地占据更多市场份额。另外，银行本地化程度的系数显著为正，说明基于地方网络的关系邻近有效地提高了企业获得贷款的可能性（Ongenah and Smith, 2000），证明了本地银行在盘活本地资金方面具有重要作用。

控制变量方面，企业规模、企业年龄、出口企业的系数是显著为正的，符合预期。这说明客观的企业盈利指标是银行贷款风险防控的重要参考依据，规模越大、成立时间越久、有产品出口的企业更容易被银行认为是信誉良好的企业。而企业所有制的结果显示，外资企业并不天然赢得银行青睐，相比之下，国有企业和集体私营企业的回归结果则显著为正。此外，企业负债程度的系数也显著为正，说明在一定程度上企业负债率高反而是企业经营状况良好的体现，已经取得银行信任的企业被视为信誉良好的企业，后来者的信贷分配存在模仿和跟随行为。除上述外，本文还以企业利息支出占收入比重作为被解释变量进行检验，由于该变量存在取值下限（最小值为 0），故采用 Tobit 模型解决因变量取值受限问题。Tobit 模型（4）~（6）的回归结果与前文基本一致，可以认为 Probit 模型的回归结果是稳健的。

表 6.2 基准回归结果

| 变量 | 企业是否获得银行贷款 | | | 企业利息支出占比 | | |
|---|---|---|---|---|---|---|
| | (1) | (2) | (3) | (4) | (5) | (6) |
| OPER | 0.00119*** | 0.00127*** | 0.00131*** | 0.00004*** | 0.00004*** | 0.00004*** |
| FUNC | -0.020000*** | -0.016100*** | — | -0.000508* | -0.000263 | — |
| HHI | — | -0.8230*** | — | — | -0.0896*** | — |
| LOC | — | — | 2.372*** | — | — | 0.156*** |
| size | 0.14200*** | 0.14300*** | 0.14400*** | 0.00621*** | 0.00633*** | 0.00632*** |
| age | 0.00280*** | 0.00276*** | 0.00265*** | 0.00021*** | 0.00021*** | 0.00020*** |

续表

| 变量 | 企业是否获得银行贷款 | | | 企业利息支出占比 | | |
|---|---|---|---|---|---|---|
| | (1) | (2) | (3) | (4) | (5) | (6) |
| SOE | 0.261*** | 0.258*** | 0.254*** | 0.0197*** | 0.0194*** | 0.0189*** |
| CPOE | 0.563*** | 0.560*** | 0.552*** | 0.0241*** | 0.0238*** | 0.0232*** |
| foreign | 0.018200 | 0.012800 | 0.002630 | -0.000843 | -0.00140 | -0.00207 |
| export | 0.09360*** | 0.09260*** | 0.09180*** | 0.00463*** | 0.00447*** | 0.00455*** |
| indebt | 0.04100*** | 0.04000*** | 0.04090*** | 0.00642*** | 0.00628*** | 0.00644*** |
| region | yes | yes | yes | yes | yes | yes |
| industry | yes | yes | yes | yes | yes | yes |
| Constant | -0.2530*** | -0.0256 | -0.4640*** | -0.0571*** | -0.0313*** | -0.0659*** |
| N | 268821 | 268821 | 268821 | 268821 | 268821 | 268821 |
| log L | -132553.5 | -132542.8 | -132488.6 | 136127.1 | 136150.9 | 136177.6 |
| LR chi2 | 21465.7 | 21487.3 | 21595.5 | 5120.8 | 5168.3 | 5221.7 |

注：***：$p<0.01$；*：$p<0.1$。

### 6.3.2 分区域与分所有制回归结果

接下来，从区域差异的角度，进一步说明各地区的银行业演化过程对企业信贷的影响，结果如表6.3所示。其中，东部和中部地区银行操作距离和银行功能距离的回归结果与全国一致，而西部和东北地区则正好相反。银行操作距离方面，从图6.2可知西部省区的银行操作距离远远大于其他地区，说明西部地区银行网点数量不足是制约企业贷款获得的主要原因之一。另外，东北地区银行网点增长缓慢，在2006—2013年，吉林的银行网点数量持续减少，可见新增银行网点数量不足也会造成企业信贷受限。这也就意味着提高西部和东北地区银行网点密度能有效地缓解企业信贷受限问题。银行功能距离方面，西部和东北地区吸引非本地银行进入可以帮助企业信贷获得，而且仅从银行本地化程度的回归系数的符号也证明了这一点。西部地区银行集中度和银行本地化程度的回归结果均不显著，原因在于西部地区本地银行发展滞后，尚未能弥补国有银行网点撤并留下的市场空缺。

表 6.3 分四大经济区域的回归结果

| 变量 | 东部 (1) | 东部 (2) | 中部 (3) | 中部 (4) | 西部 (5) | 西部 (6) | 东北 (7) | 东北 (8) | 东北 (9) |
|---|---|---|---|---|---|---|---|---|---|
| OPER | 0.1390*** | 0.1510*** | 0.1000*** | 0.0900*** | -0.0004*** | -0.0005*** | -0.1600*** | — | -0.0840*** |
| FUNC | -0.098*** | — | -1.254*** | — | 0.193*** | — | 10.330*** | — | — |
| HHI | -23.040*** | — | 25.800*** | — | -0.237 | — | — | 124.100*** | — |
| LOC | — | 33.240*** | — | 75.190*** | — | -2.039 | — | — | -93.500*** |
| size | 0.144*** | 0.152*** | 0.135*** | 0.132*** | 0.059*** | 0.056*** | 0.151*** | 0.158*** | 0.151*** |
| age | 0.003000*** | 0.003000*** | 0.006000*** | 0.006000*** | -0.001620 | -0.001650 | -0.000591 | -0.001260 | -0.000591 |
| SOE | 0.2290*** | 0.1960*** | -0.0772 | 0.0578 | 0.1390 | 0.1360 | 0.1220 | 0.1790 | 0.1220 |
| CPOE | 0.510*** | 0.426*** | 0.346*** | 0.474*** | 0.405*** | 0.390*** | 0.194*** | 0.262*** | 0.194*** |
| foreign | -0.00409 | -0.06800*** | -0.07820 | 0.02510 | 0.00939 | 0.00492 | 0.03280 | 0.10600 | 0.03280 |
| export | 0.1380*** | 0.1570*** | 0.0264 | 0.0168 | 0.0443 | 0.0563 | 0.2550*** | 0.1830*** | 0.2550*** |
| indebt | 0.09000*** | 0.10900*** | -0.00839 | 0.01260*** | 0.07000*** | 0.07600*** | 0.07000*** | 0.07300*** | 0.07000*** |
| industry | yes | yes | yes | yes | yes | yes | yes | yes | yes |
| Constant | 5.897*** | -3.278*** | -1.869*** | -3.663*** | -0.217 | 1.104*** | -54.980*** | -35.500*** | 10.820*** |
| N | 173262 | 173262 | 51205 | 51205 | 25191 | 25191 | 19163 | 19163 | 19163 |
| LR chi2 | 20497.7 | 24176.6 | 3540.5 | 4856.6 | 291.0 | 228.9 | 3444.0 | 1895.1 | 3444.0 |

注:\*\*\*: p<0.01;\*\*: p<0.05;\*: p<0.1。

此外，地方银行业集中度的系数在东部地区显著为负，而中部和东北地区则显著为正。该结果表明，激烈的银行竞争有利于东部企业获得贷款，东部地区民营经济发达，竞争型的信贷市场促使银行主动扩大放贷范畴；然而中部和东北地区国有经济比重较大，垄断型的地区银行市场有利于这类地区企业信贷获得。类似的结论还可以从区分企业所有制类型的回归结果得到验证（表6.4），垄断的地方银行结构便于国有企业获得贷款，银行本地化程度越高反而越阻碍国有企业获得贷款，东北地区银行本地化程度的系数显著为负也证明了这一点（表6.3）。除此之外，银行操作距离和银行功能距离对国有企业信贷获得的影响几乎完全不显著，主要原因在于国有企业与大型国有商业银行之间长期稳定的合作关系不受银行空间演化的影响。换句话说，中国银行业空间演化过程主要影响非国有企业信贷的获得。

表6.4 区分企业所有制类型的回归结果

| 变量 | 国有企业 | | | 非国有企业 | | |
| --- | --- | --- | --- | --- | --- | --- |
| | (1) | (2) | (3) | (4) | (5) | (6) |
| OPER | 0.000547* | 0.000506 | 0.000604* | 0.001280*** | 0.001380*** | 0.001430*** |
| FUNC | 0.02690 | 0.00231 | — | -0.02870*** | -0.02440*** | — |
| HHI | — | 5.775*** | — | — | -0.893*** | — |
| LOC | — | — | -6.398*** | — | — | 2.968*** |
| size | 0.212*** | 0.206*** | 0.210*** | 0.115*** | 0.116*** | 0.118*** |
| age | -0.00214* | -0.00216* | -0.00214* | 0.00407*** | 0.00402*** | 0.00387*** |
| export | 0.3760*** | 0.3880*** | 0.3790*** | -0.0719*** | -0.0733*** | -0.0742*** |
| indebt | 0.2390*** | 0.2390*** | 0.2390*** | 0.0487*** | 0.0475*** | 0.0482*** |
| region | yes | yes | yes | yes | yes | yes |
| industry | yes | yes | yes | yes | yes | yes |
| Constant | -0.5240*** | -2.1180*** | -0.0936 | 0.4740*** | 0.7170*** | 0.1730*** |
| N | 4975 | 4975 | 4975 | 263846 | 263846 | 263846 |
| log L | -2338.6 | -2326.1 | -2328.5 | -132154.7 | -132142.2 | -132060.0 |
| LR chi2 | 651.6 | 676.6 | 671.7 | 16934.5 | 16959.6 | 17124.0 |

注：***：$p<0.01$；*：$p<0.1$。

### 6.3.3 地方制度环境的影响

改革开放以来，中国经济成功转型有赖于制度变迁，制度因素塑造了当下中国经济地理格局（贺灿飞，2017）。其中，市场化和分权化是中国经济转型的重要力量，市场力量增强了经济活动参与者的自主性，突出了市场配置资源的高效性；分权化则赋予地方政府更多的权力发展本地经济，导致了激烈的区域竞争，激励了地方政府参与竞争和地方保护行为的出现（贺灿飞等，2008）。中国银行业改革是由国有银行市场化和地方性银行兴起二者合力推动的，因此本章分别将市场化力量（$LIB_j$）和分权化的地方力量（$DPT_j$）作为交叉变量引入模型，研究在经济转型背景下银行业空间演化与企业信贷获得的关系。具体地，市场化变量（$LIB_j$）用$j$地区所有企业非国有资本的比重衡量，非国有成分占比越高表明地方经济市场化程度越深；分权化变量（$DPT_j$）用$j$地区人均公共财政支出的自然对数指代，以此表示地方政府发展本地经济的能力和积极性。

含有交叉项的回归结果（表6.5）印证了中国的制度转型的确影响到企业信贷的获得。从表6.5的结果可见，市场化变量的系数显著为正，说明市场化程度深的地区能够促进企业获得贷款，可充分满足企业融资需求，这点可以从浙江、江苏等地民营企业的经营状况得到佐证。银行操作距离本身系数为正，市场化与银行操作距离的交叉项系数亦为正，可见市场化强化了银行操作距离对企业信贷的影响，意味着市场化能够增大银行与企业间安全的信贷距离。另外，银行功能距离本身系数和交叉项系数均显著为负，说明市场化加重了银行空间扩张产生的代理人问题。一般来说，市场化程度越深的地区银行业竞争越激烈，视市场情形而定的银行基层网点放贷决策与银行决策中心可能存在较大分歧，降低了银行空间扩张的效率。

此外，分权化激发了地方力量的崛起，在中国经济转型中起到重要作用。从含有交叉项的回归结果（表6.5）上看，分权化变量系数显著为负，意味着地方力量较强的地区不利于企业从银行获得贷款。事实上，地方力量的崛起往往萌生出地方保护主义，在银行领域表现为阻碍非本地银行进入，本地银行系统不成熟或者本地银行垄断市场都可能导致这类地区企业信贷受限。分权化变量与银行操作距离的交叉项系数为负，而与银行功能距离的交叉项系数则为正，表明分权化过程同时弱化了银行操作距离和银行功能距离对企业信贷获得的作用。这也印证了地方政府有意保护本地企业（胡向婷和张璐，2005），帮助银行网点密集区域却仍信贷受限的企业获得贷款。另外，近年来地方政府有意培植本地银行，减小了银行功能距离，减弱银行功能距离对企业信贷获得的负向影响，有效地改善了企业信贷环境。此外，本章引用 $j$ 地区所有企业的增值税与销售收入的比重替换分权化变量进行稳健性检验，结果与上述完全一致。

表6.5 含有交叉项的回归结果

| 变量 | (1) | (2) | (3) |
| --- | --- | --- | --- |
| OPER | 0.00119*** | −0.00120*** | 0.01325*** |
| FUNC | −0.0200*** | 0.6270*** | −3.2700*** |
| OPER×LIB | — | 0.00271*** | — |
| FUNC×LIB | — | −0.674*** | — |
| OPER×DPT | — | — | −0.0012*** |
| FUNC×DPT | — | — | 0.340*** |
| LIB | — | 3.913*** | — |
| DPT | — | — | −2.6123*** |
| size | 0.142*** | 0.143*** | 0.144*** |
| age | 0.00280*** | 0.00274*** | 0.00538*** |
| SOE | 0.261*** | 0.254*** | 0.138*** |
| CPOE | 0.563*** | 0.561*** | 0.371*** |
| foreign | 0.0182 | 0.0161 | 0.0271 |
| export | 0.0936*** | 0.0943*** | 0.2062*** |
| indebt | 0.0410*** | 0.0408*** | 0.1085*** |
| region | yes | yes | yes |
| industry | yes | yes | yes |
| Constant | −0.253*** | −4.004*** | 24.470*** |
| N | 268821 | 268806 | 265151 |
| log L | −132553.50 | −132450.70 | −124428.25 |
| LR chi2 | 21465.7 | 21661.2 | 35365.1 |

注：***：$p<0.01$。

## 6.4 本章小结

当前研究发现银行分支机构分布的空间差异会影响到企业信贷获得，在信息不对称的假设下，银行操作距离和银行功能距离的变化重新塑造了地方信贷市场。与西方国家银行业大规模兼并重组不同，中国银行业空间演化的动力主要来源于两方面：其一是银行的异地空间扩张，其二是地方性银行的兴起。因此在转型经济制度背景下的中国案例研究更具理论意义和现实意义。此外，现有研究缺乏动态的银行空间演化过程研究。

本章采用银行操作距离和银行功能距离随时间的变化来反映银行业空间演化过程，发现2005—2013年银行功能距离持续降低，而银行操作距离先升高再下降；东部沿海省市的银行操作距离显著小于中西部地区，而各地区银行功能距离除受地理距离影响外主要与银行总行数量呈负相关关系。另外，尽管大多数地区经历了银行网点数量先减少再增加过程，但是各省市区银行的动态演化速率差异较大，银行业市场化改革先重点撤并西部地区网点再加大东部地区银行网点密度。然而，地方性银行的建立打破了纯粹由市场利润决定银行网点密度的格局，使得西部地区银行操作距离同样大幅降低。同时，地方性银行建立的时序和数量决定了各地区银行功能距离的演化过程。

实证结果发现：1. 整体而言，银行操作距离邻近不利于企业信贷获得，银行空间扩张过程产生的信息不对称和代理人问题在中国同样制约企业授信，竞争型的地方银行市场结构和地方性银行的建立能够有效地促进企业信贷的获得。2. 现阶段银行是否放贷给企业仍建立在银企间良好关系的基础之上，通过增加银行网点减小操作距离的做法来改善企业信贷约束仅对西部和东北地区适用，而银行功能距离的降低的确可以帮助非国有企业信贷获得。3. 竞争型的地方银行市场能够提高非国有企业的信贷获得，相反垄断型的地方银行市场更有利于国有企业获得银行贷款。4. 虽然本地银行由于地理邻近便于形成稳固的银企关系，但这仅限于对非国有企业有效，银行本地化进程加剧了地方银行市场的竞争，增强了国有银行风险意识，弱化了国有企业的信贷能力。5. 在中国经济转型的制度背景下，市场化力量有效地缓解了企业与银行之间的信息不对称问题，提高了银行信贷的安全范围，但同时激烈的市场竞争也会增加银行异地扩张的经营风险；而分权化促进了地方力量的加强，地方政府一方面保护本地企业获得贷款，另一方面培植本地银行并改善企业信贷环境。

在中国银行业改革的现实背景和中国转型经济的制度背景下，本章的研究结论对在省级尺度内协调银行与企业信贷关系具有重要的政策指导意义：

首先，在适当的条件下继续大力培植地方性银行建立、成长。本章注意到，地方性银行可显著降低银行功能距离的负向作用，另外银行本地化程度高能够显著提升非国有企业的贷款获得率。随着非国有经济在国民经济构成中的比重越发突出，融资问题长期困扰民营企业，着力发展本地城市商业银行和农村商业银行有助于提高资本在本地循环速率，进而缓解企业融资问题。但在国有经济仍占绝对主导地位的省区，地方性银行发展不宜过快。

其次，银行空间扩张和网点调整在追求利润的同时还应充分考虑地方经济结构和银行信贷市场竞争环境。本章研究结论发现，在现阶段企业从银行得到贷款仍主要依靠银企关系的建立，意味着银行跨区域扩张存在一定的进入门槛。在银行层面，尤其是在东北地区，大型国有商业银行和股份制商业银行需加大国有经济占主导地位的地区银行网点密度，形成市场垄断对其信贷业务拓展更有帮助；城市商业银行未来应适当考虑向银行市场竞争显著促进企业信贷获得的地区扩张，显然进入东部或者西部地区利润空间更大。

最后，地方政府应积极承担起银行和企业两端连接的桥梁作用，给予本地民营企业和新企业融资便利，继续发挥好分权化的地方力量在中国经济转型制度下的重要作用。

# 第七章

## 银行空间演化视角下的地方产业动态演化

## 7.1 引言

金融在当今全世界经济活动中扮演的角色越来越重要，可以说金融化是当今世界经济发展的特征之一，经济的金融化过程重新塑造了经济地理景观（Corpataux et al., 2009；潘峰华等，2015）。金融业从本质上说是空间特征十分鲜明的行业，金融机构作为资本空间流动的媒介，居于当代经济运转的核心地位；另外，金融市场实质上是不透明的，基于不完全信息资本回报和风险判断，所以金融服务只覆盖有限的空间范围。因此有必要重视起金融业的空间属性，一方面，金融业本身就是在一定空间范围内引导资金流动的，另一方面，其对经济发展的影响也只能是地方性的（Corpataux et al., 2009）。关注金融及其空间效应成为经济地理学新的研究领域。

就现实而言，银行仍是中国金融业的主体（李振发等，2018），网点分布也最为广泛，是资本空间流动的重要媒介（戴志敏和朱莉妍，2015）。伴随经济改革，中国银行体系向市场化、多元化的方向发展，银行网点空间布局随之调整（李小建等，2006；彭宝玉和李小建，2009）。以大型国有商业银行纷纷启动上市计划和允许城市商业银行异地经营为标志，国有银行向市场集中（贺灿飞和刘浩，2013）、地方银行兴起、股份制商业银行大举空间扩张等，重新塑造了地方银行信贷市场环境。

基于此，有必要从经济金融化的视角，结合演化经济地理相关研究成果，重新认识银行业空间演化背景下的地方产业演化路径。事实上，金融资本是区域内产业形成和演化的必要投入资源，并且金融投资的流通效率得益于包括天使投资者、风险投资、商业银行等在内的金融机构的判断

(Pollard, 2003; Florida and Smith, 1993; Hekkert et al., 2007; Binz et al., 2016)。一般来说，金融机构对区域产业的影响可能存在两个方面，一方面，金融机构追求短期利益和规避资金回收风险，减少了对创新型企业的资金配置，增加了对扩大生产规模类企业的资金支持，结果抑制了地区产业转型、升级，但可能增大了产业规模；另一方面，金融机构空间演化过程与经济金融化进程相一致，金融化分散了投资风险，降低了金融机构对地方个别企业安全还款的依赖，进而刺激了区域内产业转型和升级。另外，金融化对产业转型也可能产生两个相互矛盾的影响，一方面，金融化能有效地分散风险，降低地区产业转型的机会成本，促进地区产业升级转型；另一方面，金融化也可能阻碍地方产业转型，由于代理人问题，企业管理者往往选择避免转型风险。特别是在中国，由于国有企业仍占主导地位，国有企业的管理者更少有动机主动转型（Rong et al., 2017）。

本章在借鉴演化经济地理有关产业关联思想的基础上，重点从产业和企业两个层面来研究银行的空间演化过程与地方产业演化之间的关系。

## 7.2 研究方法与变量

### 7.2.1 变量

借鉴 Hidalgo 等（2007）关于产业技术关联程度的做法：首先需要识别出城市优势产业（$RCA_{c,i}$），其中 $i$ 为四位数行业，$c$ 为城市。本章利用中国工业企业数据库中企业的从业人数（$Employee$），计算得到 $RCA_{c,i}$，若该数值大于 1，则产业 $i$ 被识别为城市 $c$ 的优势产业（$x_{i,c}$）。接下来，需要计算任意两个行业同时为本地优势产业的条件概率，条件概率最小值即为两产业的技术关联程度（$\varphi_{i,j}$）。该计算方法基于后验视角，认为如果两种产业经常被同一城市生产，则说明他们需要相似的资源、要素、制度环境等，因此两个行业共同出现的概率能够反映他们的技术关联程度。该指标的计算如下：

$$RCA_{c,i} = \frac{Employee_{c,i} / \sum_{i} Employee_{c,i}}{\sum_{c} Employee_{c,i} / \sum_{c,i} Employee_{c,i}}$$

$$x_{i,c} = \begin{cases} 1 & if\ RCA_{c,i} > 1 \\ 0 & otherwise \end{cases}$$

$$\varphi_{i,j} = \min\{P(RCA_{c,i} > 1 \mid RCA_{c,j} > 1),\ P(RCA_{c,j} > 1 \mid RCA_{c,i} > 1)\}$$

最后，需要将产业技术关联落实到地理空间（$d_{i,c}$），即城市的产业关联密度。城市 $c$ 内部存在越多与新产业 $i$ 相关的行业，该指数就越大，表明城市 $c$ 的整体产业结构与新产业 $i$ 相关性越高，城市 $c$ 进入新产业 $i$ 的难度越低。如果城市 $c$ 中很多产业均与新产业 $i$ 相关联，即表明城市 $c$ 具有生产这些产业所需的资源、要素、制度环境等。同时因为这些产业和新产业 $i$ 相关联，所以城市 $c$ 现有的资源、要素、制度环境只需稍加调节，即可满足新产业 $i$ 的需要。换句话说，如果城市 $c$ 中很多产业与新产业 $i$ 高度关联，那么城市 $c$ 进入新产业 $i$ 的难度就很小。

$$d_{i,c} = \frac{\sum_{j} x_{j,c} \varphi_{i,j}}{\sum_{j} \varphi_{i,j}}$$

接下来，城市内银行空间演化变量的具体过程如下：

（1）银行操作距离（Bank Operational Distance）

$$OPER_c = \frac{1}{branches_c / area_c}$$

银行操作距离（$OPER_c$）即为区域银行网点空间密度的倒数，其中 $branches_c$ 为城市 $c$ 内所有银行网点数量，$area_c$ 为城市 $c$ 的市域面积。$OPER_c$ 数值越小表明城市 $c$ 内银行网点与客户空间距离越近，反之则说明银行网点分布越分散。

（2）银行功能距离（Bank Functional Distance）

$$FUNC_c = \frac{\sum_{b=1}^{B_c} [branches_{b,c} \times \ln(1 + D_{c,z_b})]}{\sum_{b=1}^{B_c} branches_{b,c}}$$

在银行功能距离（$FUNC_c$）的计算过程中，$branches_{b,c}$ 为 $b$ 银行在城市 $c$ 的网点数量，$z_b$ 为 $b$ 银行总行所在城市，$D_{c,z_b}$ 为 $c$ 与 $z_b$ 两地之间的欧氏距离，由国家公布的城市经纬度计算得来，$B_c$ 表示城市 $c$ 内的所有银行。$FUNC_c$ 数值越大说明城市 $c$ 内非本地银行大量进入，城市 $c$ 距离银行决策中心距离较远。

（3）地方银行市场竞争环境（Herfindahl-Hirschman Index）

$$HHI_c = \sum_{b=1}^{B_c} \left( \frac{branches_{b,c}}{branches_c} \right)^2$$

地方银行市场竞争环境变量用赫芬达尔-赫希曼指数（$HHI_c$）替代，即计算出银行市场的集中程度。$HHI_c$ 数值在 0 和 1 之间，若该数值越接近 0 则说明城市 $c$ 内银行市场竞争越激烈；若该数值接近 1 则说明城市 $c$ 的银行市场被少数银行垄断。

（4）银行本地化程度（Localization）

银行本地化程度（$LOC_c$）由本地城市商业银行分支机构数量占当地全部银行营业性网点数量的比重来衡量。由于本文研究时限内农村商业银行刚刚兴起，规模较小、网点也较少，因此本章采用本地城市商业银行网点数量占比作为银行本地化程度的指标。

### 7.2.2 研究模型

在产业层面，由于地方优势产业具有更替变化的阶段性特点，本章的计量模型借鉴 Hausmann 和 Klinger（2007）、Boschma 等（2013）、Boschma 和 Capone（2015，2016）的做法，将样本按照当前阶段某产业是否具有比较优势，分为已具有比较优势地区和暂时未有比较优势地区，这样做的好处在于回归结果能够同时分别呈现解释变量对新优势产业形成和原优势产业保持的影响效应。本章建立的计量回归模型如下：

$$\begin{aligned} x_{i,c,t_1} = & \alpha_0 + \alpha_1 x_{i,c,t_0} + \beta_1 x_{i,c,t_0} d_{i,c,t_0} + \beta_2 (1-x_{i,c,t_0}) d_{i,c,t_0} + \beta_3 OPER_{c,t_0} \\ & + \beta_4 (1-x_{i,c,t_0}) OPER_{c,t_0} + \beta_5 FUNC_{c,t_0} + \beta_6 (1-x_{i,c,t_0}) FUNC_{c,t_0} \\ & + \beta_7 HHI_{c,t_0} + \beta_8 (1-x_{i,c,t_0}) HHI_{c,t_0} + \beta_9 LOC_{c,t_0} + \beta_{10} (1-x_{i,c,t_0}) LOC_{c,t_0} \\ & + \gamma_1 x_{i,c,t_0} OPER_{c,t_0} d_{i,c,t_0} + \gamma_2 (1-x_{i,c,t_0}) OPER_{c,t_0} d_{i,c,t_0} \end{aligned}$$

$$+\gamma_3 x_{i,c,t_0} FUNC_{c,t_0} d_{i,c,t_0} + \gamma_4 (1-x_{i,c,t_0}) FUNC_{c,t_0} d_{i,c,t_0}$$
$$+\gamma_5 x_{i,c,t_0} HHI_{c,t_0} d_{i,c,t_0} + \gamma_6 (1-x_{i,c,t_0}) HHI_{c,t_0} d_{i,c,t_0} + \gamma_7 x_{i,c,t_0} LOC_{c,t_0} d_{i,c,t_0}$$
$$+\gamma_8 (1-x_{i,c,t_0}) LOC_{c,t_0} d_{i,c,t_0} + \delta CONTROL_{t_0} + \pi X + \epsilon_{i,c,t_0}$$

其中，$i$ 为所在产业类别，$c$ 表示所在地级市；$t_0$、$t_1$ 分别为解释变量和被解释变量的时间节点，二者具有一定的时间间隔并且 $t_1 > t_0$；$X$ 是一组地区和产业类别的虚拟变量，用以控制区域和行业的差异。系数 $\beta_1$、$\beta_3$、$\beta_5$、$\beta_7$、$\beta_9$ 为解释变量对保持比较优势产业的影响，而 $\beta_2$、$\beta_4$、$\beta_6$、$\beta_8$、$\beta_{10}$ 则为解释变量对新形成比较优势产业的影响。$\gamma_1$、$\gamma_3$、$\gamma_5$、$\gamma_7$ 分别为具有比较优势产业的交叉项系数，而 $\gamma_2$、$\gamma_4$、$\gamma_6$、$\gamma_8$ 则表示暂时未有比较优势产业的交叉项系数。具体地说，若某交叉项系数显著为正，说明该银行的空间演化过程变量强化了地方产业关联密度的影响；而若某交叉项系数显著为负，则说明该银行的空间演化过程变量弱化了地方产业关联密度的影响；另外，如果交叉项系数不显著，也可以认为地方产业关联密度对因变量的解释不存在空间差异（Boschma and Capone，2015）。最后，本文在回归模型中还引入了地方产业的 Theil 系数作为控制变量（$CONTROL_{t_0}$），控制地方产业发展的不均衡性以及产业间的差异。

在企业层面，本章还重点关注银行业市场化改革以来银行网点空间布局调整过程是如何影响城市内新企业进入的。在"演化转向"的研究范式下，资本空间变化有可能改变路径依赖在城市产业发展中的作用机制。因此在回归模型中，本章引入二者的交叉项，这样能够进一步验证银行网点空间演化是否改变路径依赖对城市新企业进入方面的影响，强化路径依赖抑或是帮助城市产业实现路径打破。

$$y_{i,c,t_1} = \alpha + \beta_1 d_{i,c,t_0} + \beta_2 B_{c,t_0} + \gamma C_{i,c,t_0} + \delta X + \epsilon_{i,c,t_0}$$

式中，$y_{i,c,t_1}$ 为因变量，即城市 $c$ 内产业 $i$ 新企业进入数量；$d_{i,c,t_0}$ 为产业技术关联方面的解释变量；$B_{c,t_0}$ 为城市银行业空间演化方面的解释变量；$C_{i,c,t_0}$ 表示控制变量；$X$ 是所在城市与所属行业的虚拟变量，分别用来控制地方固定效应和行业固定效应；$\epsilon_{i,c,t_0}$ 为误差项；$\alpha$ 为常数项，$\beta$、$\gamma$、$\delta$ 分别为对应变量的系数。

### 7.2.3 数据来源

产业与企业相关数据来源于中国工业企业数据库。银行方面数据整理自国家金融监督管理总局网站金融许可证信息。考虑到数据的可获得性，本章的研究时限为2007—2011年。由于本章的研究时段正处于中国银行业市场化改革初期，外资银行市场份额较低，农村商业银行刚刚起步，为确保数据的完整性和连贯性，本章选用的商业银行数据只涉及大型国有商业银行、股份制商业银行、城市商业银行三种类型。另外，文中银行网点是指除总行外的所有营业性分支机构，包括各级分行、支行、分理处、储蓄所等。

### 7.2.4 现象描述

#### 7.2.4.1 银行信贷与地方产业演化的关系

演化经济地理的相关研究已经证实，在内生因素影响下地方产业演化路径往往取决于本地的产业关联密度，有向产业关联密度较高方向演化的趋势。图7.1的散点图也证明了上述观点，图中横轴为2007年各地级市尺度暂时没有比较优势产业的平均产业关联密度，纵轴为2007—2011年各地级市从不具有比较优势的产业转变成为具有比较优势产业的数量的比重。从图7.1可以明显看出，本地没有比较优势的平均产业关联密度与成功转型为具有比较优势产业的比例之间是正相关关系，说明地方产业往往向产业关联密度高的方向演化。本章按照2007年各地级市中获得银行贷款的企业比重由高到低平均分为两组，其中7.1（a）图为获得银行贷款企业数量比重排序在前50%城市的散点图，7.1（b）图则为获得银行贷款企业数量比重排序后50%城市的散点图。从7.1（a）、7.1（b）两图的散点分布特征可以看出，尽管各地级市企业获得银行贷款的能力不同，但整体上产业演化方向与产业关联密度呈正相关关系。然而，比较两图的散点趋势线可以发现，获得银行贷款企业数量比重在前50%的城市散点趋势线斜率显著大于后50%城市的散点趋势线。由此可以推断，获得银行贷款可能会影响地方产业演化。通过对比两趋势线斜率大小，还可以看出在银行贷款的帮助下地方产业有可能向与本地产业关联密度较低的方向演化。

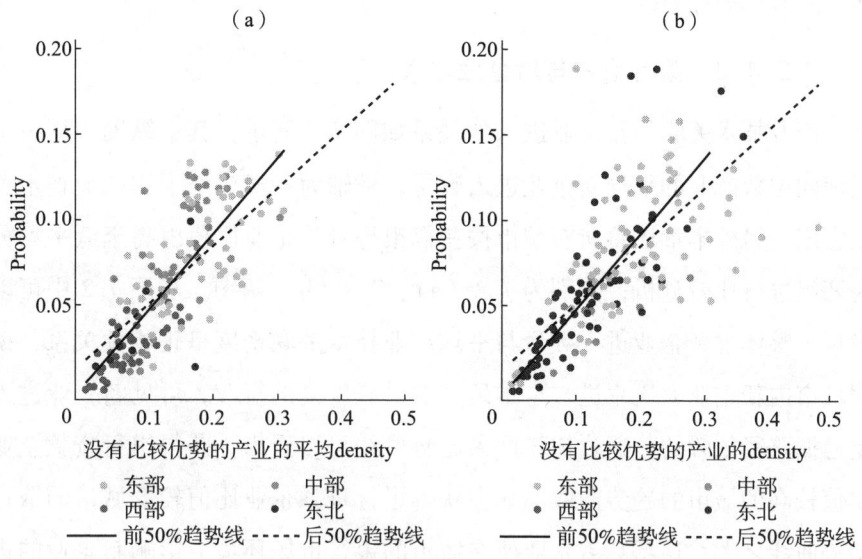

图 7.1　2007—2011 年 density 与比较优势产业形成的关系

除此之外，各地区城市的企业在银行贷款获得和产业演化方面呈现出差异化的空间分布特征。其中，东北地区的城市绝大多数集中在后 50% 的散点图内，说明东北地区的金融环境相较其他地区可能制约了企业获得银行贷款，而在 7.1（b）图中东北城市的散点多分布在趋势线之上，意味着东北地区产业基础雄厚，较小产业关联密度也可能实现产业转型。相比之下，西部地区暂时没有比较优势的产业的关联密度明显小于其他区域，说明西部地区整体上产业基础较为薄弱，如果产业转型过于依赖产业关联密度可能内生动力不足，需要借助外部力量。东部地区城市散点集中分布在图中的右上方，也就是说东部地区产业关联密度普遍高于其他地区，因而如图 7.1 所示产业转型的概率也明显大于其他地区。另外，中部地区城市散点主要集中在东部与西部地区之间。基于图 7.1 的散点分布规律，可以推测整体上产业基础决定了产业关联密度的高低，而产业关联密度直接正向影响产业转型的概率。尽管如此，通过比较 7.1（a）、7.1（b）两图趋势线斜率大小，还可以发现获得银行贷款企业数量比重较高的城市的趋势线斜率更大。这意味着地方产业转型的概率不仅受到本地产业关联密度的影响,而且地方银行市场环境同样可能促进或者阻碍产业转型的发生,具体情况有待后续验证。

#### 7.2.4.2 银行信贷与新企业进入

产业技术关联与新企业进入的关系如图7.2所示,其中纵轴为地级市层面四位数产业的平均新企业进入数量,横轴为各城市的平均产业技术关联密度,另外本章还将所有城市按获得银行贷款企业比值由高至低平均分为两组进行比较分析,分别为7.2(a)、7.2(b)两图。从图7.2中可以发现,整体上新企业进入数量与平均产业技术关联密度呈正相关关系,说明城市内新企业大概率进入与本地产业关联度高的行业,可见新企业进入是遵循路径依赖的。通过比较两条趋势曲线可以看出,获得银行贷款企业比值较高的城市的趋势曲线明显在获得银行贷款企业比值较低城市的散点趋势曲线之上,这意味着企业所在城市的银行市场环境会影响新企业的进入情况,容易获得银行贷款的地方金融环境可能会刺激新企业进入与本地产业技术关联度较小的行业,实现路径打破。不仅如此,本文还进一步将城市按所在区域划分,可以明显地看出散点分布的区域差异性。整体上各区域散点均呈现出新企业进入数量与城市平均产业技术关联密度呈正相关关系的特征,然而各地区城市散点则呈现出集中分布的特征,其中西部地区城市集中在散点图底部。另外,东北地区城市主要分布在7.2(b)图,说明东北地区城市内企业获得银行贷款的比值较低,银行信贷提供的资金支持力度薄弱。

从图7.2中可以发现,新企业进入数量与本地产业技术关联密度呈正相关关系,类似的结论已经得到证实。本章将进一步验证如下假设:新企业优先进入与城市内产业技术关联密度较高的行业,地方银行市场环境的变动能够改变新企业的进入路径,改善企业信贷环境可以帮助企业渡过成立初期的生存难关,这样的银行网点空间演化过程甚至可能帮助新企业克服路径依赖,实现地方产业多元化发展。

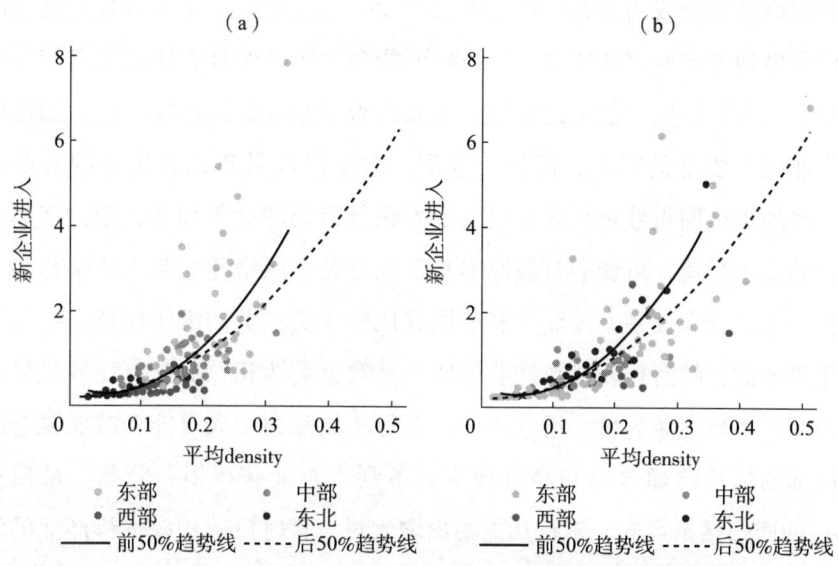

图 7.2 2007—2011 年 density 与新企业进入的关系

## 7.3 产业演化方面的实证结果分析

### 7.3.1 基准回归结果

在地方产业转型方面，被解释变量 $x_{i,c,t_1}$ 表示 $t_1$ 时期产业 $i$ 是否具有比较优势，考虑到 $x_{i,c,t_1}$ 为 0 或 1 的虚拟变量，故此处采用 Logist 模型回归，回归结果如表 7.1 所示。从表 7.1 可以发现，无论当期是否为优势产业，产业关联密度的回归系数始终显著为正，证明了产业关联密度能够有效地促进地方产业向产业关联密度较高的产业演化，而且 $t_0$ 时期已经具有比较优势的产业能够继续保持比较优势。

银行空间演化相关变量对地方产业转型的影响如表 7.1 中模型（2）的回归结果所示，其中银行操作距离对当期具有比较优势产业的影响显著为正，而对暂时没有比较优势产业的影响显著为负，说明银行操作距离的增加有利于已经具有比较优势的产业继续保持，而对于没有比较优势的产业则阻碍其转型成为具有比较优势的产业。也就是说,增大银行网点密度可以帮助地方产业成功转型,但同时可能会损害已经具有比较优势产业的地位。地方银行网点数量的增加一方面改善了企业信贷市场环境,满足更多企业对于资金的需求,而另一方面,对于已经具备比较优势的产业而言,增加银行网点数量无异于提高地方银行市场的竞争程度,银行将面临激烈的竞争环境,可能会打破原本基于地方关系网络建立起来的银行与企业间的信贷合作关系,反而不利于原有比较优势产业的继续保持。银行功能距离方面,具有比较优势产业的回归系数显著为正,而没有比较优势产业的回归系数显著为负。通常来说,银行功能距离增大可能会减弱银行组织内部的信息传递效率和经营效率,不利于企业获得银行贷款。从模型(2)的回归结果可知,银行功能距离增大对于暂时没有比较优势产业的转型是不利的,原因在于银行功能距离增大会阻碍企业获得银行信贷。与此相反,对于已经具有比较优势的产业而言,银行功能距离增大反而促进比较优势的继续保持,原因是随着非本地银行的进入,银行与企业原合作关系可以在进入地重新得到复制,另外,非本地银行进入初期需要一段时间来熟悉了解当地的信贷市场环境,选择优先贷款给本地具有比较优势产业的企业也有助于银行控制信贷风险。

表7.1 地方优势产业形成的回归结果

| 变量 | (1) | (2) | (3) |
|---|---|---|---|
| $x_{i,c,t_0}$ | 4.249*** | — | 1.491*** |
| Density on current | 3.568*** | — | 8.344*** |
| Density on new | 9.427*** | — | 2.356** |
| OPER on curr. | — | 0.000142** | -0.000142 |
| OPER on new | — | -0.000258*** | -0.000539*** |
| FUNC on curr. | — | 0.296*** | 0.193*** |
| FUNC on new | — | -0.0813*** | -0.1430*** |
| HHI on curr. | — | 1.347*** | 1.172* |
| HHI on new | — | -2.276*** | -2.062*** |

续表

| 变量 | (1) | (2) | (3) |
| --- | --- | --- | --- |
| *LOC on curr.* | — | 2.406*** | 1.093** |
| *LOC on new* | — | -0.826*** | -0.816*** |
| *OPER×density on curr.* | — | — | 0.00419*** |
| *OPER×density on new* | — | — | 0.0106*** |
| *FUNC×density on curr.* | — | — | -0.826*** |
| *FUNC×density on new* | — | — | 0.228 |
| *HHI×density on curr.* | — | — | 2.001 |
| *HHI×density on new* | — | — | 28.39*** |
| *LOC×density on curr.* | — | — | -2.861 |
| *LOC×density on new* | — | — | 4.862*** |
| *Theil* | -0.271*** | 0.265*** | -0.349*** |
| *province* | yes | yes | yes |
| *industry* | yes | yes | yes |
| *Constant* | -5.037*** | -0.564*** | -4.288*** |
| *N* | 160272 | 158841 | 158841 |
| *Log likelihood* | -40124.102 | -41434.883 | -39399.376 |
| *Chi-squared* | 44592.93 | 40990.06 | 45061.08 |
| *Pseudo $R^2$* | 0.3572 | 0.3309 | 0.3638 |

注：***：$p<0.01$；**：$p<0.05$；*：$p<0.1$。

在地方银行市场结构方面，赫芬达尔-赫希曼指数测算了地方银行市场竞争环境，若该指标数值越大则说明银行市场的集中度越高，地方信贷市场被某家或某几家银行垄断，若集中度越低则表明地方信贷市场竞争越激烈，在基层网点数量上没有一家银行占据绝对多数。已有研究证明垄断型的地方银行信贷市场，银行放贷决策主要基于与企业关系的亲疏判断，然而竞争型的信贷市场，银行放贷决策以防控信贷风险为主，基于企业营利水平和违约风险作出评价。从表7.1中模型（2）的回归结果可以得知，具有比较优势的产业的系数显著为正，而没有比较优势的产业的系数显著为负。这意味着银行市场集中度越高越有利于已经具有比较优势的产业继续保持，对于那些暂时还没有比较优势的产业而言，竞争型的地方银行信贷市场更能帮助这类产业实现转型。从中可以想见，在地方具有比较优势的产业需要与银行长期合作，因此，竞争型的地方银行信贷市场有可能促使银企间的合作关系被打破，相比之下，垄断型的地方信贷市场更能够帮助保持已经拥有的比较优势。而尚未具有地方比较优势的产业需要持续的资金支持，而充分竞争的信贷市场能够促进银行拓宽市场，扩大信贷覆盖面，客观上刺激了地方产业转型的发生。最后，银行本地化程度也会显著影响产业转型，具体来说，已经具有比较优势的产业的回归系数显著为正，尚未具备比较优势的产业的回归系数显著为负。可见银行本地化程度对不同类型产业的影响是存在差异的。具体来说，银行本地化程度越高越有利于产业保持住已经取得的比较优势，而没有比较优势的产业则更需要非本地银行的进入，以加大本地银行信贷市场的竞争力度。近年来，随着银行业改革进程的深入，各地纷纷建立起地方性的城市商业银行，一方面，银行本地化进程增强了地方掌控资金配置流向的能力，另一方面，本地银行的迅速扩张可能会改变地方银行信贷市场环境，其他银行经营策略也会相应地做出调整。由回归结果可以想见，银行本地化程度越高越会迫使银行信贷转向已经具有比较优势的产业，以避免在竞争中失利，因此银行本地化程度越高反而越使已经具有比较优势的产业地位得到加强，而减弱了尚未具有比较优势的产业成功转型的可能性。

另外，表7.1中模型（3）中交叉项的回归系数可以帮助我们了解银行空间演化过程将如何影响地方产业关联密度对产业动态演化进程的作用，帮助弥补演化经济地理学在此理论研究上的空白。一般来说，地方的产业关联密度与产业演化方向是显著且呈正相关的，地方在产业关联网络中的密度越大则说明这个地方在该产业积累的相关多样化知识越丰富，地方产业更大概率向此方向演化。模型（3）的回归结果显示，银行操作距离与具有比较优势的产业的产业关联密度和暂时没有比较优势的产业的产业关联密度的交叉项回归系数均显著为正，这说明增加银行操作距离能够强化地方产业关联密度在产业演化中的促进作用。增加地方银行操作距离可以强化地方产业演化过程中对产业关联密度的依赖，而且无论在现阶段产业是否具有比较优势。然而，从现实出发，地方银行基层网点数量整体上呈现出增加的趋势，可以认为地方银行操作距离持续下降。事实上，缩短银行操作距离反而弱化了产业关联密度在地方产业演化过程中的作用。换句话说，随着地方银行网点密度的增加，实质上起到促进地方产业演化的作用，帮助当地有机会向产业关联密度较小的产业方向演化，实现路径打破。接下来，从模型（3）的回归结果还可以看到，银行功能距离只有与具有比较优势的产业的关联密度的交叉项回归系数显著为负，与没有比较优势产业的交叉项回归系数不显著。这样的结果可以想见，增加地方银行功能距离实质上减弱了产业关联密度对保持产业比较优势的作用，而没有比较优势的产业对银行功能距离的变化并不敏感，没有比较优势的产业更需要高产业关联度的知识溢出。另外，具有比较优势的产业的关联密度与地方银行市场集中度的交叉项回归系数为正但不显著，而没有比较优势的产业的关联密度与地方银行市场集中度的交叉项回归系数显著为正。这样的结果可以理解为垄断型的地方银行信贷市场增强了产业关联密度在地方产业转型中的促进作用。垄断型的地方银行信贷市场限制了暂时没有比较优势的产业获得比较优势，并且弱化了地方银行体系在产业演化过程中的作用，突显了产业关联密度的重要作用。相反，竞争型的地方银行信贷市场弱化了没有比较优势的产业对产业关联密度的路径依赖。同样，银行本地化程度的交叉项回归系数也呈现出类似的回归结果。可以想见，银行本地化程度越高，实质上越阻碍地方产业演化的进程，也弱化了地方建立本地银行在产业演化过程中的推动作用，增强了产业关联密度在产业演化过程中的重要性。模型（3）中交叉项的回归结果有效地证明了现实的银行空间演化过程的确会减弱产业关联密度在产业转型中的作用，而且还可以发现银行空间演化过程对尚未具有比较优势的产业的关联密度影响更甚于已经具有比较优势的产业，垄断型或本地化程度高的地方银行信贷市场环境反而使得产业关联密度对暂时没有比较优势的产业的影响得到加强。

### 7.3.2 分区域回归结果

从分区域的交叉项回归结果（表 7.2）还可以看出，增加银行操作距离起到了强化东部和东北地区产业关联密度的作用,然而增加银行操作距离只对中部和西部地区没有比较优势的产业关联密度起到加强的作用。这意味着,地方银行网点数量的增长将会减弱产业关联密度对目前没有比较优势的产业演化的促进作用,也可以说银行在全国各个范围都会帮助地方性银行向与本地产业关联密度低的产业方向演化。另外,银行操作距离并不会对中部和西部地区具有比较优势的产业的技术关联密度产生显著影响,可以认为中、西部地区银行网点密度还不足以影响产业关联密度。银行功能距离与具有比较优势的产业的关联密度的交叉项在东部和东北地区的回归系数显著为负,而中部和西部地区的回归系数也为负,但并不显著。这说明银行在东部和东北地区的异地扩张过程显著地减弱了具有比较优势的产业的技术关联密度对产业演化的影响,而在中部和西部地区则不然。另外,银行功能距离与没有比较优势的产业的关联密度的交叉项只有在西部地区的回归系数显著且为负,可以认为非本地银行进入西部地区会弱化没有比较优势的产业关联密度的影响力。由此可以认为,西部地区产业基础相对薄弱,外来银行的进入能够帮助地方产业实现转型升级。地方银行集中度的交叉项只有在中部和西部地区表现出显著正相关关系,而东部和东北地区的回归系数不显著。由此可以得知在中部和西部地区垄断型的地方银行市场结构能够减弱产业关联密度对产业演化的作用。原因在于地方性的银企关系在垄断型的银行市场结构中变得更为重要,新企业或小型企业有机会基于本地关系网络获得银行信贷支持。最后,银行本地化程度对于没有比较优势的产业关联密度的作用除了在西部地区不显著,其他区域均显著,但在东部地区显著为负而在中部和东北地区则显著正相关。这意味着在东部地区本地银行的设立实质上减弱了没有比较优势的产业关联密度对产业转型的作用,而在中部和东北地区则增强了产业关联密度的影响力。可见,在中部和东北地区本地银行基础薄弱更愿意贷款给产业关联密度较高的产业,以降低银行信贷风险,这反而强化了产业关联密度在地方产业转型中的作用。

表7.2 分区域交叉项的回归结果

| 变量 | 东部 | 中部 | 西部 | 东北 |
| --- | --- | --- | --- | --- |
| $x_{i,c,t_0}$ | 2.485*** | 2.597* | 3.678*** | −0.524 |
| Density on current | 10.740*** | −0.889 | 4.532 | 17.290* |
| Density on new | 9.019*** | −1.125 | 8.473*** | −5.460 |
| OPER on curr. | −0.00290 | −0.00278 | 9.61e−05 | −0.00195 |
| OPER on new | −0.00876*** | −0.00768*** | −0.00030*** | −0.00193** |
| FUNC on curr. | 0.3530*** | 0.0747 | 0.0209 | 0.9320** |
| FUNC on new | 0.0451 | −0.3430*** | −0.0282 | −0.0321 |
| HHI on curr. | 0.767 | −4.645* | −0.372 | −8.597 |
| HHI on new | 1.7490 | −0.0324 | −2.4170*** | −2.1160 |
| LOC on curr. | 1.363 | −1.246 | 1.386 | 2.751 |
| LOC on new | 1.693*** | −2.635*** | −0.275 | −2.832*** |
| OPER×density on curr. | 0.0261** | 0.0224 | 0.000198 | 0.0376*** |
| OPER×density on new | 0.0653*** | 0.0620*** | 0.00708*** | 0.0443*** |
| FUNC×density on curr. | −1.167*** | −0.510 | −0.636 | −3.714** |
| FUNC×density on new | −0.267 | 0.740 | −0.902** | 1.522 |
| HHI×density on curr. | −3.937 | 25.920** | 18.040*** | 21.170 |
| HHI×density on new | 3.212 | 16.110** | 36.940*** | −1.112 |
| LOC×density on curr. | −3.819 | 6.611 | −5.834 | −10.130 |
| LOC×density on new | −5.741** | 12.360*** | 2.384 | 26.670*** |
| Theil | −0.391*** | −0.402*** | −0.670*** | 0.269 |
| province | yes | yes | yes | yes |
| industry | yes | yes | yes | yes |
| Constant | −5.929*** | −1.584*** | −3.547*** | −2.217** |
| N | 41499 | 39114 | 61056 | 17172 |

续表

| 变量 | 东部 | 中部 | 西部 | 东北 |
|---|---|---|---|---|
| Log likelihood | -13813.844 | -11504.341 | -9320.2139 | -4332.6233 |
| Chi-squared | 13423.91 | 10560.92 | 13857.15 | 4592.04 |
| Pseudo $R^2$ | 0.3270 | 0.3146 | 0.4264 | 0.3464 |

注：***：$p<0.01$；**：$p<0.05$；*：$p<0.1$。

### 7.3.3 稳健性检验

为进一步检验上文回归结果的稳健性，本节将对density的计算过程中的是否为当地具有比较优势产业的判断标准分布设置为0.8和1.2重新计算，另外也将计量模型改用Probit模型重新回归，二者得到的结果与上文基本一致，因此回归结果并未一一展示。

## 7.4 新企业进入方面的实证结果分析

### 7.4.1 基准回归结果

考虑到城市产业结构可能影响新企业进入，本节在回归模型中加入城市产业结构的泰尔指数（Theil index）作为控制变量。另外，本节还控制了可能对回归结果产生影响的地区效应和行业效应。通过皮尔逊相关系数检验并未发现变量间存在严重的共线性（相关系数均小于0.6），由于本文篇幅有限而未展示相关系数结果。为避免可能存在的内生性问题，解释变量取自2007年的数据，而新企业进入数量则为2008—2011年的总和。事实上城市内新成立企业数量为自然数，故此处采用泊松回归模型（Poisson regression），回归结果如表7.3所示。

城市产业技术关联密度的系数显著为正，说明新企业往往出现在城市具有比较优势的产业类型中，这符合预期。一般而言，新企业成立之初各方面均较为薄弱，依赖城市内已经成型的产业路径可以帮助新企业存活、成长，为建立在本地认知邻近基础上的产业技术关联网提供了专业知识的传播媒介，尤其便于获取隐性知识。银行网点空间演化过程的影响，如表7.3中回归模型（2）所示。从中可以发现银行操作距离变量的回归系数显著为负，这意味着银行网点数量匮乏会制约新企业的进入，提升城市内银行网点密度才能刺激新企业进入。通常来说，银行网点密度的提升丰富了信贷资源，企业获得银行信贷的机会大增，而且银行网点数量的增多也意味着银行间的竞争越发激烈，反而促使银行放宽信贷审批条件。面临激烈的银行市场竞争，原本缺乏抵押能力的新企业反而更容易获得银行贷款。这样的银行市场空间提供了较为宽松的创业环境。接下来，银行功能距离的回归系数显著为正。外来银行的进入重构了城市内的银企关系，有利于形成规范的地方银行市场。一方面，信贷资源增加，另一方面，外来银行需要尽快打开当地市场，抢先贷款给新企业符合扩展市场空间的需求。接下来，城市银行市场环境变量的回归结果显示，充分竞争的银行市场环境能更有效地吸引新企业进入。从银行的角度来说，银行间激烈的市场竞争会促使银行网点主动开拓新的市场，原本信贷评价不高的新企业反而有机会获得银行贷款支援。城市内银行本地化程度变量的回归结果不显著，本地银行网点数量的增加并没有带动创业浪潮。事实上，以城市商业银行为主的本地银行成立时间较晚，银行规模相比国有商业银行和股份制商业银行仍有一定差距，只有稳妥的市场策略才符合实际。考虑到新企业信贷风险较大，不排除本地银行采取谨慎的信贷策略。

在此基础上，本节进一步验证了银行业空间演化如何影响新企业进入的路径依赖过程，如表7.3中模型（3）交叉项的回归结果所示。从中可以发现增大银行操作距离可以强化产业技术关联密度对新企业的依赖作用，意味着增加城市内银行网点数量反而帮助新企业摆脱对本地产业发展路径的依赖，进而实现路径打破。可以想见，提升城市内银行网点密度潜在地提升了新企业获得信贷的可能性，有资金支持的新企业自主能力增强，打破了原有路径。银行功能距离与产业关联密度交叉项的回归结果也证明了这一点。随着非本地银行的大量进入，拓宽了新企业的信贷来源，进一步帮助企业实现了路径突破。城市银行市场竞争环境的交叉项结果显著为正，反而说明充分竞争的地方银行市场间接地弱化了产业关联密度的作用。良性的地方银行市场环境有利于新企业实现路径打破。银行本地化的交叉项回归结果显著性水平较低，加之本身在表 7.3 模型（2）中不显著，基本可以认为银行的本地化程度对新企业的进入方面没有显著影响。

表 7.3 新企业进入的回归结果

| 变量 | (1) | (2) | (3) |
|---|---|---|---|
| $Density$ | 10.16*** | — | 10.22*** |
| $OPER$ | — | -0.000263*** | -0.000852*** |
| $FUNC$ | — | 0.0965*** | 0.1070** |
| $HHI$ | — | -4.945*** | -4.832*** |
| $LOC$ | — | 0.203 | 0.577* |
| $OPER×Density$ | — | — | 0.0116*** |
| $FUNC×Density$ | — | — | -0.695*** |
| $HHI×Density$ | — | — | 21.72*** |
| $LOC×Density$ | — | — | -2.068* |
| $Theil$ | -0.886*** | -0.151 | -0.814*** |
| $province$ | yes | yes | yes |
| $industry$ | yes | yes | yes |
| $Constant$ | -2.319*** | 2.393*** | -2.921*** |
| $N$ | 159028 | 157591 | 157591 |
| $Pseudo\ R^2$ | 0.3768 | 0.2853 | 0.3835 |

注：***：$p<0.01$；**：$p<0.05$；*：$p<0.1$。

## 7.4.2 分区域回归结果

考虑到新企业的进入可能存在的区域差异（图 7.2），本节接下来分区域进行检验，回归结果如表 7.4 所示。结果显示各地区的新企业进入都不同程度地存在路径依赖特征，新企业总是优先进入具备相关产业基础的行业。在银行网点空间演化方面，本文发现银行操作距离的回归结果没有表现出明显的区域特征。银行功能距离则不然，本文发现在西部和东北地区非本地银行的进入反而制约了新企业成立，其中东北地区显著性水平更高。一般来说，国有商业银行、股份制商业银行以及规模较大的城市商业银行均位于东部地区，银行网点的空间扩张造成银行总行与分支机构之间的距离增大，降低了银行内部组织效率。为控制地理距离可能产生的"代理人问题"，银行信贷的上级审批机构对新企业的信贷申请持谨慎态度，反而制约了新企业成立。这样就能够解释中部地区的系数不显著的问题。城市银行市场环境变量只有在东北地区表现出明显的差异，正相关的回归结果说明垄断的地方银行市场有利于新企业成立。一直以来，东北地区产业结构中国有成分比重较大，新企业往往难以生存，因此东北地区也被认为是缺乏创新活力的金融地区。另外，从图 7.2 中也可以看出东北地区的企业面临较为严峻的银行信贷紧缩。建立稳固的银企关系是解决企业资金来源的有效途径之一。然而，只有垄断型的银行市场才有机会通过地方的社会关系网络搭建渠道，帮助新成立企业获得银行信贷支持。东北地区银行本地化程度变量的回归结果显示，本地银行网点数量的增加反而阻碍了新企业进入，这也从侧面证明了这一点。从而可以认为，东北地区城市需要培育国有及股份制商业银行垄断的地方银行市场地位，才能更有效地促进创新创业行为。接下来，银行本地化程度的影响区域差异明显，除了东北地区，东部地区呈现显著正相关。可以想见，东部地区私营经济发达需要大量资金周转，本地银行的成立有效地改善了中小型企业的信贷环境，同时也吸引新企业进入。

同样，银行空间演化变量与产业关联变量交叉项的回归结果也表现出类似的区域特征。具体来说，在东北地区非本地银行的大量进入增强了新企业对产业演化路径的依赖作用，显然在银行功能距离显著为负的东北地区，非本地银行的进入无疑加剧了成立新企业的难度，只能加深对产业路径的依赖。类似地，从银行市场竞争环境和银行本地化程度的两个交叉变量回归结果也可以看出，提高本地银行网点数量加剧城市银行市场的竞争，反而不利于东北地区实现路径突破。然而东部地区则与之完全相反，非本地银行进入和地方性银行的兴起都能有效地帮助东部地区城市加快实现路径突破。由此可以认为，当前银行业空间演化过程能够激发东部地区的创业热情,丰富城市的产业类型,实现产业转型。相比之下,东北地区城市则需要保持国有商业银行或者股份制商业银行的垄断地位。

表7.4 分区域回归结果

| 变量 | 东部 | 中部 | 西部 | 东北 |
| --- | --- | --- | --- | --- |
| $Density$ | 9.751*** | 13.320*** | 10.310*** | 2.559* |
| $OPER$ | -0.0168*** | -0.0124*** | -0.000399*** | -0.00444*** |
| $FUNC$ | 0.2400*** | 0.0241 | -0.1120* | -0.1780*** |
| $HHI$ | -4.139*** | -2.304* | -2.314*** | 2.342*** |
| $LOC$ | 1.953*** | -0.916 | -0.832* | -2.947*** |
| $OPER \times Density$ | 0.09100*** | 0.06060*** | 0.00713*** | 0.03510*** |
| $FUNC \times Density$ | -0.957*** | -1.158** | -0.455 | 1.952*** |
| $HHI \times Density$ | 13.60*** | 26.73*** | 19.49*** | -29.28*** |
| $LOC \times Density$ | -4.070** | -0.323 | 3.660 | 19.520*** |
| $Theil$ | -0.998*** | -0.892*** | -1.138*** | -0.306** |
| $province$ | yes | yes | yes | yes |
| $industry$ | yes | yes | yes | yes |
| $Constant$ | -2.749*** | -1.588*** | -1.246*** | -0.582* |
| $N$ | 41673 | 39757 | 58917 | 17244 |
| $Pseudo\ R^2$ | 0.3100 | 0.2810 | 0.3652 | 0.4013 |

注:***: $p<0.01$;**: $p<0.05$;*: $p<0.1$。

### 7.4.3 稳健性检验

为确保上述结论真实可靠,本节还进行了如下稳健性检验。首先,将城市内产业技术关联密度替换为城市优势产业,即认为城市内具有比较优势的产业有更大概率实现技术溢出,回归结果如表7.5中稳健性检验(1)所示。可以发现稳健性检验(1)的回归结果与上文基本一致。接下来,本节还用Probit模型替换泊松回归模型重新回归,结果见表7.5中稳健性检验（2），可以发现除了银行功能距离变量的回归系数为正但不显著，其他结果与上文一致。基于上述稳健性检验的结果，基本可以认为上文得到的结论是可靠的。

表 7.5 稳健性检验

| 变量 | 稳健性检验（1） | 变量 | 稳健性检验（2） |
| --- | --- | --- | --- |
| $RCA$ | 1.060*** | $Density$ | 5.936*** |
| $OPER$ | −0.0006*** | $OPER$ | −0.0002*** |
| $FUNC$ | 0.107*** | $FUNC$ | 0.00639 |
| $HHI$ | −5.983*** | $HHI$ | −1.287*** |
| $LOC$ | −0.0475 | $LOC$ | −0.196* |
| $OPER \times RCA$ | 0.0008*** | $OPER \times Density$ | 0.0039*** |
| $FUNC \times RCA$ | −0.0298 | $FUNC \times Density$ | −0.160** |
| $HHI \times RCA$ | 3.870*** | $HHI \times Density$ | 9.147*** |
| $LOC \times RCA$ | 0.615*** | $LOC \times Density$ | 1.728*** |
| $Theil$ | −0.180* | $Theil$ | −0.284*** |
| $province$ | yes | $province$ | yes |
| $industry$ | yes | $industry$ | yes |
| $Constant$ | 1.784*** | $Constant$ | −2.217*** |
| $N$ | 157,591 | $N$ | 157,591 |
| $Pseudo\ R^2$ | 0.4150 | $Pseudo\ R^2$ | 0.2752 |

注：***：$p<0.01$；**：$p<0.05$；*：$p<0.1$。

## 7.5 本章小结

改革开放以来，中国银行业经历了一系列调整，银行网点的空间分布随之演变，进而影响城市层面资金渠道的变动。本章主要研究银行业空间演化过程与地方产业动态演化之间的关系，分别从产业和企业两个层面进行检验。本文认为中国银行业空间演化过程可以概括为银行操作距离变化、银行功能距离变化、地方银行市场竞争环境变化以及银行本地化程度变化，从这四个方面总结出银行在地级尺度上的空间分布规律。以此作为本文解释基础，从产业层面和企业层面分别验证其对地方产业演化和新企业进入的作用。本章还创造性地引入演化经济地理学中产业技术关联的概念，从相关多样化和产业动态的视角分析银行空间演化过程对地方产业发展的影响。在理论上，本章尝试将演化经济地理学的前沿研究与金融地理研究相结合，开辟了二者交叉研究的可能性，实现了理论创新。就现实而言，本文认识到经济的金融化趋势正在迅速影响着地方产业发展的方方面面，这对于理解当前的产业动态演化具有实际意义。不仅如此，银行作为中国最主要、最基础的金融部门，研究关注银行业空间演化过程有利于把握今后中国经济金融化浪潮中的主流方向。

本章主要的研究结论与政策建议总结如下：

(1) 中国银行业空间演化过程在地方产业转型和新企业进入方面的确起到了重要作用。银行网点数量的增长以及银行跨区域扩张过程都显著地促进了地方产业转型和吸引新企业进入，特别是暂时没有比较优势的产业类型。新企业有更大概率出现在竞争型的地方银行市场环境中，同时这样的银行市场环境还有利于没有比较优势的产业实现产业转型升级，相比之下具有比较优势的产业在垄断型的地方银行市场更有利于优势保持。银行本地化进程对于具有比较优势的产业而言，无论是产业转型还是新企业进入都能起到正向促进作用，但对于没有比较优势的产业来说，银行本地化程度越高反而越会阻碍地方产业转型和新企业进入。

(2) 现阶段中国银行业空间演化过程的总体趋势是，地方银行网点密度持续提升，银行跨区域扩张日益增多，地方银行市场竞争越发激烈、银行本地化程度得到加强。银行空间演化过程不同程度地弱化了路径依赖对于新企业进入的直接影响，帮助城市产业发展实现路径打破。然而，银行空间演化过程与新企业进入的关系并不是一成不变的，而是存在显著的空间差异性。本章发现银行网点的空间演化过程反而制约了东北地区新企业的成立，本地银行和外来银行都会加剧原有银行市场结构的竞争强度，造成信贷审批更加严格。东北地区的城市继续维持大型银行的市场主体地位可以带动更多新企业成立。在私营经济发展较好的东部地区，城市商业银行发展壮大能有效地改善所在城市的资金流运转，银行网点数量增加、非本地银行进入、充分的银行市场竞争都显著地拉动了新企业数量，减轻对产业发展路径的依赖，实现城市内产业结构的多元化发展。由此可见，在城市层面建立符合当地产业发展的地方银行体系是十分重要的。

（3）由于各区域产业基础和银行市场环境基础差异较大，因此，各区域银行的空间演化的差异对产业关联密度在地方产业演化过程中发挥作用的影响也是不尽相同的。地方政府可以通过调整本地银行网点的数量，减弱或者增强产业关联密度的促进作用，实现地方产业转型和吸引新企业进入的目的。通过改善地方金融环境，实现地方产业发展的多样化路径。

第八章

# 银行空间演化视角下的区域发展差异

## 8.1 引言

银行业空间演化过程使得地方金融环境差异化发展。随着以银行为代表的金融机构布局调整，金融资源在空间层面上的配置发生改变，金融资源配置欠缺的区域往往限制地方发展及个人收入。事实上，在区域内，银行业改革同样会引起发展不均衡等问题，有研究发现美国允许银行经营空间跨越州界以后，州内居民收入的差异性发生变化（Beck et al., 2010）。

目前，银行仍是中国金融系统的主体，银行空间演化过程影响着资金的流动和配置。中国银行业空间演变过程主要的推动力是，地方银行的兴起和银行跨区域经营，可以将其称为银行本地化过程和非本地银行进入过程。银行本地化过程减弱了信息不对称的影响，改善了本地资金配置效率。第六章的研究发现说明，本地银行的成立增加了企业和个人获得银行贷款的可能性，帮助中小企业及低收入群体获得银行信贷支持，进而可能帮助区域发展走向协调均衡。地方政府在分税制改革之后财政手段变弱，成立本地商业银行有助于地方政府掌控金融资源，成为地方政府有效的"调控"手段之一（黄建军，2010）。另外，本地经济发展的社会效应也是地方政府行政重点。一般来说，地方政府通过本地银行调配资金，扶持弱势群体，拉近当地经济发展的差距。然而也有研究认为，本地银行由于较好地嵌入在地方社会关系网络之中，通过本地关系网便于获悉当地企业和个人信贷风险的真实情况，反而限制了信用评价不高抑或是抵押贷款能力较弱的企业和个人获取银行贷款。本地银行的建立只对信用评价较好的企业和个人有提升获得贷款的能力。这样也可能在无形中加剧了区域发展的不均衡问题。

非本地银行进入一方面增大了当地银行网点的密度，另一方面拉大了当地与银行总行之间的"距离"。银行网点密度增大可能产生两个结果：一是企业和个人获得银行贷款的可能性增大，区域发展更协调；二是银行之间的竞争越来越激烈，银行的资金配置更追求安全和效率，银行可能会更愿意贷款给信贷评价水平较高的企业和个人，反而不利于区域协调发展。"远离"银行总行可能造成银行内部信息传递效率降低；信贷向信用评价好的企业和个人倾斜可能造成区域经济发展的差异增大。非本地银行有跟随总行所在地投资进入的特点，重点为资金投入企业和个人提供服务，进一步加剧区域发展差异。

各地在追求经济发展的同时，社会性问题同样需要引起重点关注。本章研究的主要问题是，在银行业的空间演化背景下，银行本地化和非本地银行进入两个过程是如何影响区域企业成长的均衡性以及个人生活水平的差异性问题的。

## 8.2 研究方法与变量

### 8.2.1 变量

为进一步揭示银行业空间演化过程对区域发展差异的影响机制，本文分别从金融许可证登记信息收集了城市商业银行成立的时间和地点数据、地级市层面非本地银行进入数量，企业规模和城乡人均收入方面的数据来自《中国城市统计年鉴》《中国区域经济统计年鉴》，另外还包括一些可能会影响区域发展差异的宏观经济指标。

#### 8.2.1.1 银行业空间演化的动力

改革开放以来，中国银行业经历了专业化、企业化、商业化、市场化的转变，银行所有制类型由单一走向多元，政策上逐渐放开银行设立的条件和银行经营的地域限制。1980年末成立的股份制商业银行，以及由城市信用社转型而来的城市商业银行，支持了银行所在地区的经济发展，赋予本地区更为灵活的金融调配手段。银行跨区域设立网点构建起了全国尺度的资本流通网络，让资金可以在更大尺度上实现自由、灵活流动。银行业空间演化过程可以形象地概括为银行本地化和非本地银行进入两个方面，也就是通过地方性银行成立和银行异地设点实现的，重构了区域资金配置环境，进而影响企业和个人层面的信贷获得，进一步引起区域经济发展差异性变化。

（1）银行本地化过程

银行本地化过程是以渐进的方式在地级市层面展开的，从城市商业银行成立的时间来看，具有分批次逐渐推广的特征。1995年9月，国务院决定在城市信用社的基础上改组并吸纳社会资本参股，成为股份制的城市合作银行，后又更名为城市商业银行。20多年间先后成立了190余家城市商业银行，从各家城市商业银行的成立时间可以明显看出城市商业银行逐次分批的演化特征。

城市商业银行是地级市政府重要的资金调节渠道，特别是实行分税制改革以后，地方政府的财政支配能力受到制约，通过成立城市商业银行方便掌控资金配置流向。地级市政府认识到在财政手段受限的情况下掌控金融资源的重要性，积极培育本地城市商业银行。然而，省级政府的财政权力同样在分税制改革之后受到削减，也迫切需要掌握调配资金的话语权。事实上，省级政府往往通过改组省内下辖地级市商业银行成立省属地方性银行，或者升级省会城市商业银行为省属，抑或直接成立隶属省政府的商业银行。地方性银行的重组过程实际上使得金融资源管理权限上移，部分地级市政府失去了对金融资源配置的影响力。

（2）非本地银行进入

银行业体制机制改革以来，完成了银行由政府部门向现代金融企业的转变。国有商业银行撤并大量中西部地区网点，布局重点以市场为中心，向发达地区集聚。股份制商业银行也不断地向更远的地方蔓延，扩大市场占有率。特别是2006年，银监会颁布《城市商业银行异地分支机构管理办法》，取消了对城市商业银行经营空间范围的限制，打破了长久以来城市商业银行经营的地域限制。由此可以认为，银行获得异地经营权是渐进式的开放过程,在地方层面则表现为非本地银行数量逐渐增多的过程。因此,本章采用地级市各个年份的在位非本地银行个数来表示外来银行进入的随时间演变趋势,该变量为累积结果。

### 8.2.1.2 区域内企业发展和个人生活水平层面的差异性

本章重点研究银行业空间演化过程产生的社会效应,即区域经济发展的不均衡性是如何变化的,分别从企业和个人两个层面测度区域经济发展的差异性问题。

企业层面,本章选用企业的从业人数和产值两个指标,通过计算在地级市层面的基尼系数(Gini Index)和泰尔指数(Theil Index)来说明区域内企业发展的差异性。

(1) 基尼系数

基尼系数是在洛伦茨曲线(Lorenz curve)计算的基础上发展而来的,具体计算公式如下:

$$GINI_{i,c,t} = \frac{1}{N_t - 1} \times \sum_{f_t=1}^{N_t} \left[ (N_t + 1 - f_t) \times ratio_{f_t} \right] - \frac{N_t + 1}{N_t - 1}$$

式中,$N_t$ 是 $t$ 年 $c$ 地区 $i$ 行业的企业个数,$f_t$ 为该企业在本地本行业内的目标变量的大小排序,$ratio_{f_t}$ 则为该企业目标变量在本地本行业总量中所占的份额。一般来说,Gini 系数大小在 0 和 1 之间,若 Gini 系数趋近于 0,则表示区域企业发展状况较为均衡,若 Gini 系数趋近于 1,则表明区域企业间存在较大差异。

(2) 泰尔指数

泰尔指数是熵指数中应用最广泛的一个,1967 年,泰尔(Theil 指数)借鉴信息理论中熵的概念,应用到测度不均衡现象中来,具体公式如下:

$$H = \frac{1}{n} \sum_{i=1}^{n} \frac{y_i}{\bar{y}} \ln\left(\frac{y_i}{\bar{y}}\right)$$

式中,$H$ 表示泰尔指数值,$y_i$ 表示第 $i$ 个样本指标值,$\bar{y}$ 为所有样本该指标的平均值,$n$ 是样本数量。

泰尔指数作为测度不平等的指标优点之一是具有可分解的性质,总体的差异可以分解为组间差异与组内差异之和。

$$H = H_b + H_w = \sum_{k=1}^{K} y_k \ln \frac{y_k}{n_k/n} + \sum_{k=1}^{K} y_k \left( \sum_{i \in g_k} \frac{y_i}{y_k} \ln \frac{y_i/y_k}{1/n_k} \right)$$

式中，$H_b$ 和 $H_w$ 分别表示组间差异与组内差异。假设所有 $n$ 个样本被分为 $K$ 组，第 $k$ 组 $g_k$ 中的样本数量为 $n_k$，而 $y_i$ 与 $y_k$ 分别表示样本 $i$ 的指标值份额和第 $k$ 组该指标总和的份额。具体的泰尔指数分解的组间差异和组内差异计算如下：

$$H_b = \sum_{k=1}^{K} y_k \ln \frac{y_k}{n_k/n}$$

$$H_w = \sum_{k=1}^{K} y_k \left( \sum_{i \in g_k} \frac{y_i}{y_k} \ln \frac{y_i/y_k}{1/n_k} \right)$$

个人层面，本章还分别收集了地级市层面城、乡居民人均可支配收入以及城、乡人均生活消费支出，并且通过计算城乡居民人均可支配收入比和城乡人均生活消费支出比来说明区域内个人层面生活水平的差异性问题。

#### 8.2.1.3 控制变量

本研究还控制了其他可能影响区域经济发展差异的因素，见表 8.1。首先，本研究认为地方的经济发展水平可能影响区域经济发展的均衡性问题。一般来说，经济发展水平与区域发展差异之间是倒 U 型的关系，在经济水平低的时期区域发展差异也会较低，随着经济发展水平的提高区域的差异性也会变大，而经济高度发达之后区域差异又可能会走向均衡。本章选用人均 GDP 来表示地方经济发展水平。同样，城镇化水平也在一定程度上反映区域内的宏观经济环境，故用城镇化率来加以表示。其次，在个人生活水平方面，失业情况直接影响到个人收入之间的差距，通常失业率越高，区域内个人收入的差距越大。此外，考虑到除了银行，其他的金融机构也会影响区域的发展差异。地方的金融业发展环境能够说明企业和个人参与金融活动的程度，本章采用金融机构贷款总额与 GDP 的比值来衡量当地的金融环境。最后，本研究还控制了劳动力素质对区域的发展差异的影响。高素质劳动力更有机会从事高收入的工作，而低素质劳动力较多从事体力劳动，收入有限。本章选用人均普通高等学校专任教师数表示地级市层面劳动力素质，通常人均拥有高校教师数越高，当地培育出高素质劳动者的可能性也就越大。

表 8.1 控制变量

| 变量 | 变量定义 | 预期符号 |
| --- | --- | --- |
| gdppc | 地级市层面的人均 GDP | + |
| urban | 地级市层面城镇化率 | + |
| unemployment | 地级市层面失业率 | + |
| finance | 地级市层面金融机构贷款总额/当地 GDP 总额 | + |
| education | 地级市层面普通高等学校专任教师数/当地年末总人口数 | − |

### 8.2.2 研究方法

#### 8.2.2.1 自然实验（双重差分法）

城市商业银行的成立是对地方金融环境的政策冲击，考虑到城市商业银行分批渐次成立的特征，适宜选用基于自然实验的双重差分回归的分析方法（Difference-in-Difference Method）来检验本地城市商业银行成立与区域经济发展差异之间的关系。双重差分法在评估政策实施效果方面具有较好的表现，得到广泛应用（Beck et al., 2010；郭峰和熊瑞祥，2017）。双重差分法通过构造实施政策的处理组和没有实施政策的对照组，通过控制其他因素，比较政策实施前后处理组和对照组之间的差异，从而判断政策实施效果。具体回归模型如下：

$$Y_{ct} = \alpha + \beta D_{ct} + \gamma X_{ct} + A_c + B_t + \varepsilon_{ct}$$

式中，$Y_{ct}$ 表示被解释变量，$c$ 为所在地级行政区，$t$ 为年份；$D_{ct}$ 为虚拟变量，表示 $c$ 地区 $t$ 年是否成立了本地的城市商业银行，由于各地城市商业银行成立的时间并不相同，在地级市层面表现出逐渐成立的时间特征，具体地，当 $c$ 城市成立城市商业银行的当年及以后各年均取值为 1，否则为 0；$X_{ct}$ 为一系列随时间和地点变化的控制变量；$A_c$ 和 $B_t$ 分别表示地点和时间的虚拟变量，用来控制空间与时间的固定效应；而 $\alpha$ 为常数项，$\beta$ 和

$\gamma$ 分别表示解释变量和控制变量的回归系数；$\varepsilon_{ct}$ 则为随机扰动项。

#### 8.2.2.2 面板回归

接下来，本章选用面板回归模型来继续检验非本地银行进入对区域经济发展差异的影响。具体模型如下：

$$Y_{ct} = \alpha + \delta E_{ct} + \gamma X_{ct} + A_c + B_t + \varepsilon_{ct}$$

式中，$E_{ct}$ 为 $c$ 地区 $t$ 年非本地银行进入的累计个数，其余变量符号含义同上。

### 8.2.3 数量来源和现象描述

#### 8.2.3.1 数据来源

本文分别从企业和个人两个层面展开研究，通过对企业从业人数、企业产值、城乡居民人均可支配收入、城乡人均生活消费支出数据的描述分析来说明银行空间演化视角下区域经济发展的社会公平性问题。企业方面的数据全部整理自中国工业企业数据库（1998—2013 年）。中国工业企业数据库是由国家统计局负责统计的，包括所有国有企业以及年营业收入在 500 万元及以上的非国有企业[1]。尽管少量小企业被排除在该数据库外，但这仍是目前记录得最为翔实的企业层面数据库，主要内容包括企业所属行业四位数代码、所在地信息、从业人数、工业总产值、资金构成、总资产、销售额、营业收入、研发投入等，其中 2004 年为中国经济普查年，调查指标更加详尽并且包含所有低于年营业收入在 500 万元以下的企业。中国工业企业数据库的缺憾主要有部分年份的某些指标缺失，2012 年缺少湖南省企业数据。本研究用企业从业人数表示企业规模，通常来说制造业企业从业人数越多说明企业规模越大；测度企业产值直接用企业的工业总产值表示。本研究借鉴了谢千里等（2008）、Cai 和 Liu（2009）、聂辉华等（2012）的数据处理方法，删除了部分缺失样本和一些有悖常理的样本。

---

[1] 自 2011 年起，非国有企业的统计门槛提高到年营业收入 2 000 万元及以上。

个人方面，城乡居民人均可支配收入数据、城乡人均生活消费支出数据均整理自《中国城市统计年鉴》以及《中国区域经济统计年鉴》。银行方面数据整理自国家金融监督管理总局网站金融许可证信息①。考虑到中国银行业市场化改革持续深入，本章研究时限内农村商业银行陆续在农村地区成立，尚处于发展初期，为确保数据的完整性和连贯性，因此，本章研究所涉及的商业银行主要包括以下三种类型：大型国有商业银行、股份制商业银行、城市商业银行。

#### 8.2.3.2 现象描述

（1）企业层面

表 8.2 所示为地级市层面企业从业人数、企业产值的平均基尼系数随时间变化情况，其中包括 1998—2013 年企业从业人数和企业产值的平均基尼系数时序变化②。删除明显有悖常理的样本数据之后，样本数量逐年增加，但在 2011 年后样本数量骤降，主要原因在于统计口径发生了变化，2011 年起，中国工业企业数据库对非国有企业的统计门槛由营业收入 500 万元提高到 2 000 万元。从表 8.2 中可以看出，全国平均企业从业人数基尼系数和企业产值基尼系数总体上呈现波动式下降的趋势。企业从业人数的基尼系数在 1998—2004 年逐年减小，而 2005—2010 年基本在 0.6000 上下波动，2011 年后大幅下降。总的来说，在此期间，全国范围的企业从业人数的差异持续减小。在企业产值方面，全国平均企业产值的基尼系数也表现出类似的时间演变特征，呈现螺旋式波动向下的动态变化趋势，2010 年后大幅下降。综上，在研究期间全国范围的企业从业人数、企业产值的区域内差异整体上都在减小，间接地说明该阶段小型企业的成长加速度已经超过了大型企业。小型企业的成长在一定程度上吸纳了农村剩余劳动力，解决了部分农村剩余劳动力的就业问题，有助于减小城乡间的收入差距。

---

① https：//xkz.cbirc.gov.cn/jr/.
② 2011 年企业从业人数数据缺失。

表 8.2 地级尺度企业发展层面的平均基尼系数

| 年份 | 企业从业人数 | 企业产值 | 样本数（个） |
| --- | --- | --- | --- |
| 1998 | 0.6214 | 0.7063 | 128 744 |
| 1999 | 0.6213 | 0.7106 | 136 403 |
| 2000 | 0.6186 | 0.7147 | 138 381 |
| 2001 | 0.6166 | 0.7113 | 148 310 |
| 2002 | 0.6158 | 0.7120 | 158 759 |
| 2003 | 0.6132 | 0.7144 | 175 704 |
| 2004 | 0.5972 | 0.6903 | 242 324 |
| 2005 | 0.6000 | 0.6910 | 238 841 |
| 2006 | 0.6087 | 0.7147 | 273 683 |
| 2007 | 0.6028 | 0.7076 | 306 065 |
| 2008 | 0.5994 | 0.7104 | 375 180 |
| 2009 | 0.6082 | 0.7016 | 372 096 |
| 2010 | 0.6099 | 0.7197 | 316 492 |
| 2011 | — | 0.6509 | 267 219 |
| 2012 | 0.4842 | 0.6556 | 270 724 |
| 2013 | 0.4082 | 0.6420 | 296 674 |

注：作者整理，数据来自中国工业企业数据库。

接下来，从企业从业人数平均基尼系数和企业产值的平均基尼系数的空间分布情况看，可以发现企业发展的不均衡性表现出一定的空间分布特征，而且企业从业人数、企业产值的平均基尼系数呈现出比较一致的空间分布格局。东部地区城市的企业发展的不均衡性整体上小于其他地区，并且西部和东北地区这三个变量的基尼系数普遍高于全国其他地区，西部和东北地区个别城市的企业间发展得极不均衡，也说明在国有经济比重较高的地区可能限制了小型企业和非国有企业的成长，造成企业规模等的两极分化。另外，随着时间的变化，企业发展的不均衡性在持续减小，其中，企业从业人数平均基尼系数表现得最为明显。换句话说，各个地区企业间的差异正在不同程度地缩小，其中西部和东北地区缩小的幅度较大。最后，省会城市或者经济较为发达的大城市企业发展的差异性相比其他城市要略小，可见企业发展的不均衡性与城市的经济发展水平呈负相关关系，经济发展水平越高，城市企业间的发展差异越小。

（2）个人层面

在个人层面，本章选用城乡人均可支配收入比和城乡人均生活消费支出比两个变量来衡量城乡人均生活水平之间的差异。从表8.3的地级尺度平均城乡人均生活水平差异的变化来看，城乡人均可支配收入比总体上呈现出先增大后减小的演变趋势，而城乡人均生活消费支出比在2009年以前呈现波动式的变化特征，而在2009年之后则表现出逐渐减小的态势。二者随时间变化，城乡人均生活水平的差距特征基本一致，均在2007年前后拉大到顶峰之后开始逐年降低，也就是说在2007年之后，城乡间生活水平的差异在不断地缩小。

表8.3 地级尺度平均城乡人均生活水平差异的变化

| 年份 | 城乡人均可支配收入比 | 城乡人均生活消费支出比 |
| --- | --- | --- |
| 2001 | 1.5470 | 2.9751 |
| 2002 | 1.5667 | 2.9160 |
| 2003 | 1.6028 | 2.9773 |
| 2004 | 1.6233 | 2.9163 |
| 2005 | 1.6303 | 2.8524 |
| 2006 | 1.6381 | 2.8725 |
| 2007 | 1.7186 | 2.9460 |
| 2008 | 1.7102 | 2.8943 |
| 2009 | 1.7186 | 2.9146 |
| 2010 | 1.6760 | 2.8798 |
| 2011 | 1.5739 | 2.5882 |
| 2012 | 1.5694 | 2.5695 |
| 2013 | 1.5323 | 2.4533 |

接下来，在地级尺度个人生活水平差异的时空演化过程中可以发现，城乡人均可支配收入比和城乡人均生活消费支出比两个指标的时空演化特

征基本一致。尽管各年份部分城市的相关数据均有不同程度的缺失，但仍能从有限的数据中观察出其空间分布特征以及随时间演变的趋势。概括来说，地级市层面个人生活水平的差异呈现地带性特征，在全国范围内由西向东城乡间生活水平的差异呈递减分布，西部地区城市个人生活水平差异明显大于东部地区。可以想见，区域个人生活水平的差异性与地方经济高度相关。另外，各城市的个人生活水平差异随时间变化呈现持续减小的趋势，这说明区域的不均衡性正在稳步下降，其中中西部地区城市的变化尤为明显。

### 8.2.4 银行信贷与区域发展差异

为进一步说明区域经济发展差异与银行业之间的相关关系，进一步验证企业的银行贷款情况对区域企业发展差异的影响。根据中国工业企业数据库中"利息支出"变量的具体数值判断企业是否获得银行贷款，若企业利息支出大于零说明企业获得了银行贷款，若企业利息支出为零则表示企业没有获得银行贷款。然后按照是否获得银行贷款将企业分为两组，分别计算 1998—2013 年两组在地级层面企业从业人数、企业产值以及企业劳工收入的基尼系数，进行比较分析，其中企业劳工收入通过计算企业薪酬总额与从业人数的比值来衡量，结果如图 8.1 所示。

图 8.1 展现了企业是否获得银行贷款对区域企业发展差异的影响程度。可以看出，获得银行贷款的企业和没有获得银行贷款的企业的两组基尼系数的差异性是十分明显的，而且二者随时间的变化趋势基本相同，排除了其他随时间变化的因素的冲击。由此可以推测，是否获得银行贷款是在区域企业发展和个人收入方面差异性的主要影响因素之一，进一步来说城市银行业的发展状况会间接影响经济发展的不均衡性问题。图 8.1 表明银行贷款与区域发展的不均衡问题具有相关关系，而对不同指标的影响并不完全相同。

在企业从业人数和企业产值方面，获得银行贷款企业的平均基尼系数明显高于没有获得银行贷款的企业，可见获得银行贷款实际上会进一步拉大企业从业人数和产值在地级层面的差距。企业获得银行贷款的社会效应在空间上表现出加大企业从业人数和产值不均衡的特征，意味着地方政府在激励银行向企业贷款过程中：一方面，帮助企业扩大生产规模和创新能力，对提高本地 GDP 产生正面影响；另一方面，增大企业发展规模方面的差异性，进而可能产生企业发展水平两极分化的社会效应。相比之下，劳工收入的基尼系数则与之完全相反，这说明获得银行贷款的企业之间劳工收入水平差异小于没有贷款企业间的劳工收入差异。换句话说，增进企业银行贷款的能力会带动劳动力收入的社会公平性，尽管近年来劳工收入水平差异整体上在不断减小。综上可见，银行贷款在企业发展和居民收入的社会公平性方面的作用是截然相反的，增大银行贷款覆盖面既可减少个人收入差异，也会使得企业规模差异进一步扩大，对地方政府和银行机构决策的社会公平性提出了挑战。

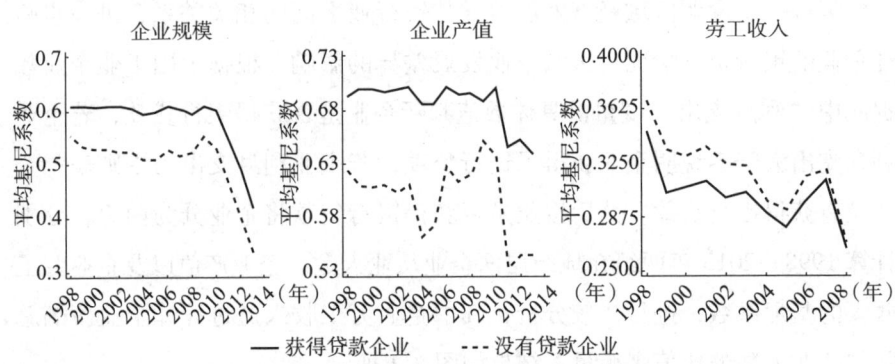

图 8.1　银行信贷对企业发展和个人生活层面的差异性影响

## 8.3　实证结果分析

### 8.3.1　回归前检验

如上所述，双重差分法的优点在于能够剔除本地城市商业银行以外的其他因素干扰，凸显本地城市商业银行成立作为外部冲击对区域经济发展均衡性的影响。就实际而言，双重差分法适用的前提是确保城市商业银行的成立与区域经济发展的均衡性问题之间不存在直接的关系，即城市商业银行的成立严格外生于区域经济发展差异，这被称为"随机性"假设。如若区域经济发展的不均衡性是本地城市商业银行成立的诱因，那么将无法满足双重差分法的应用条件。另外，处理组的样本在"事件"发生前与对照组样本的变化需要趋同，这样的对照组才是处理组的"反事实"（counter factual），这也被称为平行趋势假定。接下来，本章分别对双重差分法的这两个前提假设进行检验。

### 8.3.1.1 随机性假设检验

在中国银行业的空间演化过程中，以城市商业银行为代表的地方性商业银行的兴起起到了助推作用，是多元化银行业体系的重要组成部分。回顾中国银行业领域的改革历程，可以发现城市商业银行是在清理整顿城市信用合作社和地方财务信用的基础上成立的，而且是分批分次成立，条件成熟一个，批准一个（郭峰和熊瑞祥，2017）。另外，在分税制改革后，地方政府财政能力无形中被削弱，地方政府有意去整合区域内的金融资源，组建城市商业银行能够提升地方政府的金融掌控能力。这些原因都说明城市商业银行的成立并非依据区域经济发展差异而设立的，初步满足了双重差分法的外生性的前提假设。

接下来，从企业层面的区域经济发展差异和个人层面的生活水平差异出发，通过散点图的方式展示城市商业银行成立前平均的区域差异指数与城市商业银行成立年份之间的关系，如图8.2、图8.3所示。从这两组散点图中基本上可以看出城市商业银行成立并不显著与区域经济发展差异指标有直接关系。

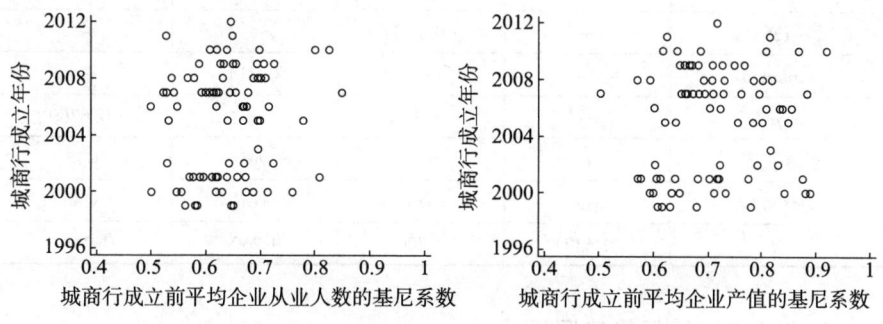

图8.2 企业层面区域经济差异与城市商业银行的关系

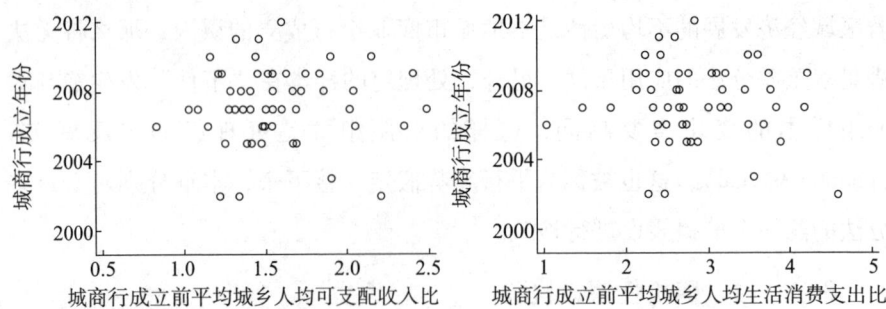

图 8.3 个人层面生活水平差异与城市商业银行成立的关系

为了能够准确验证城市商业银行成立的严格外生性假定，进一步采用 Logit 模型来检验区域经济发展差异性是否显著地影响城市商业银行成立。具体地，以城市内城市商业银行是否成立作为因变量，用城市商业银行成立前一年的城市内企业从业人数基尼系数、企业产值基尼系数、城乡人均可支配收入比、城乡人均生活消费支出比四个变量作为自变量，来检验区域经济发展差异与城市商业银行成立时间之间的关系。经过 LR 检验可以发现，采用混合的 Logit 回归最为有效，回归结果如表 8.4 所示。在进一步引入宏观经济环境的控制变量和控制了地区固定效应的基础上，结果显示上述四个衡量区域经济发展差异变量的回归系数均不显著，可以说明区域经济发展差异并不直接影响城市商业银行的成立。由此可以判断本文样本基本满足双重差分法的"随机性"假设。

表 8.4 城市商业银行成立的外生性检验结果

| 变量 | (1) | (2) | (3) | (4) |
| --- | --- | --- | --- | --- |
| $gmc$ | 0.5822 | — | — | — |
| $czc$ | — | −0.2584 | — | — |
| $cxrjkzpsrb$ | — | — | −0.4145 | — |
| $cxrjzcb$ | — | — | — | −0.6760 |
| 控制变量 | yes | yes | yes | yes |
| 地区效应 | yes | yes | yes | yes |
| $N$ | 1 639 | 1 706 | 1 250 | 1 248 |

#### 8.3.1.2 平行趋势假设检验

接下来，本研究继续检验双重差分法使用前提条件的"反事实"假设，主要通过检验处理组在城市商业银行成立前与对照组的区域经济发展差异变量是否具有相同的变化趋势。将截至 2013 年都没有成立城市商业银行的城市作为对照组，处理组则设定为在比较当年尚未成立城市商业银行的城市。按照这样的样本分组原则，将衡量区域经济发展差异的四个变量分组平均，得到 1998—2010 年处理组与对照组的折线图，如图 8.4、图 8.5 所示。从中可以看出，对照组和处理组在城市商业银行成立之前的变化趋势基本一致，二者间未表现出显著的系统性差异。由此可以推断，城市商业银行成立对区域经济发展差异性的影响具有较好的外生性。

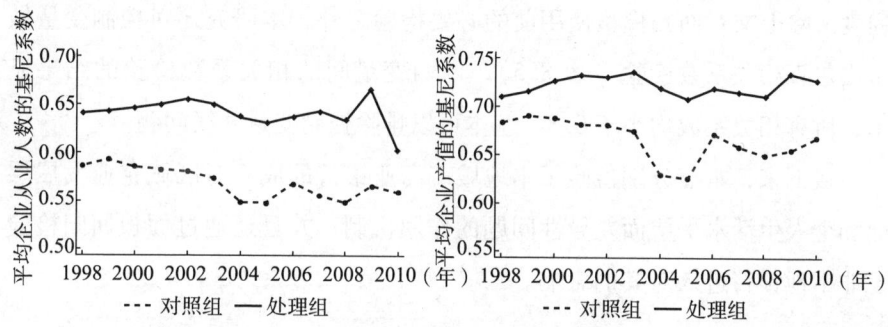

图 8.4　企业层面的逐年变化趋势

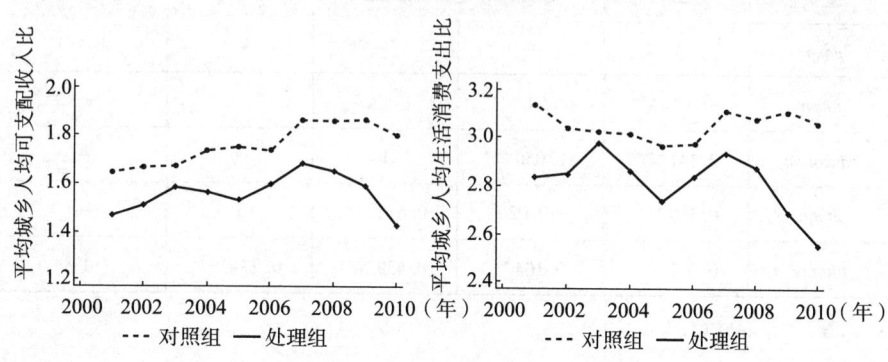

图 8.5　个人层面的逐年变化趋势

### 8.3.1.3　面板回归的相关检验

如前文所述，非本地银行进入影响机制的实证检验需要采用面板回归方法。在进行面板回归方法前，本研究对非本地银行进入的相关样本做了如下检验：首先，LR 检验的结果显示全部回归模型均适合用面板回归；其次，进一步对样本做 Hausman 检验，结果显示只有下文表 8.7 模型（7）的 Hausman 检验不显著，需使用随机效应模型外，其余回归模型均适用固定效应模型。

### 8.3.2 基准回归结果

考虑到被解释变量和控制变量的数据特点，本研究将除了城市内人均 GDP 的控制变量和被解释变量均取自然对数，这样提高了计量回归的准确程度。除上文对回归模型使用前的必要检验之外，本研究还对控制变量做了皮尔森相关系数检验（表 8.5），两两变量间的相关系数检验的结果显示，所有相关系数均小于 0.8，基本可以排除控制变量共线问题。

接下来，本节分别检验了本地城市商业银行的成立对区域企业发展层面和个人生活水平层面差异性问题的作用机制；并且还通过面板回归检验了非本地银行进入对其的影响。

表 8.5　控制变量相关系数检验

| 变量 | gdppc | unem | education | urban | finance |
|---|---|---|---|---|---|
| gdppc | 1 | — | — | — | — |
| unem | −0.131*** | 1 | — | — | — |
| education | 0.541*** | −0.050*** | 1 | — | — |
| urban | 0.510*** | −0.020 | 0.617*** | 1 | — |
| finance | 0.077*** | −0.104*** | 0.439*** | 0.271*** | 1 |

注：***：$p<0.01$。

#### 8.3.2.1　银行本地化过程的基准回归结果

表 8.6 的结果显示本地城市商业银行的设立对区域内个人层面的不均衡性问题的影响效应显著强于企业层面。从回归结果可以认为，成立本地城市商业银行会显著增大区域个人层面城乡生活水平的差距，如表 8.6 模型（5）~模型（8）的结果表明无论在城乡人均可支配收入方面还是城乡

人均生活消费支出方面，都呈现相同的结论。通常来说，本地的城市商业银行扮演着调配当地有限的金融资源的角色，支持地方经济发展。城市商业银行在当地大量开设网点，一方面满足了本地居民对金融服务的需求，另一方面也会抽离乡村的剩余资本补充到城里，城乡间金融资源的单向流动进一步拉大了城乡间居民生活水平。此外，考虑到本地城市商业银行自身发展的阶段性特点，一般来说，本地城市商业银行规模相比大型国有商业银行和股份制商业银行要小，市场竞争能力弱；另外，本地城市商业银行相比外来银行高度嵌入当地的社会关系网络。这两方面的特点促使城市商业银行采取相对保守的信贷投放策略，倾向城内居民更符合本地城市商业银行的生存环境。在企业发展差异层面，成立本地城市商业银行对城市内企业规模的差异影响并不显著，而对企业产值差异方面的影响显著性水平较低。这样的结果说明，本地城市商业银行并未显著影响区域企业发展差异。已有研究表明，本地城市商业银行借助本地关系网与当地中小企业往往有较好的合作关系，在与其他大型银行的市场竞争中，城市商业银行的竞争优势也在于此。事实上，本地城市商业银行的成立弥补了当地中小型企业周围金融机构的缺失和可能的"金融排斥"风险，在一定程度上缓解了城市企业发展差异加剧的问题。

控制变量方面，结果显示城市内人均 GDP 对企业和个人层面的不均衡问题均表现为显著正向的影响，说明随着城市经济水平的提升无形中加剧了区域经济发展的差异性问题。城市失业率变量的回归系数显示失业率会拉大城乡间居民生活的差距，不难发现失业率反映了当地劳动力就业状况，失业率升高意味着大量适龄劳动力无法就业，潜在地增大了就业与非就业人口的生活水平差异。城镇化率变量的回归结果均为正，但除城市企业产值基尼系数的模型显著之外，其余均不显著。这说明城镇化率主要影响企业层面的发展差异问题，而对个人层面的影响甚微。一般来说，城镇化意味着农村人口向城市转移，既弥补了城市劳动力的缺口，又解决了农村剩余劳动力的就业问题，因而没有显著地改变城乡间生活水平的差异。然而，城镇化对企业成长的影响则不尽然，二者相互促进。一般来说，城镇化水平越高越有利于吸引或培育大型企业，尤其表现在企业产值方面，无形中加剧了城市内企业的差异性。接下来，地方劳动力素质变量的回归结果均不显著，可以认为全社会劳动力素质的提升并不会加剧区域发展的不均衡问题。地方金融环境只对企业层面发展差异问题有显著影响。改善地方金融环境实际上增强了企业获得金融支持的能力，尤其是金融化程度较深的企业，可以帮助部分企业快速成长，进而扩大了城市企业间的差异。

表 8.6（一） 银行本地化过程的影响结果

| 变量 | 企业层面 | | | |
|---|---|---|---|---|
| | 企业规模 | | 企业产值 | |
| | (1) | (2) | (3) | (4) |
| local | 0.0035 | −0.0028 | 0.0150* | 0.0111* |
| gdppc | — | 0.0091* | — | 0.0128*** |
| unemp | | | | |
| urban | — | 0.0141 | — | 0.0373** |
| education | — | 0.0001 | | 0.0097 |
| finance | — | 0.0239* | | 0.0360*** |
| 时间趋势 | yes | yes | yes | yes |
| 地区控制 | yes | yes | yes | yes |
| Constant | −0.752*** | −0.462*** | −0.454*** | −0.216*** |
| N | 5 000 | 2 553 | 5 334 | 2 694 |
| $R^2$ | 0.557 | 0.727 | 0.114 | 0.203 |

注：***：$p<0.01$；**：$p<0.05$；*：$p<0.1$。

表 8.6（二） 银行本地化过程的影响结果

| 变量 | 个人层面 | | | |
|---|---|---|---|---|
| | 城乡人均可支配收入比 | | 城乡人均生活消费支出比 | |
| | (5) | (6) | (7) | (8) |
| local | 0.0364*** | 0.0356** | 0.0544*** | 0.0644*** |
| gdppc | — | 0.0143* | — | 0.0291** |
| unemp | | 0.0188*** | | 0.0072 |
| urban | — | 0.0344 | — | 0.0018 |

续表

| 变量 | 个人层面 | | | |
|---|---|---|---|---|
| | 城乡人均可支配收入比 | | 城乡人均生活消费支出比 | |
| | (5) | (6) | (7) | (8) |
| *education* | — | -0.0052 | — | -0.0111 |
| *finance* | — | 0.0061 | — | -0.0267 |
| 时间趋势 | yes | yes | yes | yes |
| 地区控制 | yes | yes | yes | yes |
| Constant | 0.455*** | 0.428*** | 1.048*** | 0.761*** |
| N | 3 850 | 2 438 | 3 834 | 2 434 |
| $R^2$ | 0.159 | 0.181 | 0.165 | 0.138 |

注：***：$p<0.01$；**：$p<0.05$；*：$p<0.1$。

#### 8.3.2.2 非本地银行进入过程的基准回归结果

伴随着地方商业银行的兴起，银行跨区域经营权限逐步放开，股份制商业银行以及部分城市商业银行开启了异地设立网点的经营模式。就地级市层面来说，非本地银行进入和本地城市商业银行的建立交相辉映，不仅繁荣了地方金融市场，也从侧面推进了中国银行业深化改革。本章在检验了银行本地化进程对区域经济发展差异的影响之后，又进一步延伸到非本地银行进入方面。回归结果（表8.7）显示，非本地银行进入对城市企业发展差异和城乡居民生活水平差异的影响都是显著为负的，也就是说随着非本地银行进入数量的增加能够有效地减少区域发展不均衡的问题。一般来说，非本地银行进入会促进地方银行市场的良性竞争，打破信贷来源被某些银行垄断的局面。一方面，地方银行网点密度的增大使得企业和个人接触银行的概率变大，方便获取银行服务；另一方面，地方银行市场竞争程度越发剧烈反而促使银行主动开拓市场，提高了银行信贷普及水平。由此可以推断，非本地银行进入实质上弥补了地方银行市场的空缺，长期来看，随着外来银行数量的增多，竞争型的地方银行市场结构反而促使区域协调发展。

控制变量方面，除人均GDP与上文（表8.6）回归结果差异较大之，其余变量基本符合预期。人均 GDP 变量回归结果不一致的主要原因在于银行本地化过程与非本地银行进入过程二者的高峰期并非同时。城市商业银行的成立时间主要集中在 20 世纪末及 21 世纪初，而非本地银行大规模进入则主要发生在 2006 年开放城市商业银行异地经营权之后。这也说明人均 GDP 对区域发展不均衡问题的作用会随时间发生变化，可以认为地方经济快速发展的同时区域发展的不均衡问题经历了先增大后减小的倒 U 型过程。

表 8.7（一） 非本地银行进入的影响结果

| 变量 | 企业层面 | | | |
|---|---|---|---|---|
| | 企业规模 | | 企业产值 | |
| | （1）固定效应 | （2）固定效应 | （3）固定效应 | （4）固定效应 |
| $non-local$ | $-0.0366^{***}$ | $-0.0153^{***}$ | $-0.0059^{***}$ | $-0.0040^{***}$ |
| $gdppc$ | — | $-0.0431^{***}$ | — | $-0.0088^{***}$ |
| $unemp$ | | | | |
| $urban$ | — | $0.0934^{***}$ | — | $0.0540^{***}$ |
| $education$ | — | $-0.0233^{***}$ | — | $-0.0031$ |
| $finance$ | — | $-0.0086$ | — | $0.0191^{***}$ |
| $Constant$ | $-0.352^{***}$ | $-0.428^{***}$ | $-0.345^{***}$ | $-0.260^{***}$ |
| $N$ | 4 993 | 2 553 | 5 326 | 2 694 |
| $R^2$ | 0.161 | 0.333 | 0.008 | 0.045 |

注：***: $p<0.01$。

表 8.7（二） 非本地银行进入的影响结果

| 变量 | 个人层面 | | | |
|---|---|---|---|---|
| | 城乡人均可支配收入比 | | 城乡人均生活消费支出比 | |
| | （5）固定效应 | （6）固定效应 | （7）随机效应 | （8）固定效应 |
| $non-local$ | $-0.0063^{***}$ | $-0.0062^{***}$ | $-0.0203^{***}$ | $-0.0077^{***}$ |
| $gdppc$ | — | $0.0022$ | | $-0.00391$ |
| $unemp$ | — | $0.0321^{***}$ | | $0.0158^{*}$ |
| $urban$ | — | $0.0803^{***}$ | | $0.0112$ |
| $education$ | — | $0.0047$ | | $-0.0428^{***}$ |

续表

| 变量 | 个人层面 | | | |
| --- | --- | --- | --- | --- |
| | 城乡人均可支配收入比 | | 城乡人均生活消费支出比 | |
| | (5) 固定效应 | (6) 固定效应 | (7) 随机效应 | (8) 固定效应 |
| $finance$ | — | -0.0217** | — | -0.0280** |
| $Constant$ | 0.493*** | 0.685*** | 1.118*** | 0.757*** |
| $N$ | 3 845 | 2 438 | 3 829 | 2 434 |
| $R^2$ | 0.015 | 0.056 | 0.058 | 0.049 |

注：***：$p<0.01$；**：$p<0.05$；*：$p<0.1$。

### 8.3.3 影响机制的微观分析

上述计量结果可以基本证实银行本地化进程和非本地银行进入过程显著地作用于区域经济发展的差异问题。接下来，本研究继续探究银行业空间演化过程的微观影响机制，进一步剖析何种类型企业更容易因银行而扰乱均衡的态势，以及城镇与乡村居民因地方银行市场结构改变引起的收入变化。

#### 8.3.3.1 企业层面

本章将按照企业规模和企业所有制分组进行检验，使用双重差分法和面板回归方法分别验证银行本地化进程和非本地银行进入过程是如何作用于大企业与小企业、国有企业与私营企业的内外部发展差异的。

（1）大企业与小企业

根据工信部2011年发布的《关于印发中小企业划型标准规定的通知》将从业人数在1 000人以上且主营业务收入在4亿元以上的企业认定为大型企业，将从业人数在300人以下的企业识别为小型企业。在衡量区域企业发展差异的指标上，本节选用泰尔指数，其优点在于可以进一步将差异性分解为组内差异与组间差异。这样的特性能够识别区域大企业发展的差异问题和区域内小企业的差异问题，同时还能呈现大企业与小企业两组间的差异，具体计算过程如上文所示。

从表8.8的回归结果可以看出，本地城市商业银行的成立并不会显著地改变大企业与小企业内部企业间发展的差异问题，同时本地银行进入也不会显著地改变大企业和小企业之间的发展差异问题。这意味着银行本地化过程并不会对不同规模企业产生异质影响。非本地银行进入方面（表8.9），回归结果则显示本地城市商业银行的成立会显著缩小大企业与小企业间的发展差异问题，减少区域内企业间发展的不均衡问题。相比之下，非本地银行进入并未表现出对大企业的显著作用，而对小企业而言，在企业规模和企业产值两方面的回归结果完全相反。这说明小型企业对非本地银行进入较为敏感。可以认为，非本地银行能抑制企业间发展差异拉大的原因在于非本地银行进入实质上是减小了大型企业与小型企业之间的差异问题。非本地银行进入需要短时间内站稳脚跟，可能会针对小型企业开展业务拓展，扩大市场。换句话说，引入非本地银行有利于实现区域企业的均衡发展，显著地改善了大企业与小企业发展差距变大的问题。

表8.8 银行本地化进程与不同企业规模的关系

| 变量 | 企业规模 | | | 企业产值 | | |
|---|---|---|---|---|---|---|
| | （1）大企业 | （2）小企业 | （3）企业间 | （4）大企业 | （5）小企业 | （6）企业间 |
| *local* | -0.0119 | -0.00657* | -0.0125 | -0.0421 | 0.0325 | -0.0168 |
| *gdppc* | 0.0115 | -0.00272* | 0.00616 | 0.0278** | 0.0318** | 0.00689 |
| *urban* | 0.0237 | 0.000373 | 0.00364 | 0.00882 | 0.0384 | 0.0628 |
| *education* | 0.00414 | 0.000078 | -0.000368 | -0.00723 | 0.0212 | 0.00861 |
| *finance* | 0.0138 | 0.0132*** | 0.0218 | 0.0378 | 0.0647** | 0.0249 |
| 时间趋势 | yes | yes | yes | yes | yes | yes |
| 地区控制 | yes | yes | yes | yes | yes | yes |
| Constant | 0.334*** | 0.248*** | 0.715*** | 0.697*** | 0.714*** | 0.915*** |
| N | 2 485 | 2 553 | 2 553 | 2 485 | 2 553 | 2 553 |
| $R^2$ | 0.035 | 0.578 | 0.411 | 0.045 | 0.124 | 0.219 |

注：***：$p<0.01$；**：$p<0.05$；*：$p<0.1$。

表 8.9 非本地银行进入进程与不同企业规模的关系

| 变量 | 企业规模 | | | 企业产值 | | |
|---|---|---|---|---|---|---|
| | (1) 大企业 | (2) 小企业 | (3) 企业间 | (4) 大企业 | (5) 小企业 | (6) 企业间 |
| *nolocal* | 0.0015 | −0.0064*** | −0.021*** | 0.00282 | 0.0117*** | −0.0220*** |
| *gdppc* | 0.0124*** | −0.0125*** | −0.037*** | 0.0252*** | 0.0250*** | −0.0431*** |
| *urban* | 0.0120 | 0.0414*** | 0.115*** | 0.0194 | 0.0539 | 0.214*** |
| *education* | −0.000523 | 0.00683*** | −0.00243 | −0.00342 | 0.0484*** | 0.0254* |
| *finance* | 0.00565 | −0.0122*** | −0.0293** | 0.0504*** | 0.0123 | −0.0276 |
| Constant | 0.232*** | 0.365*** | 0.989*** | 0.640*** | 0.968*** | 1.443*** |
| N | 2 485 | 2 553 | 2 553 | 2 485 | 2 553 | 2 553 |
| $R^2$ | 0.023 | 0.208 | 0.163 | 0.032 | 0.092 | 0.078 |

注：***：$p<0.01$；**：$p<0.05$；*：$p<0.1$。

(2) 国有企业与私营企业

本章依据企业实收资本来源的大小来区分企业所有制类型，认定占比最高的资本来源方即为企业的所有制类型，以此区分国有企业和私营企业。本节仍使用泰尔指数作为国有企业与私营企业组内、组间差异的测量方法，回归结果如表 8.10、表 8.11 所示。

与上文相同，银行本地化进程并没有显著地影响不同所有制类型的企业发展的差异性问题。非本地银行则不然，回归结果显示区域内非本地银行进入的同时，减小了国有企业内部、私营企业内部以及不同所有制类型间的企业发展的差异性问题。其中只有表 8.11 中模型（5）的回归结果不显著，这也从侧面说明非本地银行进入对私营企业发展差异问题的影响可能存在不确定因素。一般来说，非本地银行与私营企业的合作会更加谨慎，差别对待私营企业借贷申请，可能拉大了私营企业层面发展的不均衡问题。可以肯定的是，非本地银行进入是通过缩小国有企业层面企业间发展的不均衡性问题来拉近不同类型所有制企业间的发展差异的。

表 8.10　银行本地化进程与不同企业所有制的关系

| 变量 | 企业规模 | | | 企业产值 | | |
|---|---|---|---|---|---|---|
| | （1）国有企业 | （2）私营企业 | （3）企业间 | （4）国有企业 | （5）私营企业 | （6）企业间 |
| local | −0.0302 | −0.0143 | 0.00476 | −0.0230 | 0.0598 | −0.0380 |
| gdppc | 0.00499 | −0.0169* | 0.0143 | 0.0285 | −0.0225 | 0.0290* |
| urban | 0.0631 | −0.00749 | −0.0340 | 0.0476 | −0.0108 | −0.0103 |
| education | −0.0238 | 0.0353 | −0.0108 | 0.0113 | 0.0200 | 0.000754 |
| finance | 0.0793* | 0.0507** | −0.0229 | 0.0689 | 0.144** | −0.0459 |
| 时间趋势 | yes | yes | yes | yes | yes | yes |
| 地区控制 | yes | yes | yes | yes | yes | yes |
| Constant | 0.684*** | 1.207*** | −0.0798 | 1.280*** | 1.632*** | 0.0603 |
| N | 2 280 | 2 293 | 2 293 | 2 413 | 2 434 | 2 434 |
| $R^2$ | 0.197 | 0.239 | 0.061 | 0.237 | 0.116 | 0.044 |

注：\*\*\*：p<0.01；\*\*：p<0.05；\*：p<0.1。

表 8.11　非本地银行进入进程与不同企业所有制的关系

| 变量 | 企业规模 | | | 企业产值 | | |
|---|---|---|---|---|---|---|
| | （1）国有企业 | （2）私营企业 | （3）企业间 | （4）国有企业 | （5）私营企业 | （6）企业间 |
| nolocal | −0.0129** | −0.0179*** | −0.0078*** | −0.0236*** | −0.0041 | −0.0115*** |
| gdppc | −0.0397*** | −0.0594*** | 0.0061* | −0.0398*** | −0.0447*** | 0.0193*** |
| urban | 0.0549 | 0.126*** | 0.0107 | −0.101 | 0.210*** | 0.0592 |
| education | −0.0893*** | 0.0535*** | −0.00151 | −0.189*** | 0.150*** | 0.0117 |
| finance | 0.0859*** | 0.0128 | −0.0261** | 0.172*** | 0.0140 | −0.0392* |
| Constant | 0.321** | 1.521*** | 0.135*** | −0.115 | 2.736*** | 0.368*** |
| N | 2 280 | 2 293 | 2 293 | 2 413 | 2 434 | 2 434 |
| $R^2$ | 0.122 | 0.120 | 0.014 | 0.154 | 0.037 | 0.016 |

注：\*\*\*：p<0.01；\*\*：p<0.05；\*：p<0.1。

### 8.3.3.2　个人层面

本章进一步将城乡间居民生活水平的差异拆分为农村人均可支配收入变化和城市人均可支配收入变化。与上文相同，检验银行本地化进程的微观影响机制采用双重差分法，而检验非本地银行进入过程的微观影响机制则采用面板回归方法，结果如表 8.12、表 8.13 所示。

（1）农村人均可支配收入变化

回归结果显示，本地城市商业银行的成立并没有显著地改善农村居民可支配收入现状，而非本地银行进入则显著地促进了农村居民收入的增加，进而有效地缩短了城乡间居民收入差距。这也从侧面解释了上文有关个人层面区域不均衡发展问题的实证结果。本地城市商业银行会在农村地区大量设立网点，表面上农村居民接触银行的概率增大，实际上却抽离了农村地区的闲置资金。农村的资本通过本地城市商业银行网点流向城市，而农村当地则没有得到实惠。另外，城市商业银行往往在面临激烈的市场竞争的前提下采取保守的信贷策略（姚晓明和朱晟君，2019），这样使农村居民更加难以获得金融服务支持。外来银行进入的影响则与之不同，大量非本地银行进入使资金的来源变得广泛，提高了农村居民获取银行服务的概率，进而促进农村居民可支配收入增长。

表 8.12　农村人均可支配收入变化

| 变量 | (1) | (2) | (3) | (4) |
| --- | --- | --- | --- | --- |
| $local$ | −0.00767 | −0.0166 | — | — |
| $non-local$ | — | — | 0.151*** | 0.0221*** |
| $gdppc$ | — | 0.00192 | — | 0.172*** |
| $unemp$ | — | −0.0976 | — | −0.172 |
| $urban$ | — | −0.0468 | — | 0.151*** |
| $education$ | — | 0.00409 | — | 0.307*** |
| $finance$ | — | −0.0471** | — | −0.226*** |
| 时间趋势 | yes | yes | — | — |
| 地区控制 | yes | yes | — | — |
| $Constant$ | 8.293*** | 9.232*** | 8.047*** | 10.99*** |
| $N$ | 3 964 | 2 466 | 3 959 | 2 466 |
| $R^2$ | 0.966 | 0.963 | 0.375 | 0.784 |

注：***：$p<0.01$。

（2）城市人均可支配收入变化

城市人均可支配收入变化的回归结果表明，银行本地化进程会显著地提高城市居民的收入。一般来说，直接影响城市居民收入的是就业情况，银行对城市居民收入方面的影响是间接的。一方面，银行本地化进程会提升企业获得贷款的能力，进而带动从业者提升收入；另一方面，银行本地化进程也会提升城市居民接受金融服务的水平，有机会获得来自资本市场的增值。通过与农村居民可支配收入的相应回归结果比较就可以发现，本地城市商业银行优先向城市居民提供金融服务，进而拉大了城乡间居民生活水平上的差距。另外，非本地银行进入也会显著地增加城市居民可支配收入，然而通过与上文该变量结果的大小比较可以发现，城市方面的系数小于农村系数，可以间接说明：尽管非本地银行进入同时增进了城市和农村居民的可支配收入，但是对城市居民收入的作用力度较弱。这样的结果恰恰证明了非本地银行进入实质上显著地拉近了城乡间发展的差距。

表 8.13 城市人均可支配收入变化

| 变量 | (1) | (2) | (3) | (4) |
| --- | --- | --- | --- | --- |
| $local$ | 0.0272*** | 0.0183* | — | — |
| $non-local$ | — | — | 0.143*** | 0.0183*** |
| $gdppc$ | — | 0.0089 | — | 0.168*** |
| $unemp$ | — | -0.0534 | — | -0.202* |
| $urban$ | — | -0.0074 | — | 0.209*** |
| $education$ | — | 0.0057 | — | 0.326*** |
| $finance$ | — | -0.0468** | — | -0.281*** |
| 时间趋势 | yes | yes | — | — |
| 地区控制 | yes | yes | — | — |
| $Constant$ | 8.791*** | 8.763*** | 8.550*** | 11.65*** |
| $N$ | 4 155 | 2 628 | 4 150 | 2 628 |
| $R^2$ | 0.972 | 0.969 | 0.362 | 0.802 |

注：***：$p<0.01$；**：$p<0.05$；*：$p<0.1$。

### 8.3.4 银行业动态变化与地方异质性的影响

考虑到银行本地化和非本地银行进入均是中国银行业空间演化过程的阶段性特点,加之随着时间的推移和银行自身的成长,有可能对地方经济发展差异的影响呈现动态变化特征。为了更直观地考察这一趋势,在本章进一步检验了本地城市商业银行成立前后以及非本地银行进入数量变化产生的动态差异。

不仅如此,本文还发现近年来改组地级市的城市商业银行成为省属地方商业银行的现象层出不穷,重新洗牌地方银行市场,调整之后地级市政府"失去"了对金融资源的掌控,在此背景下区域经济发展不均衡问题的影响有待进一步验证。另外,在中国研究地方层面的问题无法回避的是制度环境,特别是经济体制改革以来,分权化的过程赋予地方的权力,空间差异十分明显。综上,本节从银行业动态演化过程和地方制度环境异质性的角度出发,结合银行本地化和非本地银行进入过程,继续深入验证其对区域不均衡发展问题的作用机制。

#### 8.3.4.1 本地银行成立时间前后的动态影响变化

除上述检验研究假设的结果外,本章还将继续深入研究银行本地化进程作用机制随时间变化的动态效应,即区域经济发展差异随本地城市商业银行成立时间前后的演变规律。本节采用事件分析法(event study)进行实证分析,设置的回归模型如下:

$$Y_{ct} = \alpha + \beta_1 D_{ct}^{-10} + \beta_2 D_{ct}^{-9} + \cdots + \beta_{24} D_{ct}^{14} + \beta_{25} D_{ct}^{15} + \gamma X_{ct} + A_c + B_t + \varepsilon_{ct}$$

式中,$D_{ct}$均为0和1的虚拟变量,其中上标数字表示当前$t$年距城市$c$的城市商业银行成立年份的差值,负数为在城市商业银行成立前若干年,具体而言,$D_{ct}^{-9}$表示城市商业银行成立前9年,而$D_{ct}^{-10}$则包括大于等于10年前的情况,同理$D_{ct}^{15}$表示城市商业银行成立15年及以后的情形。为避免共线问题,本文除去了城市商业银行成立当年的$D_{ct}^{0}$变量。在此,回归系数$\beta_i$的变化情况就反映了城市商业银行成立前后对区域经济发展的不均衡问题的动态影响。

为了更直观地反映上述动态变化趋势，本研究将回归结果通过图示呈现出解释变量回归系数的变化情况，并且标识出95%的置信区间，分别如图8.6至图8.9所示。其中，横轴表示距离城市商业银行成立的年数，纵轴表示解释变量回归系数的变化率，即银行本地化进程的动态效应。通过比较这四张图中城市商业银行成立前后解释变量的置信区间，再次证明城市商业银行作为区域经济发展的外生变量的确会对不均衡发展问题产生显著影响。长期来说，成立本地城市商业银行会逐渐增大城市内企业间的发展差异。通常城市商业银行信贷策略相对保守，寻求与企业建立稳固的合作关系，长期会造成区域企业间的差距拉大，如图8.6和图8.7所示，企业规模和企业产值两个方面都呈现出相同的动态变化趋势。

相比之下，成立本地城市商业银行对区域城乡居民生活水平的差异性影响作用主要集中在城市商业银行成立的初期，随着时间发展，本地城市商业银行的作用被弱化，甚至并不显著地改变城乡居民间的生活水平差异。从上文的结果可以发现，城市商业银行更倾向为城市居民配置信贷资源，进而带动城市人均可支配收入增长。然而，这样显然有失城市商业银行作为地方政府"金融调控工具"的作用，缩小城乡发展差距也是地方政府重要任务之一，利用本地城市商业银行扶持农村地区发展也符合成立之初的意义。由此可以认为，随着城市商业银行管理走向成熟、规模不断壮大，其所发挥的调节资金流向作用会进一步凸显出来。

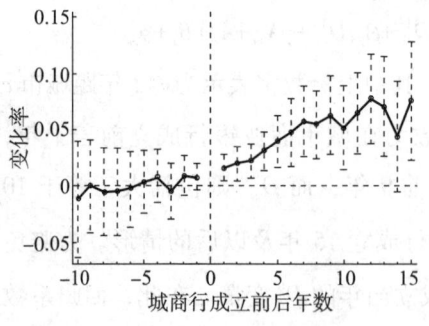

图8.6　本地银行成立年限与企业从业人数的关系

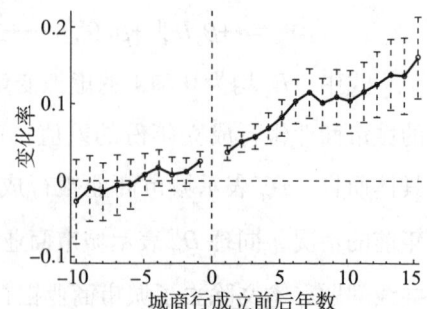

图8.7　本地银行成立年限与企业产值的关系

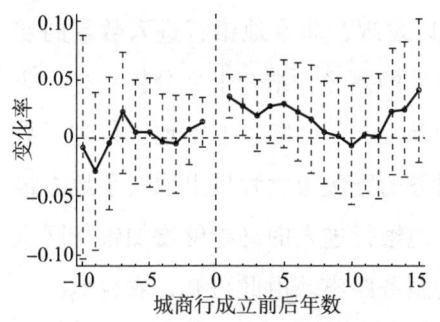
图8.8 本地银行成立年限与城乡人均可支配收入比的关系

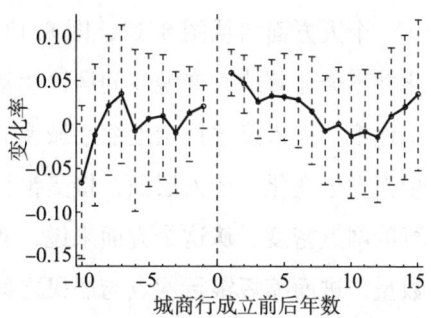
图8.9 本地银行成立年限与城乡人均生活消费支出比的关系

#### 8.3.4.2 外来银行进入数量变化的动态效应

本节将事件分析法应用扩展到外来银行进入数量对区域经济发展差异影响的动态效应中来。城市非本地银行进入随时间发展具体表现为数量上的变化。一般来说，城市非本地银行数量呈现逐年增长的趋势。外来银行进入影响的动态效应实质上是外来银行数量增多对城市银行市场结构的改变造成的，银行间竞争程度的加深进而影响区域经济发展差异的变化。接下来，本节设置了如下的回归模型进行检验：

$$Y_{ct} = \alpha + \delta_1 E_{ct}^2 + \delta_2 E_{ct}^3 + \cdots + \delta_{12} E_{ct}^{14} + \delta_{13} E_{ct}^{15} + \gamma X_{ct} + A_c + B_t + \varepsilon_{ct}$$

式中，$E_{ct}$为 $c$ 城市 $t$ 年份非本地银行累计个数的虚拟变量，其中上标数字就表示非本地银行的个数，而 $E_{ct}^2$ 表示非本地银行个数小于2家（包含2家）的城市，$E_{ct}^{15}$ 则表示非本地银行个数超过15家（包含15家）的城市。此处回归系数 $\delta_i$ 表示不同数量的非本地银行进入是如何影响区域经济发展差异的。

企业方面。如图8.10、图8.11所示，在非本地银行进入的早期阶段，垄断了部分城市的信贷资源，结果显著地增大了区域内的经济发展差异。然而，随着非本地银行进入数量的增多，本地城市商业银行逐渐成长起来，形成了较为良性的地方金融环境，资本得到了有效配置，减小了企业间的差异。但随着非本地银行大量进入，进一步加剧地方银行市场的竞争程度，容易催生出银行实行保守的信贷策略以便防控信贷风险。这样反而不利于信贷评价不占优势的小型企业，造成城市企业发展差距进一步拉大。

个人方面。从图 8.12、图 8.13 可以发现，非本地银行进入数量的变化并不会显著地改变城乡间居民生活水平的差异。结合上文分析结果，非本地银行进入能够稳定地缩小城乡间的差距，不会随着非本地银行进入数量而发生变化。个人层面，接受银行服务的频次很大程度上取决于地方银行的网点密度。从这个方面来说，非本地银行进入的确能够增加银行网点数量，进而缩短银行网点与居民之间的服务距离。由此可知，农村地区金融环境的改善有利于提升农村居民生活水平，缩小城乡间的差距。

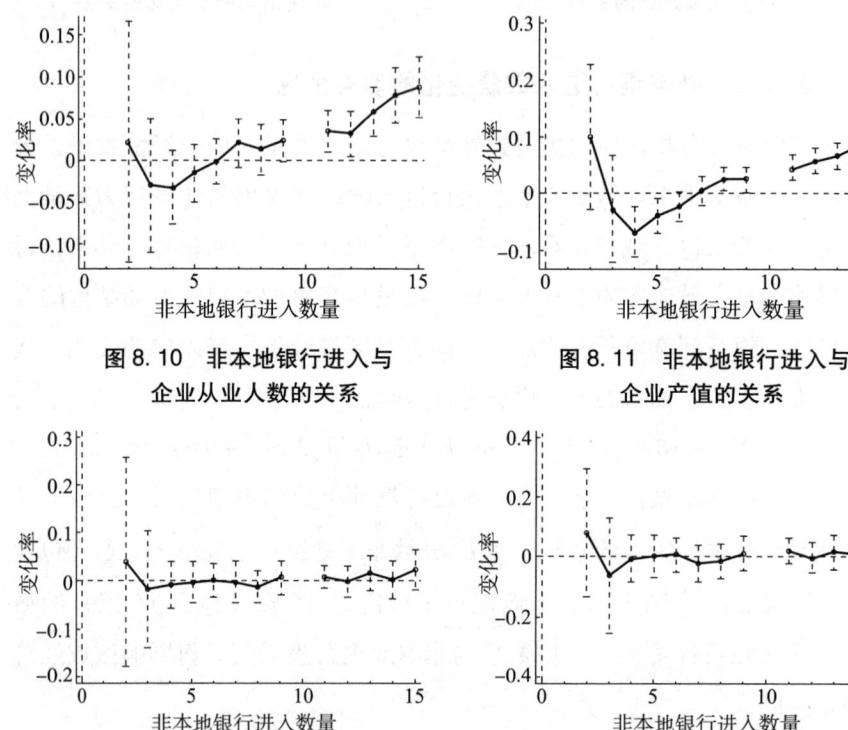

图 8.10　非本地银行进入与
企业从业人数的关系

图 8.11　非本地银行进入与
企业产值的关系

图 8.12　非本地银行进入与城乡人均
可支配收入比的关系

图 8.13　非本地银行进入与城乡人均
生活消费支出比的关系

#### 8.3.4.3　本地城市商业银行撤并的影响

众所周知，作为地方性金融机构的城市商业银行实质上满足了当地发展的资金需求，活跃了地方金融环境，也潜在地成为地方政府手中有力的"金融工具"。分税制改革压缩了地方政府财政支出能力。城市商业银行的成立填补了地方政府金融手段的缺失,有研究表明,城市商业银行的成立确实有助于刺激当地经济快速发展(郭峰和熊瑞祥,2017)。由此,各级地方政府都已经认识到自己拥有银行的重要性,县级乃至乡镇一级的农村商业银行如雨后春笋一般涌现。然而,省级层面则主要通过兼并和改组下辖城市的城市商业银行完成的,主要有三种模式:第一种是合并省内若干所城市商业银行,如江苏银行、吉林银行等;第二种是将省会所在城市的城市商业银行升级为"省级"的商业银行,如青海银行;第三种则是直接成立省属的商业银行,如新疆银行。

城市商业银行的撤并重组一方面使地级市政府失去了对银行的控制权,另一方面原城市商业银行转变成为"新"银行在当地的分支机构,有可能抽离本地资本,造成金融资源的外流,然而也不排除具有吸引资本进入的可能。不管怎样,城市商业银行的撤并重组都将对当地的经济发展和区域均衡发展问题产生影响。为进一步检验上述城市商业银行撤并重组的影响,本研究将所在城市的城市商业银行是否被兼并重组设定为一个虚拟变量,即 $Merger_{ct}$,若城市 $c$ 的城市商业银行在 $t$ 年被兼并,则在 $t$ 年及以后各年份的 $Merger_{ct}$ 均为 1,否则为 0。通过引入该虚拟变量来检验城市商业银行被兼并对地方经济发展差异性可能产生的影响。

$$Y_{ct}=\alpha+\beta D_{ct}+\eta Merger_{ct}+\gamma X_{ct}+A_c+B_t+\varepsilon_{ct}$$

表 8.14 的回归结果显示,失去本地城市商业银行后对区域经济发展差异的影响并不十分明显,尤其是城乡间居民生活水平差异方面几乎没有改变。而在企业差异性方面则表现出一定的正向作用,即区域企业间的差距被拉大。这也从侧面说明缺少本地银行之后的地方更难以用金融资源配置的手段实现区域内均衡发展的夙愿。

表 8.14(一) 加入城市商业银行兼并重组虚拟变量的回归结果

| 变量 | 企业层面 | | | |
|---|---|---|---|---|
| | 企业规模 | | 企业产值 | |
| | (1) | (2) | (3) | (4) |
| local | 0.0149 | −0.0067 | 0.0354*** | 0.0057 |
| merger | 0.0349* | −0.0094 | 0.0591*** | −0.0130 |

续表

| 变量 | 企业层面 | | | |
|---|---|---|---|---|
| | 企业规模 | | 企业产值 | |
| | (1) | (2) | (3) | (4) |
| gdppc | — | 0.0092* | — | 0.0129*** |
| unemp | — | — | — | — |
| urban | — | 0.0143 | — | 0.0375** |
| education | — | 0.00003 | — | 0.0095 |
| finance | — | 0.0242* | — | 0.0363*** |
| 时间趋势 | yes | yes | yes | yes |
| 地区控制 | yes | yes | yes | yes |
| Constant | -0.761*** | -0.460*** | -0.468*** | -0.215*** |
| N | 5 000 | 2 553 | 5 334 | 2 694 |
| $R^2$ | 0.558 | 0.727 | 0.118 | 0.203 |

注：***：$p<0.01$；**：$p<0.05$；*：$p<0.1$。

表8.14（二） 加入城市商业银行兼并重组虚拟变量的回归结果

| 变量 | 个人层面 | | | |
|---|---|---|---|---|
| | 城乡收入比 | | 城乡支出比 | |
| | (5) | (6) | (7) | (8) |
| local | 0.0245 | 0.0161 | 0.0390 | 0.0496* |
| merger | -0.0275 | -0.0470* | -0.0356 | -0.0357 |
| gdppc | — | 0.0147* | — | 0.0293** |
| unemp | — | 0.0193*** | — | 0.00752 |
| urban | — | 0.0360 | — | 0.00300 |
| education | — | -0.0058 | — | -0.0115 |
| finance | — | 0.0062 | — | -0.0266 |
| 时间趋势 | yes | yes | yes | yes |
| 地区控制 | yes | yes | yes | yes |
| Constant | 0.459*** | 0.438*** | 1.053*** | 0.769*** |
| N | 3 850 | 2 438 | 3 834 | 2 434 |
| $R^2$ | 0.160 | 0.185 | 0.166 | 0.138 |

注：***：$p<0.01$；**：$p<0.05$；*：$p<0.1$。

#### 8.3.4.4 地方制度环境的异质性

自改革开放以来，中国采取了全球化、市场化、分权化的政策措施，重新塑造了当今的经济地理格局。在地方层面，分权化赋予了地方政府更多的经济发展自主决策权，尤其在财政预算编制上自由度更大一些。考虑到地方政府可能对当地银行系统施加压力，地方财政支出能力可能会弱化银行等地方金融机构在宏观经济发展中的作用。然而，分权化赋予地方的权力大小是具有空间异质性特征的，本节通过引入财政自由度来刻画地方政府的财政分权程度。具体来说，本节选用地方财政一般预算内收入与地方财政一般预算内支出的比值来定义"财政自主度"（$Govauto_{ct}$）。接下来，通过引入财政自主度与银行变量的交叉项来进一步检验地方财政环境是如何影响银行业在区域发展差异过程中的作用的。

$$Y_{ct} = \alpha + \beta D_{ct} + \theta\ Govauto_{ct} \times D_{ct} + \varphi\ Govauto_{ct} + \gamma X_{ct} + A_c + B_t + \varepsilon_{ct}$$

表 8.15 的回归结果显示，地方制度环境几乎没有改变本地银行在区域不均衡发展问题上的影响。地方财政能力与地方金融能力都是地方政府有力地调节区域发展差异的重要手段，二者之间相互独立发挥作用，尽管本地城市商业银行的成立增强了地方政府的金融调节能力，是财政能力的重要补充，但二者并非替代关系，彼此发挥不同的功能。

表 8.15（一） 加入地方制度环境的银行本地化进程的回归结果

| 变量 | 企业层面 | | | |
| --- | --- | --- | --- | --- |
| | 企业规模 | | 企业产值 | |
| | (1) | (2) | (3) | (4) |
| local | 0.0126 | −0.0129 | 0.0322** | 0.0265 |
| local×gov | −0.0327 | 0.0213 | −0.0529* | −0.0298 |
| gov | 0.0191 | 0.0013 | −0.0100 | −0.0368 |
| gdppc | — | 0.0071 | — | 0.0113** |
| unemp | — | — | — | — |
| urban | — | 0.0081 | — | 0.0212 |
| education | — | −0.0082 | — | 0.0156 |
| finance | — | 0.0197 | — | 0.0339* |

续表

| 变量 | 企业层面 | | | |
|---|---|---|---|---|
| | 企业规模 | | 企业产值 | |
| | (1) | (2) | (3) | (4) |
| 时间趋势 | yes | yes | yes | yes |
| 地区控制 | yes | yes | yes | yes |
| Constant | -0.511*** | -0.541*** | -0.348*** | -0.187** |
| N | 2 754 | 1 851 | 3 082 | 1 992 |
| $R^2$ | 0.741 | 0.782 | 0.205 | 0.248 |

注：***：$p<0.01$；**：$p<0.05$；*：$p<0.1$。

表8.15（二） 加入地方制度环境的银行本地化进程的回归结果

| 变量 | 个人层面 | | | |
|---|---|---|---|---|
| | 城乡收入比 | | 城乡支出比 | |
| | (5) | (6) | (7) | (8) |
| local | 0.0189 | 0.0241 | 0.0131 | 0.0339 |
| local×gov | 0.0344 | 0.0329 | 0.0612 | 0.0435 |
| gov | 0.0632* | 0.0014 | 0.123** | 0.0881 |
| gdppc | — | 0.0152* | — | 0.0275** |
| unemp | — | 0.0150* | — | 0.0007 |
| urban | — | 0.0662** | — | 0.0529 |
| education | — | -0.0043 | — | -0.0193 |
| finance | — | 0.0059 | — | -0.0390 |
| 时间趋势 | yes | yes | yes | yes |
| 地区控制 | yes | yes | yes | yes |
| Constant | 0.397*** | 0.468*** | 0.950*** | 0.713*** |
| N | 2 882 | 1 825 | 2 873 | 1 822 |
| $R^2$ | 0.247 | 0.205 | 0.221 | 0.167 |

注：***：$p<0.01$；**：$p<0.05$；*：$p<0.1$。

在计量模型中加入地方制度环境变量之后的非本地银行进入过程的面板回归模型如下：

$$Y_{ct}=\alpha+\delta E_{ct}+Govauto_{ct}\times E_{ct}+Govauto_{ct}+\gamma X_{ct}+A_c+B_t+\varepsilon_{ct}$$

从表 8.16 的回归结果可以发现,地方制度环境显著地作用于非本地银行进入对区域经济发展差异问题的影响。在衡量区域不均衡发展问题的两方面变量中,模型中交叉项的回归结果均显著为正。考虑到非本地银行进入变量回归结果显著为负,综合来看地方的财政自由度实质上弱化了非本地银行有利于缩小区域不均衡发展问题的作用。一般来说,地方财政能力较强的地方政府通过财政预算支出直接缩小企业间以及城乡间的发展差异问题,无形中"挤占"了地方银行市场的作用空间,进而加剧了地方银行市场的竞争环境。结合上文结果可以推断,非本地银行在面对地方激烈的市场竞争环境的情况下,制定的经营策略反而会加剧区域经济发展不均衡的问题。

表 8.16(一) 加入地方制度环境的非本地银行进入过程的回归结果

| 变量 | 企业层面 | | | |
| --- | --- | --- | --- | --- |
| | 企业规模 | | 企业产值 | |
| | (1) | (2) | (3) | (4) |
| $non-local$ | $-0.112^{***}$ | $-0.0756^{***}$ | $-0.0358^{***}$ | $-0.0251^{***}$ |
| $nonlocal \times gov$ | $0.0889^{***}$ | $0.0846^{***}$ | $0.0342^{***}$ | $0.0304^{***}$ |
| $gov$ | $-0.572^{***}$ | $-0.386^{***}$ | $-0.254^{***}$ | $-0.175^{***}$ |
| $gdppc$ | — | $-0.0541^{***}$ | — | $-0.0143^{***}$ |
| $unemp$ | — | — | — | — |
| $urban$ | — | $0.0573^{**}$ | — | $0.0242$ |
| $education$ | — | $-0.0447^{***}$ | — | $0.0009$ |
| $finance$ | — | $-0.101^{***}$ | — | $-0.0193^{**}$ |
| 时间趋势 | yes | yes | yes | yes |
| 地区控制 | yes | yes | yes | yes |
| Constant | $0.0765^{**}$ | $-0.390^{***}$ | $-0.156^{***}$ | $-0.161^{***}$ |
| $N$ | 2 754 | 1 851 | 3 082 | 1 992 |
| $R^2$ | 0.333 | 0.495 | 0.069 | 0.105 |

注:$^{***}$:$p<0.01$;$^{**}$:$p<0.05$。

表 8.16（二） 加入地方制度环境的非本地银行进入过程的回归结果

| 变量 | 个人层面 | | | |
| --- | --- | --- | --- | --- |
| | 城乡收入比 | | 城乡支出比 | |
| | (5) | (6) | (7) | (8) |
| non-local | -0.0318*** | -0.0238*** | -0.0519*** | -0.019*** |
| nonlocal×gov | 0.0306*** | 0.0265*** | 0.0435*** | 0.0168** |
| gov | -0.122*** | -0.102** | -0.102* | 0.103 |
| gdppc | — | -0.0027 | — | -0.0070 |
| unemp | — | 0.0245*** | — | 0.0140 |
| urban | — | 0.0854*** | — | 0.0492 |
| education | — | -0.0071 | — | -0.056*** |
| finance | — | -0.0601*** | — | -0.075*** |
| 时间趋势 | yes | yes | yes | yes |
| 地区控制 | yes | yes | yes | yes |
| Constant | 0.603*** | 0.651*** | 1.205*** | 0.642*** |
| N | 2 882 | 1 825 | 2 873 | 1 822 |
| $R^2$ | 0.088 | 0.083 | 0.083 | 0.086 |

注：***：$p<0.01$；**：$p<0.05$；*：$p<0.1$。

## 8.4 本章小结

本章将推动中国银行业空间演化的动力来源概括为银行本地化进程以及非本地银行进入过程两个方面，二者重新塑造了地方层面银行市场结构，进而影响区域经济发展，同时也产生了一系列社会效应。

首先，本章重点研究了银行业空间演化过程是如何影响区域经济发展的不均衡性问题的。针对这一研究目标，本章从企业和个人两个层面构建了衡量区域经济发展差异的四个指标，分别是区域企业从业人数的基尼系数、企业产值的基尼系数、城乡间人均可支配收入比、城乡间人均生活消费支出比。利用双重差分法以及面板模型实证检验了本地城市商业银行成立以及非本地银行进入对于区域发展不均衡问题的影响。研究发现，本地银行的成立主要拉大了城乡间居民生活水平的差距，而非本地银行进入则显著地缩小了区域经济发展差距。

其次，本章还进一步剖析了银行业空间演化过程影响的微观机制，研究发现，在企业层面，非本地银行进入主要缩小了大企业和小企业之间的发展差异，而且对国有企业以及不同所有制类型间的企业发展差异都有显著的缩小作用。在个人层面，本地银行的成立会使城市居民的收入增加，而不会显著改善农村居民的收入水平。另外，尽管非本地银行会显著地提升城乡居民的可支配收入，但对农村居民收入增长的促进作用更为强劲。

最后，考虑到银行业空间演化的动态变化过程以及地方制度环境的影响，本章还检验了它们是如何影响区域经济发展差异的。研究发现，长期来看，成立本地城市商业银行会显著地增大企业间的发展差异，而非本地银行进入也只是在少量外来银行的良性市场竞争阶段改善了区域企业发展的均衡问题，一旦非本地银行数量增多，也同样会拉大企业间的差距。城乡居民生活水平方面，本地城市商业银行也只有在短期内才能显著地增大差距，而在长期内则并没有表现出显著影响，同样，非本地银行进入的数量也没有对城乡间的生活水平差异发生作用。近年来，通过重组撤并等方式建立起的省级地方性银行对原城市商业银行所在城市的影响并不明显，其中只是扩大了企业方面的差距。另外，地方的制度环境几乎不会对本地城市商业银行的作用产生影响，只针对非本地银行进入发生显著的作用，弱化了非本地银行进入对缩小区域经济发展差距的作用。

# 第九章

# 结论与讨论

## 9.1 主要研究发现

金融改革是中国经济体制改革的重要组成部分,银行业作为最普遍存在分布的金融门类,其市场化改革相关问题已引起广泛关注。自 2005 年起,大型国有商业银行相继启动上市计划,中国银行业市场化改革持续深入,各类所有制银行的业务限制和地域限制逐渐取消,银行间的竞争越发激烈,对此,银行机构会通过调整分支网点的空间布局来应对市场竞争环境的变化。然而与西方国家银行机构大规模兼并重组而引发的空间分布格局的演变不同,中国银行业尚未经历重组过程,中国银行业空间演化的动力主要源自两方面:一是银行网点的空间扩张,二是地方性银行的兴起。在此,本研究引入演化经济地理相关研究中的产业关联思想,提出地方产业的金融关联度和区域间投资流向的金融关联度两个重要变量,在综合考虑集聚外部性和区位优势等因素的基础上,构建了基于演化经济地理思想的银行网点空间演化过程的解释框架。

基于信息不对称理论,银行分支机构分布的空间异质性会影响信贷资金在空间上的配置问题。本研究进一步将中国银行业空间演化过程概括为:银行操作距离变化、银行功能距离变化、地方银行市场竞争环境变化以及银行本地化程度变化。并且从这四个方面刻画了在地级尺度上金融环境的空间分布规律。考虑到近年来经济金融化进程加快,实体经济的发展越来越受金融环境的制约。在此基础上,本文重点研究了银行空间演化过程与地方产业演化、地方新企业进入之间的关系,还创造性地引入演化经济地理理论中产业关联的概念,从产业动态的视角分析银行空间演化过程对地方产业发展的影响。银行本地化进程和非本地银行进入过程是推动中国银行业空间演化的动力来源，二者重新塑造了地方层面银行市场结构，进而影响区域经济发展，同时产生一系列社会效应。因此，本文还深入研究了银行业空间演化过程如何影响区域经济发展的不均衡问题，进一步剖析了银行业空间演化过程影响的微观机制。

本研究采用了定性分析和定量分析相结合的方法，力图全面系统地概括出中国银行业在市场化改革过程中的空间演化过程及其作用机制，在此基础上进一步揭示银行机构与地方发展之间的内在联系和外在约束。主要的研究发现概括如下：

（1）银行网点会优先进入地方产业金融关联程度较高的地区，以便外来银行尽快融入当地银行市场

地方产业金融关联度的作用对于大型国有商业银行、股份制商业银行等规模较大银行的吸引作用显著高于地方性城市商业银行。城市商业银行往往会采取紧跟本地投资进入其他地区的策略，尤其是在放开地域限制的初期，但随着地方银行市场走向成熟，竞争日趋激烈，大型银行网点也呈现出为控制风险而采取跟随投资流向的空间演化特征。近年来，银行领域的改革模糊了银行所有制的概念，规模成为区分银行的主要特征之一。规模越大的银行在防控风险方面的能力越强，表现出"以利润优先、市场指引"的空间扩张原则，同时不断强化地方产业基础在银行网点进入方面的作用。不仅如此，银行成长的不同阶段也会展现出各自的空间分布规律，通过对比上市与非上市银行的空间演化路径可以发现，随着银行机构不断向前发展走向成熟，其空间演化路径可能逐渐克服地理因素的束缚，然而空间异质性和邻近效应依然对银行的空间演化路径产生显著影响。

理论方面，上述研究结果表明演化经济地理的研究范畴不只局限于制造业，同样可以移植到服务业的空间演化研究。演化经济地理提供的动态视角可以帮助我们重新理解包括银行业在内的其他服务业空间动态过程。

（2）中国银行业空间演化过程重新塑造了地方信贷市场

银行操作距离邻近不利于企业的信贷获得，银行空间扩张过程产生的信息不对称和代理人问题同样制约企业授信，竞争性的地方银行市场结构

和地方性银行的建立能够有效地促进企业信贷获得,其中竞争型的银行市场有利于非国有企业的信贷获得,相反,垄断型的地方银行市场更有利于国有企业获得银行贷款。银行空间演化对信贷配置的影响存在较强的区域差异性。在中国经济转型的制度背景下,市场化力量有效地缓解了企业与银行之间的信息不对称问题,拓展了银行信贷的安全范围,但激烈的市场竞争同时也会提高银行异地扩张的经营风险;而分权化促进了地方力量的加强,地方政府一方面保护本地企业获得贷款,另一方面培植本地银行改善企业信贷环境。

在中国银行业改革的现实背景和中国转型经济的制度背景下,本文的研究结果具有重要的政策指导意义:一方面,应继续加大培植地方性银行建立、成长的力度,地方性银行显著降低银行功能距离的负向作用,另外,银行本地化程度越高越能显著提升非国有企业的贷款获得率;另一方面,地方政府应积极承担银行和企业两端连接的桥梁作用,给予本地民营企业和新企业融资便利,继续发挥好分权化的地方力量在中国经济转型制度下的重要作用。

(3)中国银行业空间演化过程在地方产业演化和新企业进入上的确起到了重要的作用

银行网点数量的增长以及银行跨区域扩张过程都显著地促进了地方产业转型和吸引新企业进入,特别是暂时没有比较优势的产业类型。城市内新企业的成立既是路径依赖过程的结果,也可能因地方金融环境的改善而激发创业热情,拓宽路径。银行空间演化过程弱化了产业关联度在产业演化和新企业进入方面的促进作用,地方银行环境的演进能够帮助地方产业向在产业空间中距离更远的产业方向演化,帮助新进入企业克服对产业关联度的依赖。

在政策建议方面,由于各区域产业基础和银行市场环境基础差异较大,因此各区域银行空间演化的差异对产业关联度在地方产业演化过程中发挥作用的影响也是不尽相同的。地方政府可以通过调整本地银行网点的数量,减弱或者增强产业关联度的促进作用,实现地方产业转型和吸引新企业进入的目的。通过改善地方金融环境,实现地方产业发展的多样化路径。

(4) 本地城市商业银行成立和非本地银行进入对区域内不均衡发展问题会产生显著的影响

研究发现，本地银行的成立拉大了城乡间居民生活水平的差距，而非本地银行进入则显著地缩短了区域经济发展差距。在银行业空间演化过程影响的微观机制方面，研究发现，在企业层面，非本地银行的进入主要缩小了大企业和小企业之间的发展差异，而且对国有企业以及不同所有制类型间的企业发展差异都有显著的缩小作用；在个人层面，本地银行的成立会使城市居民的收入增加，而不会显著改善农村居民的收入水平；另外，尽管非本地银行的进入会显著提升城乡居民的可支配收入，但对农村居民收入增长的促进作用更为强劲。而在银行业空间演化的动态变化过程以及地方制度环境的影响方面，本地城市商业银行也只有短期能显著增大差距，而在长期则并没有表现出显著的影响，而非本地银行进入的数量没有对城乡间的生活差异发生作用。近年来，通过重组撤并等方式建立起的省级地方性银行对原城市商业银行所在城市的影响并不明显，其中只是扩大了企业方面的差距。最后，地方的制度环境几乎不会对本地城市商业银行的作用产生影响，只针对非本地银行的进入发生显著的作用，弱化了非本地银行的进入对缩小区域经济发展差异的作用。

## 9.2 银行空间演化与地方发展的一些思考

信息通信技术的高速发展，打破了空间距离的局限，金融管制政策的逐步开放，打破了制度造成的障碍，由此对于地理是否还起作用，或者说以银行为代表的金融行业是否可以脱离地理距离的束缚，一直是理论界讨论的热点问题。对此争论存在两种截然相反的观点，非此即彼，显然本研究结果从侧面证明了"地理"的作用是显著的。近年来移动支付、电子银行等新兴技术的蓬勃兴起，一定程度上取代了实体银行网点的业务和功能，事实上这也的确加速了实体银行网点的退出步伐。然而，若以此断定信息通信技术的发展，未来可能完全取代实体银行网点的论调也为时尚早。本研究认为，二者之间可能会维持在某一平衡点上，借助科技的力量银行网点业务的空间范围可能会进一步扩大，从服务业区位理论可以想见网点的市场半径扩大必然会减少区域银行网点的数量，但并不会完全取代实体银行网点的作用。另外，信息技术的进步也未改变信息不对称性的事实。不可否认的是科技进步只起到缓解作用，但并没有根除借贷者与放贷者二者信息不对称问题，不完全信息背景下的非理性人事实，使得双方信息无法完美匹配。从这个角度来说，科技进步与银行网点的空间布局机制并非互相矛盾，银行网点的区位选择问题还需要与时俱进的理论解释，有待未来研究补充。

金融业作为国民经济行业类型之一，自然不容忽视，然而金融与实体经济有着千丝万缕的联系使得金融业已经不仅限于行业本身。经济金融化过程充分地证明了实体经济的发展不能脱离于金融业的支撑。本研究揭示了银行网点的空间演化过程会造就异质性的地方金融环境，同时地方经济发展能力也是内生力量和外生力量相互作用的结果，二者之间的作用机制是复杂且多元化的，需要运用多学科的知识加以理解。地理视角仅仅是看待金融与实体经济发展之间关系的一个维度，全面地揭示金融化背景下的地方经济发展需要跨学科的理论支撑，以及创新的技术手段。此外，网络化的概念被引入经济地理研究，银行组织体系构建起的区域内和区域间联系网络以及跨尺度空间的垂直联系都可能对地方发展产生影响。

## 9.3　研究不足与研究展望

本研究可能存在以下几点不足之处：

首先，本研究使用的产业和企业相关数据时间上截止于2013年，尽管银行网点分布信息数据时效性较高，但是所能解释的也仅限于2013年及以前的地方经济效应。另外，地方性银行的兴起和银行大规模异地经营起始于2007年左右，这两方面的数据在时间上重叠的年份较少，缺乏长时间动态的实证分析结果。

其次，中国银行业改革持续进行，近年来农村商业银行发展势头强劲，在本地大量设点。尽管尚未大规模跨地区经营，但是如北京农村商业银行、上海农村商业银行、广州农村商业银行、成都农村商业银行、重庆农村商业银行规模较大，甚至超过大部分城市商业银行。未来随着农村商业银行成长，其空间分布格局和对当地经济的影响如何，有待进一步研究、验证。

再次，尽管目前外资银行占银行市场份额仍较低，但也是中国多元化商业银行体系的重要组成部分，然而外资银行的空间分布问题并没有纳入研究范畴。造成这种局面的原因是中国银行业对外资的限制，如果未来全面对外资开放，那么外资银行的力量就可能主导地方发展。当前，外资以参股农村商业银行的形式渗透中国银行市场，其发展和影响尚缺乏系统研究。

最后，银行空间演化的经济效应方面，本研究只是从定量的角度进行实证分析，然而银行与企业的关系是嵌入在地方环境中的，特别是地方的金融环境。实地调研和访谈更有助于深化数据分析结果的阐释。银行空间演化产生的社会效应方面，本研究仅限于区域内的发展差异性问题，然而地区间的发展不均衡问题也是亟待解决的区域发展难题之一。银行作为资金融通的主要渠道，网点在区域间的分布差异可能造成资金在空间上的不均衡配置，进而可能改变地区间的发展差异。

上述问题有待以后研究继续补足，目前中国的金融地理研究尚处在起步阶段，展望未来有大量问题亟待解答，前景可期。截至目前，尽管银行仍是中国金融行业的主体，但并非唯一，其他金融门类近年来成长迅速，企业通过股权融资的方式逐渐推广开来，特别是处于创业阶段的公司，股权融资的比例远高于债务融资。此外，企业成长各个阶段会与不同类型金融服务业发生联系，如投资银行、基金公司、VC、保险公司等。诸如此类的金融行业，它们与银行业的发展历程和运营特点区别较大，它们的空间分布特征和演变趋势，以及它们如何影响实体经济，仍有待进一步研究。银行业本身的政策变化和周期性规律也会使得资金流向变动，有必要纳入相关问题研究。不仅如此，中国经济体制改革持续进行，产业转型升级，产品复杂度提升，经济金融化的步伐加快，全球金融网络乃至国内金融网络正在形成中，其对区域经济发展上的作用机制可能成为今后研究的热点。中国渐进式的开放过程形成了特殊的制度环境，随着对金融领域的逐步放开，未来的相关研究有必要从中国实际出发，做出具有中国特色的理论创新和实践创新。

# 参考文献

[1] 巴曙松,刘孝红,牛播坤. 转型时期中国金融体系中的地方治理与银行改革的互动研究 [J]. 金融研究, 2005 (5): 25-37.

[2] 陈澍. 外资银行在中国 [M]. 北京: 当代中国出版社, 2011.

[3] 程惠芳,姚遥. 江浙沪城市商业银行竞争力及其影响因素分析 [J]. 经济地理, 2013 (7): 121-126.

[4] 戴志敏,朱莉妍. 中国商业银行贷款地理分布对银行利润效率的影响 [J]. 地理学报, 2015, 70 (6): 955-964.

[5] 冯科,何理. 我国银行上市融资、信贷扩张对货币政策传导机制的影响 [J]. 经济研究, 2011, 46 (S2): 51-62.

[6] 郭峰,熊瑞祥. 地方金融机构与地区经济增长: 来自城市商业银行设立的准自然实验 [J]. 经济学 (季刊), 2017 (10).

[7] 何建明,田银华,张德常. 我国信贷配给区域间差异及市场分化模型 [J]. 经济地理, 2007, 27 (1): 52-55.

[8] 贺灿飞. 区域产业发展演化: 路径依赖还是路径创造? [J]. 地理研究, 2018 (7): 1253-1267.

[9] 贺灿飞. 转型经济地理研究 [M]. 北京: 经济科学出版社, 2017.

[10] 贺灿飞,傅蓉. 外资银行在中国的区位选择 [J]. 地理学报, 2009, 64 (6): 701-712.

[11] 贺灿飞,刘浩. 银行业改革与国有商业银行网点空间布局: 以中国工商银行和中国银行为例 [J]. 地理研究, 2013 (1): 111-122.

[12] 贺灿飞,刘作丽,王亮. 经济转型与中国省区产业结构趋同研

究[J]. 地理学报, 2008, 63 (8): 807-819.

[13] 贺灿飞, 任永欢, 李蕴雄. 产品结构演化的跨界效应研究: 基于中国地级市出口产品的实证分析[J]. 地理科学, 2016, 36 (11): 1605-1613.

[14] 胡向婷, 张璐. 地方保护主义对地区产业结构的影响: 理论与实证分析[J]. 经济研究, 2005 (2): 102-112.

[15] 黄建军. 我国城市商业银行与地方政府关系[J]. 财经科学, 2010 (5): 24-30.

[16] 季菲菲. 长三角地区金融机构网络分布格局与扩张机理: 以城市商业银行为例[J]. 地理科学进展, 2014, 33 (9): 1241-1251.

[17] 李小建. 转型时期快速增长城市国有银行区位变化研究[C]. 2004年中国地理学会学术年会暨海峡两岸地理学术研讨会论文摘要集, 2004.

[18] 李小建, 周雄飞, 卫春江, 等. 发展中地区银行业空间系统变化: 以河南省为例[J]. 地理学报, 2006, 61 (4): 414-424.

[19] 李玮, 薛德升. 新世纪中国银行体制改革与地方银行机构网点的空间分布: 兼与全国性商业银行的比较[J]. 热带地理, 2013, 33 (4): 420-428.

[20] 李振发, 徐梦冉, 贺灿飞, 等. 金融地理学研究综述与展望[J]. 经济地理, 2018 (7): 7-15.

[21] 李志辉. 中国银行业的发展与变迁[M]. 上海: 格致出版社, 2008.

[22] 李智山, 黄光庆, 陈凤桂, 等. 中国全国性股份制商业银行地理分布特征研究[J]. 经济地理, 2014, 34 (2): 19-27.

[23] 林毅夫, 姜烨. 发展战略, 经济结构与银行业结构: 来自中国的经验[J]. 管理世界, 2006 (1): 29-40.

[24] 刘辉, 申玉铭, 邓秀丽. 北京金融服务业空间格局及模式研究[J]. 人文地理, 2013, 28 (5): 61-68.

［25］刘明康．中国银行业改革开放 30 年：1978—2008：上下册［M］．北京：中国金融出版社，2009．

［26］刘鹏．中国商业银行变革与转型经济市场化中商业银行的作用与可持续发展［M］．北京：中国金融出版社，2014．

［27］刘诗平．三十而立：中国银行业改革开放征程回放（1978—2008）［M］．北京：经济科学出版社，2009．

［28］刘勇，尚文程，穆鸿声．中国银行业产业组织研究［M］．上海：上海财经大学出版社，2009．

［29］刘志高，尹贻梅．演化经济地理学：当代西方经济地理学发展的新方向［J］．国外社会科学，2006（1）：34-39．

［30］陆岷峰，李振国．IPO 注册制对城市商业银行上市的影响与对策研究［J］．华北金融，2015（7）：22-28，52．

［31］陆跃祥，唐洋军，等．中国城市商业银行研究［M］．北京：经济科学出版社，2010．

［32］苗启虎，王海鹏．外资银行在华投资动因的实证研究［J］．上海金融，2004（8）：9-11．

［33］聂辉华，江艇，杨汝岱．中国工业企业数据库的使用现状和潜在问题［J］．世界经济，2012（5）：142-158．

［34］欧明刚．城市商业银行问题研究公司治理与发展战略［M］．北京：中国经济出版社，2010．

［35］潘峰华，胡晓辉，梅丽霞，等．第四届全球经济地理大会观察［J］．地理学报，2015（12）：2034-2039．

［36］潘峰华，徐晓红，夏亚博，等．国外金融地理学研究进展及启示［J］．地理科学进展，2014，33（9）：1231-1240．

［37］彭宝玉，李小建．新经济背景下金融空间系统演化［J］．地理科学进展，2009，28（6）：970-976．

［38］彭宝玉，李小建．1990 年代中期以来中国银行业空间系统变化研究［J］．经济地理，2009，29（5）：765-770．

[39] 彭宝玉，李小建．银行业空间组织变化及其地方效应［M］．北京：科学出版社，2016.

[40] 瑞斯托·劳拉詹南．金融地理学：金融家的视角［M］．孟晓晨，樊绯，李燕茹，等译．北京：商务印书馆，2001.

[41] 王霄，张捷．银行信贷配给与中小企业贷款：一个内生化抵押品和企业规模的理论模型［J］．经济研究，2003（7）：68-75，92.

[42] 王洋，杨忍，李强，等．广州市银行业的空间布局特征与模式［J］．地理科学，2016，36（5）：742-750.

[43] 武巍，刘卫东，刘毅．西方金融地理学研究进展及其启示［J］．地理科学进展．2005，24（4）：19-27.

[44] 武巍，刘卫东，刘毅．中国地区银行业金融系统的区域差异［J］．地理学报，2007，62（12）：1235-1243.

[45] 谢千里，罗斯基，张轶凡．中国工业生产率的增长与收敛［J］．经济学（季刊），2008，7（3）：809-826.

[46] 徐传谌，郑贵廷，齐树天．我国商业银行规模经济问题与金融改革策略透析［J］．经济研究，2002（10）：22-30.

[47] 姚晓明，朱晟君．银行业空间演化与企业信贷［J］．地理科学，2019，39（2）：294-304.

[48] 易纲．中国改革开放三十年的利率市场化进程［J］．金融研究，2009（1）：1-14.

[49] 袁其刚，朱学昌，商辉．出口，创新影响民营企业自生能力的实证分析：基于融资约束视角［J］．国际商务：对外经济贸易大学学报，2014（5）：5-14.

[50] 张杰．民营经济的金融困境与融资次序［J］．经济研究，2000（4）：3-10，78.

[51] 张杰，李勇，刘志彪．出口与中国本土企业生产率：基于江苏制造业企业的实证分析［J］．管理世界，2008（11）：50-64.

[52] 赵宁，陈彦华．利率市场化对我国商业银行收入结构的影响：

基于中国工商银行和宁波银行的数据分析［J］. 企业改革与管理，2017（19）：108-109.

［53］郑伯红，汤建中. 跨国银行在华发展区位研究［J］. 世界地理研究，2001，10（4）：21-28.

［54］邹伟进，刘峥，朱冬元. 中国银行业产业组织研究［M］. 武汉：中国地质大学出版社，2008.

［55］AALBERS M B. The financialization of home and the mortgage market crisis［J］. Competition & change，2008，12（2）：148-166.

［56］Agarwal S，Hauswald R. Distance and private information in lending［J］. The Review of Financial Studies，2010，23（7）：2757-2788.

［57］Agnes P. The "End of Geography" in Financial Services? Local Embeddedness and Territorialization in the Interest Rate Swaps Industry?［J］. Economic Geography，2000，76（4）：347-366.

［58］Alessandrini P，Presbitero A F，Zazzaro A. Banks，Distances and Firms' Financing Constraints［J］. Review of Finance，2009，13（2）：261-307.

［59］Alessandrini P，Presbitero A F，Zazzaro A. Bank size or distance：what hampers innovation adoption by SMEs?［J］. Journal of Economic Geography，2010，10（6）：845-881.

［60］Alessandrini P，Zazzaro A. A "possibilist" approach to regional banking systems and financial integration：The Italian experience［C］//ERSA conference papers. European Regional Science Association，1998.

［61］Alshamsi A，Pinheiro F L，Hidalgo C A. Optimal diversification strategies in the networks of related products and of related research areas［J］. Nature Communications，2018，9（1）：1328.

［62］Balland P A，Boschma R，Frenken K. Proximity and innovation：From statics to dynamics［J］. Regional Studies，2015，49（6）：907-920.

［63］Bathelt H，Glückler J. Toward a relational economic geography［J］.

Journal of economic geography, 2003, 3 (2): 117-144.

[64] Beck T, Levine R, Levkov A. Big bad banks? The winners and losers from bank deregulation in the United States [J]. The Journal of Finance, 2010, 65 (5): 1637-1667.

[65] Benfratello L, Schiantarelli F, Sembenelli A. Banks and innovation: Microeconometric evidence on Italian firms [J]. Journal of Financial Economics, 2008, 90 (2): 197-217.

[66] Bergek A, Jacobsson S, Sandén B A. "Legitimation" and "development of positive externalities": Two key processes in the formation phase of technological innovation systems [J]. Technology Analysis & Strategic Management, 2008, 20 (5): 575-592.

[67] Berger A N, Udell G F. Small business credit availability and relationship lending: The importance of bank organisational structure [J]. The Economic Journal, 2002, 112 (477): F32-F53.

[68] Binz C, Truffer B, Coenen L. Path creation as a process of resource alignment and anchoring: Industry formation for on-site water recycling in Beijing [J]. Economic Geography, 2016, 92 (2): 172-200.

[69] Birkin M, Clarke G, Douglas L. Optimising spatial mergers: commercial and regulatory perspectives [J]. Progress in Planning, 2002, 58 (4): 229-318.

[70] Bofondi M, Gobbi G. Informational barriers to entry into credit markets [J]. Review of Finance, 2006, 10 (1): 39-67.

[71] Boschma R, Capone G. Institutions and diversification: Related versus unrelated diversification in a varieties of capitalism framework [J]. Research Policy, 2015, 44 (10): 1902-1914.

[72] Boschma R, Capone G. Relatedness and diversification in the European Union (EU-27) and European Neighbourhood Policy countries [J]. Environment and Planning C: Government and Policy, 2016, 34 (4): 617-637.

[73] Boschma R, Frenken K. Why is economic geography not an evolutionary science? Towards an evolutionary economic geography [J]. Journal of economic geography, 2006, 6 (3): 273-302.

[74] Boschma R, Frenken K. The emerging empirics of evolutionary economic geography [J]. Journal of Economic Geography, 2011, 11 (2): 295-307.

[75] Boschma R, Minondo A, Navarro M. The emergence of new industries at the regional level in Spain: a proximity approach based on product relatedness [J]. Economic Geography, 2013, 89 (1): 29-51.

[76] Boyer R. Is a finance-led growth regime a viable alternative to fordism? A preliminary analysis [J]. Economy and society, 2000, 29 (1): 111-145.

[77] Brevoort K P, Hannan T H. Commercial Lending and Distance: Evidence from Community Reinvestment Act Data [J]. Journal of Money Credit and Banking, 2006, 38 (8): 1991-2012.

[78] Brevoort K P, Wolken J D. Does Distance Matter in Banking? [J]. Finance and Economics Discussion Series, 2008: 27-56.

[79] Budd L. Globalisation, territory and strategic alliances in different financial centres [J]. Urban studies, 1995, 32 (2): 345-360.

[80] Cai H, Liu Q. Competition and corporate tax avoidance: Evidence from Chinese industrial firms [J]. The Economic Journal, 2009, 119 (537): 764-795.

[81] Canepa A, Stoneman P. Financing constraints in the inter firm diffusion of new process technologies [J]. The Journal of Technology Transfer, 2004, 30 (1/2): 159-169.

[82] Carbó Valverde S, López Del Paso R, Rodríguez Fernández F. Financial innovations in banking: impact on regional growth [J]. Regional Studies, 2007, 41 (3): 311-326.

[83] Carling K, Lundberg S. Asymmetric information and distance: an empirical assessment of geographical credit rationing [J]. Journal of Economics and Business, 2005, 57 (1): 39-59.

[84] Chen D, Fan J. Distribution orientation and driving mechanism of geographical pattern change of China's banking industry [J]. Chinese Geographical Science, 2011, 21 (5), 563-574.

[85] Clark G L. Setting the agenda: The geography of global finance [M] // Economic geography: Past, presen and future, ed. S. Bagchi-Sen, H. Lawton Smith, 83-93. London: Routledge, 2006.

[86] Coad A, Rao R. Innovation and firm growth in high-tech sectors: A quantile regression approach [J]. Research Policy, 2008, 37 (4): 633-648.

[87] Coe N M, Lai K P Y, Wójcik D. Integrating finance into global production networks [J]. Regional Studies, 2014, 48 (5): 761-777.

[88] Cooke P. Transversality and transition: branching to new regional path dependence [R]. Utrecht University: Section of Economic Geography, 2010.

[89] Corpataux J, Crevoisier O, Theurillat T. The expansion of the finance industry and its impact on the economy: a territorial approach based on Swiss pension funds [J]. Economic Geography, 2009, 85 (3): 313-334.

[90] Dawley S. Creating new paths? Offshore wind, policy activism, and peripheral region development [J]. Economic Geography, 2014, 90 (1): 91-112.

[91] Degryse H, Ongena S. Distance, lending relationships, and competition [J]. The Journal of Finance, 2005, 60 (1): 231-266.

[92] Demirguc-Kunt A, Maksimovic V. Law, finance, and firm growth [J]. The Journal of Finance, 1998, 53 (6): 2107-2137.

[93] Demirguc-Kunt A, Martínez Pería M S. A framework for analyzing competition in the banking sector: an application to the case of Jordan [R]. The World Bank, 2010.

[94] Dejardin M. Linking net entry to regional economic growth [J]. Small Business Economics, 2011, 36 (4): 443-460.

[95] Disyatat P. The Bank Lending Channel Revisited [J]. Journal of Money Credit & Banking, 2011, 43 (4): 711-734.

[96] Dosi G. Opportunities, incentives and the collective patterns of technological change [J]. The Economic Journal, 1997, 107 (444): 1530-1547.

[97] Dow S C, Rodriguez-Fuentes C J. Regional finance: a survey [J]. Regional Studies, 1997, 31 (9): 903-920.

[98] Dunning J H. Trade, location of economic activity and the MNE: a search for an eclectic approach [M] //The international allocation of economic activity. London: Palgrave Macmillan, 1977: 395-418.

[99] Dymski G A. Financial globalization, social exclusion and financial crisis [J]. International Review of Applied Economics, 2005, 19 (4): 439-457.

[100] Erturk I, Froud J, Johal S, et al. The democratization of finance? Promises, outcomes and conditions [J]. Review of International Political Economy, 2007, 14 (4): 553-575.

[101] Evans D S, Jovanovic B. An estimated model of entrepreneurial choice under liquidity constraints [J]. Journal of Political Economy, 1989, 97 (4): 808-827.

[102] Florida R, Smith D F. Venture capital formation, investment, and regional industrialization [J]. Annals of the Association of American Geographers, 1993, 83 (3): 434-451.

[103] Freel M S. Are small innovators credit rationed? [J]. Small Business Economics, 2007, 28 (1): 23-35.

[104] Frenken K, Van Oort F, Verburg T. Related variety, unrelated variety and regional economic growth [J]. Regional Studies, 2007, 41 (5): 685-697.

[105] Fritsch M, Mueller P. Effects of new business formation on regional development over time [J]. Regional Studies, 2004, 38 (8): 961-975.

[106] Fryges H, Kohn K, Ullrich K. The interdependence of R&D activity and debt financing of young firms [J]. Journal of Small Business Management, 2015, 53 (S1): 251-277.

[107] Goldberg L G, Johnson D. The determinants of US banking activity abroad [J]. Journal of International Money and Finance, 1990, 9 (2): 123-137.

[108] Goldberg L G, Saunders A. The causes of US bank expansion overseas: The case of Great Britain [J]. Journal of Money, Credit and Banking, 1980, 12 (4): 630-643.

[109] Grosse R, Goldberg L G. Foreign bank activity in the United States: An analysis by country of origin [J]. Journal of Banking & Finance, 1991, 15 (6): 1093-1112.

[110] Grote M H, Lo V, Harrschar-Ehrnborg S. A value chain approach to financial centres-the case of Frankfurt [J]. Tijdschrift voor Economische en Sociale Geografie, 2002, 93 (4): 412-423.

[111] Guerrieri P, Meliciani V. Technology and international competitiveness: The interdependence between manufacturing and producer services [J]. Structural Change and Economic Dynamics, 2005, 16 (4): 489-502.

[112] Guo Q, He C. The evolution of production space and regional industrial structrues in China [J]. GeoJournal, 2017, 2 (82): 379-396.

[113] Hall S. Geographies of money and financeII Financialization and financial subjects [J]. Progress in Human Geography, 2012, 36 (3): 403-411.

[114] Hall S. Geographies of money and financeIII Financial circuits and the "real economy" [J]. Progress in Human Geography, 2013, 37 (2): 285-292.

[115] Harvey D. Social Justice and the City [M]. Oxford: Blackwell, 1973.

[116] Hassink R. How to unlock regional economies from path dependency? From learning region to learning cluster [J]. European Planning Studies, 2005, 13 (4): 521-535.

[117] Hassink R, Klaerding C, Marques P. Advancing evolutionary economic geography by engaged pluralism [J]. Regional Studies, 2014, 48 (7): 1295-1307.

[118] Hauswald R, Marquez R. Information technology and financial services competition [J]. The Review of Financial Studies, 2003, 16 (3): 921-948.

[119] Hauswald R, Marquez R. Competition and strategic information acquisition in credit markets [J]. The Review of Financial Studies, 2006, 19 (3): 967-1000.

[120] He C, Yeung G. The locational distribution of foreign banks in China: A disaggregated analysis [J]. Regional Studies, 2011, 45 (6): 733-754.

[121] Hekkert M P, Suurs R A A, Negro S O, et al. Functions of innovation systems: A new approach for analysing technological change [J]. Technological forecasting and social change, 2007, 74 (4): 413-432.

[122] Henning M. Time should tell (more): evolutionary economic geography and the challenge of history [J]. Regional Studies, 2018: 1-12.

[123] Herrera A M, Minetti R. Informed finance and technological change: Evidence from credit relationships [J]. Journal of Financial Economics, 2007, 83 (1): 223-269.

[124] Hidalgo C A, Klinger B, Barabási A L, et al. The product space conditions the development of nations [J]. Science, 2007, 317 (5837): 482-487.

[125] Hirschman A O. The strategy of economic development [M]. New Haven, CT and London: Yale University Press. , 1958.

[126] Hoff K, Stiglitz J E. Moneylenders and bankers: price-increasing subsidies in a monopolistically competitive market [J]. Journal of Development Economics, 1997, 52 (2): 429-462.

[127] Holtz-Eakin D, Joulfaian D, Rosen H S. Sticking it out: Entrepreneurial survival and liquidity constraints [J]. Journal of Political economy, 1994, 102 (1): 53-75.

[128] Hutchinson R W, McKillop D G. Regional financial sector models: an application to the Northern Ireland financial sector [J]. Regional studies, 1990, 24 (5): 421-431.

[129] Inderst R, Mueller H M. A lender-based theory of collateral [J]. Journal of Financial Economics, 2007, 84 (3): 826-859.

[130] Kennickell A B, Starr-McCluer M, Surette B J. Recent changes in US family finances: results from the 1998 survey of consumer finances [J]. Fed. res. bull. , 2000, 86: 1.

[131] King R G, Levine R. Finance and growth: Schumpeter might be right [J]. The quarterly journal of economics, 1993, 108 (3): 717-737.

[132] Klagge B, Martin R. Decentralized versus centralized financial systems: is there a case for local capital markets? [J]. Journal of Economic Geography, 2005, 5 (4): 387-421.

[133] Klepper S. Disagreements, Spinoffs, and the Evolution of Detroit as the Capital of the U.S. Automobile Industry [J]. Management Science, 2007, 53 (4): 616-631.

[134] Krugman P. Increasing returns and economic geography [J]. Journal of Political Economy, 1991, 99 (3): 483-499.

[135] Lai K. Differentiated markets: Shanghai, Beijing and Hong Kong in China's financial centre network [J]. Urban Studies, 2012, 49 (6): 1275-1296.

[136] Langley P. Uncertain subjects of Anglo-American financialization

[J]. Cultural Critique, 2007, 65 (1): 67-91.

[137] Lee N, Brown R. Innovation, SMEs and the liability of distance: the demand and supply of bank funding in UK peripheral regions [J]. Journal of Economic Geography, 2017, 17 (1): 233-260.

[138] Lee N, Sameen H, Cowling M. Access to finance for innovative SMEs since the financial crisis [J]. Research Policy, 2015, 44 (2): 370-380.

[139] Lee R, Leyshon A, Aldridge T, et al. Making geographies and histories? Constructing local circuits of value [J]. Environment and Planning D: Society and Space, 2004, 22 (4): 595-617.

[140] Leung M K. Foreign banks in the People's Republic of China [J]. Journal of Contemporary China, 1997, 6 (15): 365-376.

[141] Leung M K, Rigby D, Young T. Entry of foreign banks in the People's Republic of China: a survival analysis [J]. Applied Economics, 2003, 35 (1): 21-31.

[142] Leung M K, Young T. China's entry to the WTO: managerial implications for foreign banks [J]. Managerial and Decision Economics, 2002, 23 (1): 1-8.

[143] Leung M K, Young T. Entry of foreign banks in Shanghai: implications for business strategies in an increasingly competitive market [J]. Managerial and Decision Economics, 2005, 26 (6): 387-395.

[144] Leyshon A. Geographies of money and finance I [J]. Progress in Human Geography, 1995, 19 (4): 531-543.

[145] Leyshon A, French S, Signoretta P. Financial exclusion and the geography of bank and building society branch closure in Britain [J]. Transactions of the Institute of British Geographers, 2008, 33 (4): 447-465.

[146] Leyshon A, Thrift N. Geographies of financial exclusion: financial abandonment in Britain and the United States [J]. Transactions of the Institute of British Geographers, 1995: 312-341.

[147] Li W, Dymski G, Zhou Y, et al. Chinese-American banking and community development in Los Angeles County [J]. Annals of the Association of American Geographers, 2002, 92 (4): 777-796.

[148] Li Z, Yu M. Exports, productivity, and credit constraints: A firm-level empirical investigation of China [J]. Available at SSRN 2009, 1461399.

[149] Marshall J N. Financial institutions in disadvantaged areas: a comparative analysis of policies encouraging financial inclusion in Britain and the United States [J]. Environment and Planning A, 2004, 36 (2): 241-261.

[150] Martin R. Roepke Lecture in Economic Geography-Rethinking Regional Path Dependence: Beyond Lock-in to Evolution [J]. Economic Geography, 2010, 86 (1): 1-27.

[151] Martin R, Simmie J. Path dependence and local innovation systems in city-regions [J]. Innovation, 2008, 10 (2/3): 183-196.

[152] Martin R, Sunley P. Path dependence and regional economic evolution [J]. Journal of Economic Geography, 2006, 6 (4): 395-437.

[153] Martin R, Sunley P, Turner D. Taking risks in regions: the geographical anatomy of Europe's emerging venture capital market [J]. Journal of Economic Geography, 2002, 2 (2): 121-150.

[154] Mckillop D G, Barton L P. An analysis of the financing requirements of small and medium sized firms in Northern Ireland [J]. Regional Studies, 1995, 29 (3): 241-249.

[155] Meliciani V, Savona M. The determinants of regional specialisation in business services: agglomeration economies, vertical linkages and innovation [J]. Journal of Economic Geography, 2015, 15 (2): 387-416.

[156] Mina A, Lahr H, Hughes A. The demand and supply of external finance for innovative firms [J]. Industrial and Corporate Change, 2013, 22 (4): 869-901.

[157] Moomaw R L. Agglomeration economies: localization or urbanization?

[J]. Urban Studies, 1988, 25 (2): 150-161.

[158] Neffke F, Henning M, Boschma R. How do regions diversify over time? Industry relatedness and the development of new growth paths in regions [J]. Economic Geography, 2011, 87 (3): 237-265.

[159] O'Brien R. Global financial integration: the end of geography [M]. Royal Institute of International Affairs, 1992.

[160] Ongena S, Smith D C. Bank Relationships: A Review [J] // HARKER P, ZENIOS S A. The Performance of Financial Institutions Cambridge: Cambridge University Press, 2000: 221.

[161] Petersen M A, Rajan R G. The benefits of lending relationships: Evidence from small business data [J]. The Journal of Finance, 1994, 49 (1): 3-37.

[162] Petersen M A, Rajan R G. The effect of credit market competition on lending relationships [J]. The Quarterly Journal of Economics, 1995, 110 (2): 407-443.

[163] Petersen M A, Rajan R G. Does distance still matter? The information revolution in small business lending [J]. The Journal of Finance, 2002, 57 (6): 2533-2570.

[164] Pike A, Pollard J. Economic geographies of financialization [J]. Economic Geography, 2010, 86 (1): 29-51.

[165] Pollard J S. Banking at the margins: a geography of financial exclusion in Los Angeles [J]. Environment and Planning A, 1996, 28 (7): 1209-1232.

[166] Pollard J S. Small firm finance and economic geography [J]. Journal of Economic Geography, 2003, 3 (4): 429-452.

[167] Porteous D J. The geography of finance: Spatial dimensions of intermediary behaviour [M].: Avebury, 1995.

[168] Rajan R G, Zingales L. Financial systems, industrial structure,

and growth [J]. Oxford review of economic Policy, 2001, 17 (4): 467-482.

[169] Raspe O, Van Oort F. The knowledge economy and urban economic growth [J]. European Planning Studies, 2006, 14 (9): 1209-1234.

[170] Rong Z, Wu X, Boeing P. The effect of institutional ownership on firm innovation: Evidence from Chinese listed firms [J]. Research Policy, 2017, 46 (9): 1533-1551.

[171] Sokol M. Towards a "newer" economic geography? Injecting finance and financialisation into economic geographies [J]. Cambridge Journal of Regions, Economy and Society, 2013, 6 (3): 501-515.

[172] Williams K. From shareholder value to present-day capitalism [J]. Economy and Society, 2000, 29 (1): 1-12.

[173] Wójcik D. Securitization and its footprint: the rise of the US securities industry centres 1998-2007 [J]. Journal of Economic Geography, 2011, 11 (6): 925-947.

[174] Yamori N. A note on the location choice of multinational banks: The case of Japanese financial institutions [J]. Journal of Banking & Finance, 1998, 22 (1): 109-120.

[175] Yeung G. How banks in China make lending decisions [J]. Journal of Contemporary China, 2009, 18 (59): 285-302.

[176] Yeung G, He C, Liu H. Centralization and marginalization: The Chinese banking industry in reform [J]. Applied Geography, 2012, 32 (2): 854-867.

[177] Zhao Tianshu, Dylan Jones-Evans. SMEs, banks and the spatial differentiation of access to finance [J]. Journal of Economic Geography, 2017, 17 (14): 791-824.

[178] Zhao S X B, Zhang L, Wang D T. Determining factors of the development of a national financial center: the case of China [J]. Geoforum, 2004, 35 (5): 577-592.

[179] Zhu S, He C. Global, regional and local: new firm formation and spatial restructuring in China's apparel industry [J]. GeoJournal, 2014, 79 (2): 237-253.

[180] Zhu S, He C, Zhou Y. How to jump further and catch up? Path-breaking in an uneven industry space [J]. Journal of Economic Geography, 2017, 17 (3): 521-545.

# 附录 A  大型国有商业银行及股份制商业银行名录

| 序号 | 银行名称 | 成立时间 | 总行地址 |
|---|---|---|---|
| 1 | 中国工商银行 | 1984 年 1 月 | 北京市西城区复兴门内大街 55 号 |
| 2 | 中国建设银行 | 1954 年 10 月 | 北京市西城区金融大街 25 号 |
| 3 | 中国农业银行 | 1951 年 | 北京市东城区建国门内大街 69 号 |
| 4 | 中国银行 | 1912 年 2 月 | 北京市西城区复兴门内大街 1 号 |
| 5 | 中国邮政储蓄银行 | 2007 年 3 月 | 北京市西城区金融大街 3 号 |
| 6 | 交通银行 | 1908 年 3 月 | 上海市浦东新区银城中路 188 号 |
| 7 | 招商银行 | 1987 年 4 月 | 广东省深圳市福田区深南大道 7088 号 |
| 8 | 兴业银行 | 1988 年 8 月 | 福建省福州市鼓楼区湖东路 154 号 |
| 9 | 中信银行 | 1987 年 4 月 | 北京市东城区朝阳门北大街 8 号 |
| 10 | 上海浦东发展银行 | 1992 年 10 月 | 上海市中山东一路 12 号 |
| 11 | 中国民生银行 | 1996 年 1 月 | 北京市西城区复兴门内大街 2 号 |
| 12 | 中国光大银行 | 1992 年 8 月 | 北京市西城区太平桥大街 25 号 |
| 13 | 平安银行 | 1987 年 12 月 | 广东省深圳市罗湖区深南东路 5047 号 |
| 14 | 华夏银行 | 1992 年 10 月 | 北京市东城区建国门内大街 22 号 |
| 15 | 广发银行 | 1988 年 7 月 | 广东省广州市越秀区东风东路 713 号 |
| 16 | 恒丰银行 | 2003 年 1 月 | 山东省烟台市芝罘区南大街 248 号 |
| 17 | 浙商银行 | 2004 年 8 月 | 浙江省杭州市庆春路 288 号 |
| 18 | 渤海银行 | 2005 年 12 月 | 天津市河东区海河东路 218 号 |

资料来源：根据各银行年报和 Wind 数据库整理。

# 附录 B  城市商业银行名录

| 序号 | 银行名称 | 成立时间 | 总行地址 |
|---|---|---|---|
| 1 | 北京银行 | 1996 年 1 月 | 北京市西城区金融大街甲 17 号 |
| 2 | 天津银行 | 1996 年 11 月 | 天津市河西区友谊路 15 号 |
| 3 | 河北银行 | 1996 年 5 月 | 河北省石家庄市长安区平安北大街 28 号 |
| 4 | 唐山银行 | 1998 年 6 月 | 河北省唐山市路南区新华西道 66 号 |
| 5 | 秦皇岛银行 | 1998 年 6 月 | 河北省秦皇岛市海港区横断山路 30 号 |
| 6 | 沧州银行 | 1998 年 9 月 | 河北省沧州市运河区双金路 2 号 |
| 7 | 廊坊银行 | 2000 年 12 月 | 河北省廊坊市广阳区爱民东道 83 号 |
| 8 | 张家口银行 | 2001 年 10 月 | 河北省张家口市桥东区胜利北路 51 号 |
| 9 | 保定银行 | 2002 年 1 月 | 河北省保定市朝阳北大街 889 号 |
| 10 | 承德银行 | 2002 年 6 月 | 河北省承德市双桥区行政中心南侧世纪城三期 5 号楼 |
| 11 | 邯郸银行 | 2002 年 10 月 | 河北省邯郸市人民东路 508 号 |
| 12 | 邢台银行 | 2002 年 12 月 | 河北省邢台市桥东区中兴东大街 111 号 |
| 13 | 衡水银行 | 2021 年 8 月 | 河北省衡水市和平东路广场胡同 9 号 |
| 14 | 晋商银行 | 1998 年 10 月 | 山西省太原市长风西街 1 号丽华大厦 |
| 15 | 山西银行 | 2021 年 4 月 | 山西转型综合改革示范区学府产业园高新街 15 号 |
| 16 | 内蒙古银行 | 1999 年 11 月 | 内蒙古自治区呼和浩特市赛罕区腾飞南路 33 号 |
| 17 | 乌海银行 | 2001 年 9 月 | 内蒙古自治区乌海市海勃湾区新华东街 6 号 |
| 18 | 鄂尔多斯银行 | 2001 年 11 月 | 内蒙古自治区鄂尔多斯市东胜区乌审西街 6 号 |

续表

| 序号 | 银行名称 | 成立时间 | 总行地址 |
|---|---|---|---|
| 19 | 蒙商银行 | 2020年4月 | 内蒙古自治区包头市九原区赛汗街道办事处建华南路2号A座 |
| 20 | 朝阳银行 | 1996年2月 | 辽宁省朝阳市双塔区朝阳大街三段4号 |
| 21 | 本溪银行 | 1996年5月 | 辽宁省本溪市明山区解放北路62号 |
| 22 | 丹东银行 | 1997年1月 | 辽宁省丹东市振兴区鸭绿江大街198-1号 |
| 23 | 锦州银行 | 1997年1月 | 辽宁省锦州市科技路68号 |
| 24 | 营口银行 | 1997年4月 | 辽宁省营口市新海大街99号 |
| 25 | 盛京银行 | 1997年9月 | 辽宁省沈阳市沈河区北站路109号 |
| 26 | 大连银行 | 1998年3月 | 辽宁省大连市中山区中山路88号 |
| 27 | 鞍山银行 | 1998年9月 | 辽宁省鞍山市铁东区五一路15号 |
| 28 | 抚顺银行 | 1999年3月 | 辽宁省抚顺市新抚区永宁街2号 |
| 29 | 阜新银行 | 2001年9月 | 辽宁省阜新市细河区中华路51号 |
| 30 | 葫芦岛银行 | 2001年9月 | 辽宁省葫芦岛市龙港区龙湾大街33号 |
| 31 | 铁岭银行 | 2005年1月 | 辽宁省铁岭市新城区金沙江路11号 |
| 32 | 盘锦银行 | 2005年2月 | 辽宁省盘锦市兴隆台区兴隆台街118号 |
| 33 | 辽沈银行 | 2021年6月 | 辽宁省沈阳市沈河区北站一路43号 |
| 34 | 吉林银行 | 1998年9月 | 吉林省长春市经济开发区东南湖大路1817号 |
| 35 | 哈尔滨银行 | 1997年7月 | 黑龙江省哈尔滨市道里区尚志大街160号 |
| 36 | 龙江银行 | 2009年12月 | 黑龙江省哈尔滨市道里区友谊路436号 |
| 37 | 上海银行 | 1995年12月 | 上海市浦东新区银城中路168号 |
| 38 | 江苏长江商业银行 | 1994年9月 | 江苏省靖江市靖城骥江路359号 |
| 39 | 南京银行 | 1996年2月 | 江苏省南京市玄武区中山路288号 |
| 40 | 苏州银行 | 2004年12月 | 江苏省苏州市苏州工业园区钟园路728号 |
| 41 | 江苏银行 | 2007年1月 | 江苏省南京市中华路26号 |
| 42 | 浙江稠州商业银行 | 1987年6月 | 浙江省金华市义乌市江滨路义乌乐园东侧 |

续表

| 序号 | 银行名称 | 成立时间 | 总行地址 |
| --- | --- | --- | --- |
| 43 | 宁波东海银行 | 1993年11月 | 浙江省宁波市江东区和济街181号1幢4~7层 |
| 44 | 杭州银行 | 1996年9月 | 浙江省杭州市下城区庆春路46号 |
| 45 | 宁波银行 | 1997年4月 | 浙江省宁波市鄞州区宁东路345号 |
| 46 | 金华银行 | 1998年4月 | 浙江省金华市光南路668号 |
| 47 | 绍兴银行 | 1998年6月 | 浙江省绍兴市中兴南路1号 |
| 48 | 湖州银行 | 1998年6月 | 浙江省湖州市南街471-475号 |
| 49 | 嘉兴银行 | 1998年9月 | 浙江省嘉兴市建国南路409号 |
| 50 | 温州银行 | 1999年3月 | 浙江省温州市车站大道196号 |
| 51 | 台州银行 | 2002年3月 | 浙江省台州市路桥区南官大道92号 |
| 52 | 浙江泰隆商业银行 | 2006年6月 | 浙江省台州市路桥区南官大道188号 |
| 53 | 浙江民泰商业银行 | 2006年8月 | 浙江省温岭市太平街道三星大道168号 |
| 54 | 宁波通商银行 | 2021年7月 | 宁波市鄞州区民安东路333号、337号，鼎泰路392号、398号 |
| 55 | 徽商银行 | 1997年4月 | 安徽省合肥市安庆路79号天徽大厦A座 |
| 56 | 厦门银行 | 1996年11月 | 福建省厦门市思明区湖滨北路101号商业银行大厦 |
| 57 | 福建海峡银行 | 1996年12月 | 福建省福州市六一北路158号 |
| 58 | 泉州银行 | 1997年6月 | 福建省泉州市丰泽区云鹿路3号 |
| 59 | 厦门国际银行 | 2022年2月 | 福建省厦门市鹭江道8~10号国际银行大厦1~6层 |
| 60 | 江西银行 | 1998年2月 | 江西省南昌市红谷滩新区金融大街699号 |
| 61 | 九江银行 | 2000年11月 | 江西省九江市濂溪区长虹大道619号 |
| 62 | 赣州银行 | 2001年12月 | 江西省赣州市赣江源大道26号 |
| 63 | 上饶银行 | 2007年6月 | 江西省上饶市信州区五三大道107号 |
| 64 | 齐鲁银行 | 1996年6月 | 山东省济南市市中区顺河街176号 |
| 65 | 青岛银行 | 1996年11月 | 山东省青岛市市南区香港中路68号 |

续表

| 序号 | 银行名称 | 成立时间 | 总行地址 |
|---|---|---|---|
| 66 | 威海市商业银行 | 1997年7月 | 山东省威海市宝泉路9号 |
| 67 | 潍坊银行 | 1997年8月 | 山东省潍坊市奎文区胜利东街5139号 |
| 68 | 齐商银行 | 1997年8月 | 山东省淄博市张店区中心路105号 |
| 69 | 烟台银行 | 1997年11月 | 山东省烟台市芝罘区海港路25号 |
| 70 | 临商银行 | 1998年3月 | 山东省临沂市兰山区北京路37号 |
| 71 | 日照银行 | 2001年1月 | 山东省日照市烟台路197号 |
| 72 | 泰安银行 | 2001年7月 | 山东省泰安市长城路3号圣地大厦 |
| 73 | 济宁银行 | 2001年7月 | 山东省济宁市金宇路6号 |
| 74 | 枣庄银行 | 2002年1月 | 山东省枣庄市市中区文化中路60号 |
| 75 | 德州银行 | 2004年12月 | 山东省德州市三八东路1266号 |
| 76 | 莱商银行 | 2005年7月 | 山东省莱芜市高新技术开发区龙潭东大街137号 |
| 77 | 东营银行 | 2005年8月 | 山东省东营市东营区井冈山路808号 |
| 78 | 郑州银行 | 1996年11月 | 河南省郑州市郑东新区商务外环路22号 |
| 79 | 中原银行 | 2014年12月 | 河南省郑州市郑东新区CBD商务外环路23号中科金座大厦 |
| 80 | 汉口银行 | 1997年12月 | 湖北省武汉市江汉区建设大道933号武汉商业银行大厦 |
| 81 | 湖北银行 | 2011年2月 | 湖北省武汉市武昌区水果湖街中北路86号 |
| 82 | 长沙银行 | 1997年8月 | 湖南省长沙市开福区芙蓉中路一段433号 |
| 83 | 湖南银行 | 2023年1月 | 湖南省长沙市天心区湘江中路二段210号 |
| 84 | 广州银行 | 1996年9月 | 广东省广州市天河区珠江东路30号 |
| 85 | 珠海华润银行 | 1996年12月 | 广东省珠海市吉大九洲大道东1346号 |
| 86 | 广东华兴银行 | 1997年3月 | 广东省汕头市金砂路92号嘉信大厦1~2楼部分和5楼全层 |
| 87 | 广东南粤银行 | 1997年12月 | 广东省湛江市经济技术开发区乐山大道60号 |
| 88 | 东莞银行 | 1999年9月 | 广东省东莞市莞城区体育路21号 |

续表

| 序号 | 银行名称 | 成立时间 | 总行地址 |
| --- | --- | --- | --- |
| 89 | 桂林银行 | 1997 年 3 月 | 广西壮族自治区桂林市中山南路 76 号 |
| 90 | 广西北部湾银行 | 1997 年 5 月 | 广西壮族自治区南宁市青秀区青秀路 10 号 |
| 91 | 柳州银行 | 1998 年 5 月 | 广西壮族自治区柳州市中山西路 12 号 |
| 92 | 海南银行 | 2015 年 8 月 | 海南省海口市龙华区海秀东路 31 号 |
| 93 | 重庆银行 | 1996 年 9 月 | 重庆市渝中区邹容路 153 号 |
| 94 | 重庆三峡银行 | 1998 年 2 月 | 重庆市万州区白岩路 3 号 |
| 95 | 成都银行 | 1997 年 5 月 | 四川省成都市西御街 16 号 |
| 96 | 泸州银行 | 1997 年 9 月 | 四川省泸州市江阳区酒城大道一段 1 号 |
| 97 | 乐山市商业银行 | 1998 年 1 月 | 四川省乐山市市中区春华路南段 439 号 |
| 98 | 长城华西银行 | 1998 年 10 月 | 四川省德阳市蒙山街 14 号 |
| 99 | 绵阳市商业银行 | 2000 年 9 月 | 四川省绵阳市涪城区临园路西段文竹街 3 号 |
| 100 | 四川天府银行 | 2002 年 6 月 | 四川省南充市涪江路 1 号 |
| 101 | 雅安市商业银行 | 2002 年 8 月 | 四川省雅安市雨城区西康路东段 194 号附 3 号、4 号 |
| 102 | 自贡银行 | 2002 年 12 月 | 四川省自贡市自流井区解放路 58 号 |
| 103 | 宜宾市商业银行 | 2006 年 12 月 | 四川省宜宾市女学街 1 号 |
| 104 | 遂宁银行 | 2008 年 1 月 | 四川省遂宁市和平东路 51 号 |
| 105 | 达州银行 | 2009 年 12 月 | 四川省达州市通川区朝阳东路 58 号 |
| 106 | 四川银行 | 2021 年 10 月 | 中国（四川）自由贸易试验区成都市天府新区兴隆街道湖畔路北段 715 号 |
| 107 | 贵阳银行 | 1997 年 4 月 | 贵州省贵阳市中华北路 77 号 |
| 108 | 贵州银行 | 2012 年 9 月 | 贵州省贵阳市云岩区瑞金中路 41 号 |
| 109 | 富滇银行 | 1998 年 8 月 | 云南省昆明市拓东路 41 号 |
| 110 | 云南红塔银行 | 2001 年 8 月 | 云南省玉溪市东风南路 2 号 |
| 111 | 曲靖市商业银行 | 2006 年 3 月 | 云南省曲靖市麒麟区南宁西路（麒麟区政府对面） |

续表

| 序号 | 银行名称 | 成立时间 | 总行地址 |
|---|---|---|---|
| 112 | 西藏银行 | 2011年12月 | 西藏自治区拉萨市经济技术开发区总行经济基地A幢 |
| 113 | 西安银行 | 1997年6月 | 陕西省西安市高新路60号 |
| 114 | 长安银行 | 2009年7月 | 陕西省西安市高新区高新四路13号1幢1单元10101室 |
| 115 | 兰州银行 | 1998年8月 | 甘肃省兰州市酒泉路211号 |
| 116 | 甘肃银行 | 2011年11月 | 甘肃省兰州市城关区甘南路122号 |
| 117 | 青海银行 | 1997年12月 | 青海省西宁市西关大街130号1号楼 |
| 118 | 宁夏银行 | 1998年10月 | 宁夏回族自治区银川市金凤区北京中路157号 |
| 119 | 石嘴山银行 | 2002年1月 | 宁夏回族自治区石嘴山市大武口区朝阳西街39号 |
| 120 | 乌鲁木齐银行 | 1997年12月 | 新疆维吾尔自治区乌鲁木齐市天山区新华北路8号 |
| 121 | 新疆汇和银行 | 2002年7月 | 新疆维吾尔自治区伊犁哈萨克自治州奎屯市团结南街56号 |
| 122 | 昆仑银行 | 2002年12月 | 新疆维吾尔自治区克拉玛依市世纪大道7号 |
| 123 | 库尔勒银行 | 2004年4月 | 新疆维吾尔自治区巴州库尔勒市人民东路33号 |
| 124 | 哈密市商业银行 | 2007年9月 | 新疆维吾尔自治区哈密市天山南路8号 |
| 125 | 新疆银行 | 2016年12月 | 新疆维吾尔自治区乌鲁木齐市天山区新华南路338号 |

注：截至2023年7月底，城市商业银行总计125家。
资料来源：根据Wind数据库整理。